AI 멘토스 시리즈

나만 알고 싶은 AI 활용 교과서

충실하게 생기부 작성하기

저자 김효민·진연자·정지윤·조두연·오예림·이재웅·문현주·김진규 | 기획 정동완

머리말

    18세기 후반 영국에는 손놀림이 서툴고 지능이 조금 떨어지는 네드 러드(Ned Ludd)라는 소년이 살고 있었다. 직조공이었던 네드는 실수로 공장의 직조 기계를 두 대나 망가뜨렸는데, 그 후로 공장 기기가 고장 날 때마다 고장의 원인을 제공했다고 지목된 사람들은 "네드 러드가 그랬습니다."라는 변명을 하기 시작했다. 당시 급속하게 증가한 인구, 고향을 떠나 도시에서 일하던 수많은 직조공들, 그리고 그들을 저임금으로 부려먹던 공장주들로 인해 영국의 빈부격차는 눈에 띄게 심각해지고 있었다. 그러다 결정적으로 1812년 대량 직조가 가능한 방직기가 등장하면서 직조공들은 한순간에 직장을 잃게 될 처지에 내몰렸다. 절박해진 직조공들은 기계로 인해 직장을 잃을 바에야 차라리 없애는 게 낫다는 생각으로, 암암리에 비밀결사를 만들어 밤에 몰래 기계를 부수거나 공장에 불을 지르기 시작했다. "대체 당신들의 주도자가 누구인가?"라는 질문을 직조공들에게 해보았자, 그들은 "그야 물론 네드 러드지요."라고 답할 뿐이었고, 대략 1897년까지 지속적으로 벌어졌던 이러한 기계 파괴 행각은 훗날 러다이트 운동(Luddite Movement), 영국 최초의 노동운동으로 불리게 된다.

    기술의 진보가 인류의 번영을 가로막는다는 주장은 지금까지도 끊임없이 제기된다. 단순 작업은 로봇과 키오스크를 들여 대신하고, 인간이 하던 일은 과거보다도 빠르게 기계가 대체하고 있다. 기계는 인간에게 불만을 표시하거나 반항하지도, 덤비지도 않고 꾸준히, 쉬지도 않고, 어떤 경우에는 인간보다도 능숙하게 일을 하니 어쩔 도리가 없다. 거기다 이젠 방직기 같은 일반 기계도 아닌 인공지능이 인간을 위협한다. 인공지능은 온라인 세상을 휘젓고 다니면서 각종 편견, 특정 종교적 혹은 정치적 입장을 여기저기 퍼뜨리고 세뇌시킨다. 이전에는 기계들이 인간이 가졌던 직업을 빼앗아 갔다면, 현재 그리고 앞으로의 기계는 인간의 머릿속과 사회를 바꾸어 나간다. 특정한 조건하에서만 적용할 수 있는 약한 인공지능과 달리, 강한 인공지능은 다수의 상황에 두루 적용할 수 있으며 마치 인간과 같이 단 한 번도 해보지 않은 작업을 보고 배워서 하거나 인수인계 받아 작업을 하는 것이 가능하고, 석학들은 강한 인공지능이 인간 사회에 등장하는 순간의 위험성을 여러 차례 경고하고 있다.

그렇다면 아직 기성 세대에 편입되지 않은 십대 청소년들은 이 시점에 무엇을 해야 성공적으로 이런 시대를 헤쳐나갈 수 있을까? 네드 러드가 시켰다면서 어둠을 틈타 방직기를 파괴하거나, 24시간 내리 무인 점포를 지키는 CCTV를 고장 내는 것 따위로는 시대의 흐름을 저지시킬 수 없다. 제1차 산업혁명 당시 대다수의 사람들이 불황 속에 고통받는 처지였기에 러다이트 운동은 대중들과 지식인들의 열광적인 지지를 받았지만, '기계로 인한 생산성 향상'이라는 흐름을 막진 못했다. 산업혁명이 제4차에 접어들었다고 평가받는 현 시점에도 많은 이들이 최신 기술과 인공지능의 진보에 대해 불안과 염려의 목소리를 내고 있지만, '인공지능이 가져다주는 편리한 삶'이라는 흐름을 막을 수는 없을 것이다. 더구나 2022년 하반기부터 클라우드 컴퓨팅을 기반으로 한 빅테크발 생성형 AI 경쟁이 시작되면서 인공지능 격변기가 찾아왔다. 그간 연구용, 기업용 등 제한적으로 사용되었던 인공지능이 대중적으로 상용화되기 시작한 까닭이다. 생성형 AI는 다채로운 분야에서 그럴싸한 결과물을 내며, 그간 청소년들이 학교 과제 등으로 부여받아 힘들게 해냈던 작업들을 단 몇 초 만에 해낸다. 오랜 세월 동안 기계는 인류에게 무수한 비난을 받아왔지만, 묘하게도 비난을 받으면 받을수록 그만큼 강하고 영리해져 더욱 거대한 존재가 되어버렸다.

이 때문에 앞으로의 시대에서는 인공지능이 할 수 없는 일과 직업을 택해야 한다는 주장이 계속하여 힘을 얻는다. 독창성이 결여된 작업, 누구나 보고 쉽게 따라할 수 있는 활동은 대체로 수년 내에 인공지능에게 빼앗길 거라는 전망이 우세하며, 인간의 관계 내에서만 실행할 수 있는 기능들, 예를 들어 통치나 제사 및 의례, 상담과 돌봄 등은 상대적으로 인공지능이 파고 들어가기 힘든 분야라 분류되고 있다. 그러나 언제 어떻게 바뀔지 모르는 격변기에 사는 우리가 지금의 전망만을 토대로 청소년에게 "인공지능이 당분간 못 따라할 거 같으니까 너는 앞으로 종교인이 되어라."와 같은 주문을 할 수는 없다. 과거를 돌이켜보건대 인류의 미래 예측보다 늘 기술의 발전은 더 빨랐으며, 어느 방향으로 튈지 알 수 없었다. 즉 기성 세대인 우리는 역설적으로 청소년에게 기술이 현재 어디까지 발전되어 있는지, 기술을 어떻게 하면 '창의적인' 방식으로 유용할 수 있을지를 가르치는 편이 더 현명할 듯하다. 이렇게라도 하면, 방직기가 나올 줄 까맣게 몰랐다가 뒤통수를 얻어맞고, 때늦은 후회를 하며 방직기를 미워하게 되는 그런 종류의 역사는 적어도 되풀이하지 않을 수 있으므로.

자라나는 청소년에게 언어 소양, 수리 소양 이외에 '디지털 소양'을 갖추게 하겠다는 2022 개정 교육과정이 당장 2025년부터 시행된다. 이에 발맞춘 AI 디지털 교과서(AIDT)도 함께 도입되며, 2025년에 고등학생이 될 학생들부터 적용되는 2028 대입 전형 개편안도 등장하여 교육계는 진작부터 걱정으로 술렁거리는 분위기이다. 여태껏 그 누구도 가보지 않았고, 결과를 장담할 수 없는 길이 또다시 열린다. 분명 시행착오가 있을 것이고 반발과 부작용도 대단하리라 예상한다. 하지만 단언하건대, 그럼에도 불구하고 우리는 인공지능과 함께 하는 법, 나아가 똑똑하게 인공지능을 다루는 법을 청소년과 그들을 가르치는 교사들에게 알려야만 한다. 아무리 이런 변화가 싫다고 발버둥을 쳐도, 애써 외면하고 싶어도, 전 세계에 이미 인공지능 사용자가 얼마나 많아졌고 더 늘어나고 있는지를 알면 이는 저지할 수 없는 흐름이란 걸 인정할 수밖에 없기 때문이다.

인공지능 교육이 청소년에게, 그중에서도 새 교육과정의 핵심 타깃인 고등학생에게 절실하게 필요하다는 데에 동의하는 현직 교육자들이 본 도서를 집필하였다. 도서를 활용하는 고등학생 또는 고교 교사가 아주 쉽고 천천히 인공지능 사용법을 배울 수 있도록 그림 자료를 최대한 넣었으며, 필요할 적마다 관련 부분만 열람하기 편하게끔 AI 활용 수업 사례와 AI 활용 프로젝트를 따로 구분하였다. 아직도 "대학 입시는 대학수학능력시험만 잘 보면 된다.", "고등학교 수업은 모의

고사 문제풀이 하기에도 벅차다."라는 과거의 관념에 사로잡힌 이들을 주변에서 심심찮게 만나곤 한다. 우리는 그런 교사도, 학부모도, 심지어 학생조차도, 본 도서를 통해 오히려 인공지능이 고등학교 수업과 생활 및 대학 입학에 커다란 도움을 줄 수 있다는 걸 깨닫길 바란다. 기술은 양면적이어서, 쓰는 사람에 따라 재앙이 되기도 혹은 축복이 되기도 한다. 모쪼록 각계각층의 다양한 독자들이 본 도서로 말미암아 인공지능을 축복으로서 활용하는 뛰어난 사용자가 되기를 온 마음으로 간절히 바란다.

저자 일동

추천사

　생성형 AI의 급속한 발전으로 인해 AI 활용 방법이 다양하게 등장하고 있다. 이 책은 고등학교 교사를 위해 텍스트, 이미지, 영상, 음악 등 다양한 콘텐츠를 생성하는 방법을 다루며, 교과 과정에 맞춘 생성형 AI를 활용한 다양한 사례와 상세한 가이드라인을 제시한다. 이를 통해 고등학교 선생님들이 AI 기술을 쉽게 이해하고 수업에 효과적으로 활용할 수 있는 교두보 역할을 할 것으로 기대된다.

- 성균관대학교 산학교수 이승원

　AI 기술은 미래 교육의 중요한 축을 담당하는 필수 요소이다. 학습자가 주도적으로 탐구할 수 있는 AI 활용법뿐만 아니라, 이미지, 영상, 음악 등 다양한 콘텐츠의 창작에서도 그 혁신성을 발휘하고 있다. 이 실질적인 접근법은 교사에게 새로운 가능성을 열어주고, 학생들에게 창의적인 사고의 기회를 제공한다. AI를 교육에 도입하고자 하는 모든 교육자들에게 이 책은 반드시 읽어야 할 필독서이다.

- 양서중학교 영어과 교사 손지선

　"왜 고등학교 선생님들을 위한 AI 활용 지침서는 없는 거지?"에 대한 해답이 드디어 나왔다. 고등학교에 최적화된 AI 활용 생기부 작성 꿀팁과 혜안이 가득한 이 책은 수업 진도는 빡빡하고 할 일은 넘쳐나는 고등학교 선생님들에게 새로운 지평을 선사해 줄 수 있을 것이다. 생기부와 입시, 그리고 변화하는 교육환경에 숨 쉴 틈 없었던 고등학교 선생님들께 강력하게 추천한다!

- 번동중학교 역사과 교사 김동은

목차

AI 이해하기

CHAPTER 01

AI 이해하기

1. AI의 역사와 발전

그림 1-1 • 시대별 AI 발전 과정[1]

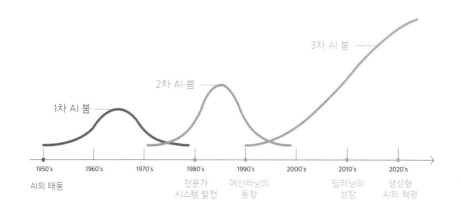

우리의 삶을 혁명적으로 바꾸고 있는 AI(Artificial Intelligence)가 언제부터 시작되어 어떻게 발전되어 왔는지에 대해 살펴보자. 1950년 영국의 수학자였던 앨런 튜링은 AI의 수학적 가능성에 대해 탐구하였다. 앨런 튜링은 기계도 인간처럼 정보와 이성을 사용하여 문제를 해결하고 결정하는 것이 가능하다고 생각하며, 그의 논문 Computing Machinery and Intelligence에서 지능형 기계를 구축하고 그 지능을 테스트하는 방법을 논의했다. 1956년에는 AI의 개념을 세상

---

1   출처: https://news.skhynix.co.kr/post/all-around-ai-1

에 알린 다트머스 회의(Dartmouth Conference)가 열렸다. 이 회의에서는 기계가 인간처럼 학습하고 발전할 수 있는지에 대한 토론이 이루어졌으며, AI라는 용어가 처음 사용되었다. AI의 전신이라고 여겨지는 로직 이론가 프로그램이 최초로 소개되었으며, 이를 계기로 AI에 대한 다양한 분야의 전문가들이 열린 토론을 하였고 그들은 AI가 달성 가능하다는 의견에 동의했다. 이 시기에 인공신경망(Artificial Neural Network) 모델에 관한 연구도 활발히 진행되었다. 1957년 프랑크 로젠블랏(Frank Rosenblatt)은 '퍼셉트론(Perceptron)' 모델을 통해 컴퓨터가 패턴을 인식하고 학습할 수 있다는 개념을 실증적으로 보여줬다. 하지만 이러한 초기 연구의 성과는 컴퓨팅 성능, 논리 체계, 데이터 부족 등의 한계로 AI 연구는 곧 침체기에 들어섰다.

그 후 1957년부터 1974년까지 AI는 번창했다. 컴퓨터는 더 많은 정보를 저장할 수 있게 되었고, 더 빠르고 저렴해졌으며 접근성이 높아졌다. 기계 학습 알고리즘도 개선되었고, 사람들은 자신의 문제에 어떤 알고리즘을 적용할지 더 잘 알게 되었다. 하지만 초기의 한계와 기술적 도전 과제들 때문에 암흑기를 맞이하기도 했다. 하지만 1980년대 후반부터는 기술 발전과 함께 다시 주목받기 시작했고, 특히 기계 학습과 데이터 마이닝의 발전은 AI 연구에 큰 기여를 했다. 1980년대에는 사람이 입력한 규칙을 기반으로 자동 판정을 내리는 '전문가 시스템(Expert System)'이 등장했다. 이 전문가 시스템은 특정 분야의 문제 해결을 자동화하고 전문가의 결정을 모방하는 데 중요한 역할을 했다. 비록 현대의 AI 기술과 비교할 때 한계가 있었지만, 전문가 시스템은 초기 AI 연구와 실제 응용 분야에서 중요한 발전을 이루었으며, 이후 AI 발전의 기반이 되었다.

1990년대 이후 AI 연구는 컴퓨팅 파워의 향상과 빅데이터의 등장, 기계학습(Machine Learning) 알고리즘의 발전으로 빠르게 성장했다. 1997년 IBM의 딥블루가 체스 챔피언을 이기며 AI의 가능성을 보여주었고, 2016년 구글 딥마인드의 알파고가 전 세계적인 바둑 챔피언 이세돌을 물리치며 강화 학습의 혁신을 증명했다. 딥러닝 기술은 이미지 인식, 자연어 처리 등 다양한 분야에서 놀라운 성과를 거두었으며, 자율 주행 자동차와 의료 AI 등 실생활 응용이 활발해졌다.

2. AI의 세 가지 주요 유형

AI는 그 능력과 복잡성에 따라 세 가지 주요 유형으로 분류할 수 있다.

그림1-2 • 세 가지 유형의 AI[2]

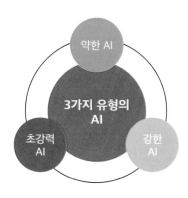

1 약한 AI

약한 AI는 특정 작업만을 수행할 수 있는 AI이다. 이러한 AI는 하나의 작업을 수행하는 데 특화되어 있으며, 다목적 사용은 불가능하다. 일상 생활에서 흔히 접할 수 있는 AI가 이러한 유형이다.

예 챗봇, 음성 비서(Siri, Alexa), 추천 시스템(넷플릭스, 유튜브), 번역기, 자율 주행차의 특정 기능, 의료 진단 도구

2 강한 AI

강한 AI는 인간의 지능을 완전히 시뮬레이션하여 인간이 할 수 있는 모든 지적 작업을 이해하고 학습할 수 있다. 이러한 AI는 인간과 유사한 인지 능력을 갖

---

2 출처: https://www.i-boss.co.kr/ab-74668-2978

추고 있으며, 자율적으로 사고하고 결정을 내릴 수 있다. 현재는 연구 단계에 있으며 상용화된 예는 없다.

예 로봇 간병인, 자율적 연구 로봇, 완전 자율 주행차

3 초강력 AI

모든 면에서 인간의 지능을 초월하며, 자율적이고 독창적으로 문제를 해결할 수 있다. 스스로 목표를 설정하고 달성할 수 있으며 인간보다 더 나은 성과를 낼 수 있다. 하지만 아직 개념적 단계이며, 실현된 예는 없다.

3. AI의 일상 속 사용 사례

1 음성 어시스턴트

Siri, Bixby, Google Home, Alexa, 기가지니, 카카오 텔레콤의 누구와 같은 디지털 어시스턴트 기기들은 AI 지원 음성 사용자 인터페이스(VUI)를 사용하여 음성 명령을 처리한다. AI는 이 기기들이 클라우드 저장소에 있는 데이터 베이스를 활용하여 맞춤형 검색 엔진 결과를 제공할 수 있게 한다.

[표 1-1] 다양한 음성 어시스턴트[3]

명칭					
기업명	구글	KT	네이버	카카오	SK텔레콤
제품명	구글 홈	기가지니	프렌즈	카카오미니	누구
주요 특징	검색, 유튜브, 구글어시스턴트, 크롬캐스트	지니뮤직, IoT 기기 부분제어, 배달, 검색, 교통	네이버뮤직, 네이버 검색, 음악 검색, 음악 추천	카카오 서비스 연계, 멜론, 다음 연동	멜론뮤직, 스마트홈기기 제어, 일정관리

2 챗봇

AI 챗봇은 자연어 이해, 자연어 처리 및 머신러닝 기술을 사용해 인간과 유사한 대화를 수행할 수 있는 앱이나 인터페이스이다. AI 챗봇은 가상 에이전트로 고객 센터의 창구 역할 또는 상담사 역할을 할 수 있다. 이는 고객 경험을 개선하고 비용을 절감하는 데 큰 도움을 준다.

그림 1-3 • AI 챗봇

---

3 출처: https://blog.naver.com/divenire_am/221372436291

③ 스트리밍 서비스

Netflix, TVING, 네이버TV 과 같은 스트리밍 플랫폼은 사용자 경험의 만족도를 높이기 위해 머신 러닝 알고리즘을 사용한다. 사용자와 미디어의 상호작용을 분석하여 맞춤형 콘텐츠를 추천하고 가까운 서버의 할당을 자동화하여 중단 없는 스트리밍을 제공하는 데 중요한 역할을 한다.

그림 1-4 • 다양한 스트리밍 서비스[4]

| Melon | 벅스 | 지니뮤직 | FLO |
| Spotify | VIBE | SoundCloud | Youtube Music |

④ 소셜 미디어 알고리즘

인스타그램, 페이스북, 유튜브와 같은 소셜 미디어 플랫폼들은 AI 알고리즘을 활용하여 사용자 경험을 보다 개인화하고 몰입감 있게 만든다. 플랫폼에서의 사용자 행동, 좋아요, 공유, 댓글 등을 분석하여 사용자의 선호도를 파악하고 그에 맞는 콘텐츠 피드를 큐레이팅하고 맞춤형 광고를 보여준다. 또는 머신러닝 기술은 부적절한 콘텐츠를 식별하고 필터링하여 플랫폼을 안전하게 유지하는 데도 도움을 준다.

---

4 출처: https://www.hani.co.kr/arti/culture/culture_general/1066254.html

그림1-5 • 소셜 미디어 알고리즘[5]

5 금융 사기 방지

금융 서비스 기업은 온라인 뱅킹 보안에서 AI 기술의 큰 혜택을 받고 있다. AI 기반의 거래 모니터링 시스템은 거래 패턴을 분석하여 신속하게 이상 징후나 잠재적인 사기 활동을 식별한다.

그림1-6 • 금융 모니터링 시스템의 예(토스뱅크)[6]

---

5 출처: https://www.dailycnc.com/news/articleView.html?idxno=55746
6 출처: https://www.newspim.com/news/view/20230814000688

6 네비게이션

차량에 장착된 내비게이션이나 스마트폰용 내비게이션 앱에도 AI 기술이 들어가 있다. AI 음성인식기술 STT(Speech to Text)와 TTS(Text to Speech)를 이용하여 경로상의 교통상황을 음성과 문자로 안내해 주고, 빅데이터를 기반으로 한 실시간 교통정보를 제공해주어 빨리 목적지까지 이동할 수 있게 해준다.

그림1-7 • AI 네비게이션

7 자율 주행차

AI 기술을 활용한 자율주행차는 심층 강화 학습(DRL)과 예측 AI 모델을 통해 차량이 독립적으로 작동할 수 있도록 한다. 이 기술은 정적 및 동적 장애물을 피하는 경로 계획을 가능하게 하며 주변 차량의 갑작스러운 움직임과 같은 예기치 못한 상황을 대비한 주행을 가능하게 해준다.

그림1-8 • 자율 주행차

8 얼굴 인식

AI 기술을 활용한 얼굴 인식 기능은 딥러닝 알고리즘을 통해 얼굴 이미지를
분석하고 비교하여 신원을 확인하는 기술이다. 합성 신경망(CNN)과 생성적 적대
신경망(GANN)이 사용되어 정확성을 높이며, 다양한 이미지 전처리 및 특징 추
출 단계를 거쳐 얼굴의 고유한 패턴을 인식한다. 이 기술은 보안, 스마트폰 잠금
해제, 범죄 수사 등 다양한 분야에 활용되며, 감정 AI를 통해 사용자 감정 상태를
파악하는 데에도 기여하고 있다.

그림1-9 • AI 얼굴 인식

9 이메일 필터링 및 작성

AI 기술의 통합으로 이메일 관리는 쉬워지고 간소화되었다. AI 기반의 이메일 필터링 시스템을 이용하여 스팸을 적극적으로 식별하고 필터링하여 사용자의 편지함을 깨끗하게 유지한다. 또한 이 시스템은 이메일을 관련 폴더로 분류하여 더 체계적으로 이메일을 관리할 수 있도록 돕는다. 이뿐만 아니라 이메일을 작성하는 과정에서 예측 타이핑과 자동 수정 기능을 제공해준다.

그림 1-10 • 이메일 필터링 및 작성[7]

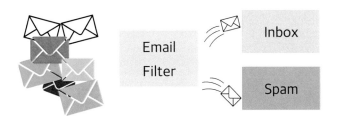

4. AI 도입의 이점과 약점

AI 기술의 도입은 효율성과 생산성의 증가, 의사결정의 향상, 비용 절감, 그리고 고객 경험의 개선과 같은 수많은 이점을 제공한다. AI 도구는 반복적인 작업을 자동화하고, 방대한 데이터를 신속하게 분석하며, 고객 상호작용을 개인화하여 상당한 시간과 자원 절약에 기여한다. 그러나 AI를 구현하는 데에는 초기 비용이 높고, 데이터 품질 및 개인정보 보호 문제, 숙련된 전문가의 부족, 기존 시스템과의 통합 문제, 윤리적 고려사항 등의 도전 과제도 따른다.

---

7 출처: https://geekflare.com/best-email-spam-filtering-solutions

1 AI 도입의 이점

(1) 시간 및 비용 절감

AI 기술 도입은 상당한 시간 및 비용 절감을 가져올 수 있다. 반복적이고 시간 소모적인 작업을 자동화함으로써 효율성과 생산성을 높여 직원들이 보다 전략적이고 고부가가치 활동에 집중할 수 있도록 한다. 이를 통해 조직은 시간을 절약하고 노동 비용을 줄이며, 오류를 최소화할 수 있다.

예를 들어 고객 서비스 분야에서는 AI 기반 챗봇이 고객 문의를 신속하게 처리하여 대기 시간을 줄이고 고객 만족도를 높인다. 챗봇은 24시간 내내 운영될 수 있어, 시간대에 상관없이 고객 지원을 제공할 수 있으며, 이는 인력 배치와 운영 비용을 절감하는 데 큰 도움이 된다.

또한 제조업에서는 AI 기반 로봇이 조립 라인의 작업을 자동화하여 인간 작업자가 수행하던 단순 반복 작업을 대신할 수 있다. 이는 제품 생산 속도를 높이고, 품질 관리를 강화하며, 인건비를 절감하는 데 크게 기여한다. 또한, 예측 유지보수를 촉진하여 장비 고장을 사전에 식별하여 비용이 많이 드는 다운타임을 방지하는 데 도움을 준다.

(2) 의사결정의 향상

또 다른 주요 이점은 의사결정의 향상으로, AI는 대량의 데이터를 전례 없는 속도로 분석하여 인간이 놓치기 쉬운 패턴과 트렌드를 발견한다. 이를 통해 개인과 조직이 신속하고 정확하게 정보에 입각한 의사결정을 내릴 수 있게 한다.

예를 들어, 금융 분야에서는 AI가 실시간으로 주식 시장 데이터를 분석하여 투자 기회를 포착하고, 리스크를 최소화하는 데 도움을 준다. AI 알고리즘은 과거 데이터를 기반으로 시장의 변동성을 예측하고, 이를 바탕으로 최적의 투자 전략을 제시한다. 이를 통해 투자자들은 보다 합리적이고 전략적인 의사결정을 내릴 수 있다.

의료 분야에서도 AI는 환자의 의료 기록, 유전자 정보, 생활 습관 등의 데이터를 분석하여 맞춤형 치료 계획을 수립하는 데 기여한다. 또한, AI는 의료 영상 데이터를 분석하여 질병을 조기에 발견하고, 진단의 정확성을 높이는 데 도움을 준다. 이는 의료진이 신속하고 정확하게 환자의 상태를 파악하고 적절한 치료를 제공하는 데 큰 도움이 된다.

[3] 위험 부담 감소

AI의 또 다른 큰 장점은 인간의 위험 부담을 줄여 인간의 생명과 안전을 보호하는 데 큰 역할을 한다는 것이다. 지진, 화재, 홍수 등의 재난 상황에서 AI 드론이나 로봇을 활용하면 인명 구조와 피해 복구 작업을 보다 신속하고 안전하게 수행할 수 있다. 또한 우주탐사에도 AI의 역할은 매우 중요하다. AI 로봇은 인간이 도달하기 어려운 장소를 탐사하고, 데이터를 수집하며, 다양한 과학 실험을 할 수 있다. 또한 군사 작전이나 경찰 특수 부대에서 AI 로봇을 사용하여 폭발물 처리 임무를 수행하면, 인명 피해를 최소화할 수 있다. 이처럼 AI는 인간이 직접 수행하기 어려운 위험한 작업을 대신 수행함으로써, 인간의 생명과 안전을 보호하는 데 큰 기여를 하고 있다.

2 AI 도입의 약점

이러한 상당한 이점에도 불구하고, AI 도입에는 여러 도전 과제가 존재한다.

[1] 높은 초기 비용

AI 기술 도입에는 상당한 초기 투자가 필요하다. 우선 AI를 구현하기 위해서는 강력한 하드웨어와 고성능 컴퓨터가 필요하다. 이러한 하드웨어는 높은 비용을 수반한다. 또한 AI 소프트웨어의 라이센스 비용 역시 만만치 않다. 더불어 AI 기술을 효과적으로 활용하기 위해서는 AI 전문가, 데이터 과학자 및 엔지니어 등 전문 인력을 확보해야 한다. 이런 숙련된 인재를 확보하는 것 자체가 큰 도전 과제가 될 수 있다.

[2] 개인정보 보호 문제

AI 시스템은 학습과 분석을 위해 대량의 데이터를 수집한다. 이 과정에서 개인의 민감한 정보가 포함될 수 있으며, 이러한 정보가 제대로 보호되지 않으면 유출될 위험이 있다. 따라서 조직은 사용자 정보를 보호하고 신뢰를 유지하기 위해 복잡한 규제를 준수해야 한다. 개인은 AI 사용 시 개인 정보 보호를 위해 개인정보 제공을 최소화하고 사용 중인 AI 서비스의 개인정보 보호 정책을 확인하고, 데이터가 어떻게 사용되고 보호되는지 이해할 필요가 있다.

(3) 윤리 및 편향 문제

AI 시스템은 학습 데이터에 존재하는 편향을 무의식적으로 재현하여 불공정한 결과를 초래할 수 있다. 예를 들어 특정 인종, 성별 또는 사회적 배경을 차별하는 데이터로 학습된 AI는 이러한 편향을 그대로 반영하여 차별적인 결정을 내릴 수 있다. 이는 사회적 불평등을 심화시키고 윤리적인 문제를 야기할 수 있다. AI의 공정성을 보장하기 위해 다양한 배경과 관점을 반영하는 데이터를 수집하고 AI 시스템이 의사결정을 내리는 과정에서 윤리적인 기준을 준수하도록 하는 것이 중요하다.

(4) 악용 가능성

AI의 악용 가능성은 다양한 형태로 나타날 수 있다. 예를 들어 AI는 네트워크의 취약점을 탐지하고 공격하는 데 사용될 수 있다. AI 기반의 악성 소프트 웨어는 인간 해커보다 빠르고 효과적으로 보안 시스템을 무력화할 수 있다. 또한 AI를 통해 수집된 대량의 개인데이터가 악의적으로 사용될 수 있다. 해커들은 AI를 이용해 개인정보를 분석하고 이를 바탕으로 더 정교한 피싱 공격을 설계할 수 있다. AI는 또한 가짜 뉴스나 허위 정보를 대량으로 생산하는 데 사용될 수 있다. 딥페이크 기술을 사용해 유명인이나 일반인의 이미지를 훼손하거나, 범죄 목적으로 이용될 수 있다.

AI 기술 도입은 효율성 증가, 의사결정 향상, 비용 절감, 고객 경험 개선 등의 변혁적 이점을 제공한다. 그러나 높은 초기 비용, 데이터 품질 및 개인정보 보호 문제, 윤리적 고려사항 등의 도전 과제를 해결해야 한다.

5. AI 도구 사용 시 고려할 사항들

AI가 발달함에 따라 윤리적인 문제들도 함께 부각되고 있다.

[표 1-2] AI 관련 주요 윤리적 이슈 사례[8]

AI 챗봇 '이루다 논쟁' (2020.1.)	혐오 발언, 개인정보보호 위반 등으로 출시 한 달여 만에 서비스 중단
영국 대입시험 알고리즘 차별 논쟁(2020.8.)	영국 대입 시험에서 학습자 거주지역에 따른 알고리즘의 차별로 교육 불평등 강화 논란
미국 교사평가 알고리즘 투명성 논란(2017.5.)	공립학교 교사 고용에 있어 비밀 알고리즘 평가를 실시하여 교사 연맹이 소송 제기

AI를 책임감 있고 윤리적으로 사용하기 위해 다음 질문들을 스스로에게 해볼 필요가 있다.

No.	질문	확인
1	자신의 데이터가 어떻게 수집되고 사용되는지 이해하고 있나요?	
2	민감한 개인정보를 AI 시스템에 제공하고 있진 않나요?	
3	AI가 제공하는 정보를 무비판적으로 수용하고 있지는 않나요?	
4	AI의 결과물을 다른 출처와 교차 검증하고 있나요?	
5	AI 도구에 지나치게 의존하고 있지는 않나요?	
6	중요한 의사결정을 AI에게 완전히 맡기지는 않나요?	
7	AI 도구를 사용해 생성한 콘텐츠의 저작권 문제를 인식하고 있나요?	
8	다른 사람의 작품을 AI로 변형할 때 윤리적, 법적 문제를 고려하고 있나요?	
9	AI 시스템이 가질 수 있는 편향성을 인지하고 있나요?	
10	이러한 편향이 자신의 판단에 미치는 영향을 고려하고 있나요?	
11	AI 도구를 사용했다는 사실을 필요한 경우 공개하고 있나요?	
12	AI의 도움을 받아 만든 결과물을 자신의 순수한 창작물로 속이지는 않나요?	
13	AI 도구를 악용하거나 불법적인 목적으로 사용하고 있지 않나요?	

---

8   출처: 교육부 2024.08.11.(목) 조간 보도자료, 교육 분야 AI 윤리 원칙 상세 설명자료

6. AI 시대의 교육과 학습

교육자와 학생들은 윤리원칙을 준수하여 AI 기술을 사용하도록 해야 한다. 교육부는 교육 분야 AI가 윤리적으로 개발되고 안전하게 활용될 수 있도록, 개발자와 교육당사자들이 함께 준수해야 할 「교육 분야 AI 윤리 원칙」을 2022년 8월 확정 발표하였다.

[표 1-3] 교육 분야 AI 윤리 원칙[9]

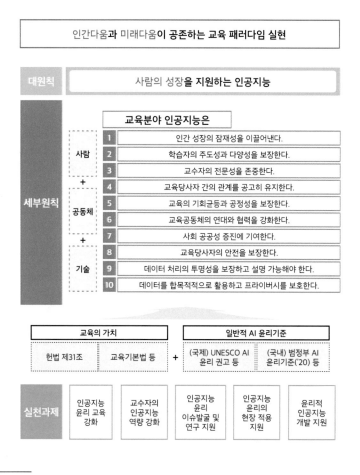

_____

9 출처: 교육부 2024.08.11.(목) 조간 보도자료, 교육 분야 AI 윤리 원칙 상세 설명자료

☐ AI 기술 발달이 교육에 미치는 영향

(1) 개인 맞춤형 학습

AI 기반 학습 시스템은 학생 개개인의 학습 스타일, 학습 속도 및 이해 수준 등을 분석하여 최적의 학습 경험을 제공함으로써 학습 동기 및 효과를 극대화한다.

1) **학습 스타일 진단**: AI는 학습자 설문조사, 과거 학습 데이터, 학습 활동 기록 등을 분석하여 학습자의 학습 스타일을 진단할 수 있다.

2) **맞춤형 학습 콘텐츠 제작**: AI는 학습자의 학습 스타일을 시각적, 청각적, 운동 감각적 학습자 등 다양한 학습 스타일을 파악하여 그에 맞는 학습 콘텐츠를 자동으로 제작하거나 추천할 수 있다.

3) **학생 학습 계획 수립**: AI는 학습자의 학습 스타일, 속도, 이해 수준을 고려하여 개인 맞춤형 학습 계획을 수립해 줄 수 있다.

4) **학습 난이도 조절**: 학습자의 이해 수준에 따라 학습 콘텐츠의 난이도를 자동으로 조절하여 제공해줄 수 있다. 학습자가 이해하지 못한 부분은 반복적으로 학습하도록 유도하고, 이미 이해한 부분은 건너뛸 수 있도록 한다.

5) **실시간 학습 지원**: 학습자가 궁금한 점이 생기거나 학습 과정 중에 어려움을 겪는 경우, AI 기반 튜터가 실시간으로 질문에 답변하고 도움을 제공할 수 있다.

(2) 교사의 업무 보조

AI는 교사의 업무를 다양한 방식으로 보조할 수 있다.

1) **교수 자료 준비**: AI는 교과 내용을 분석하여 강의 노트, 프레젠테이션, 시각 자료, 퀴즈, 시험 문제, 연습 문제 등을 생성할 수 있다.

2) **평가 및 피드백**: AI를 활용해 객관식 및 주관식 평가(에세이, 단답형 문제)를 빠르고 정확하게 채점할 수 있고, 학생들이 제출한 과제나 시험 결과에 대해 즉각적인 피드백을 제공해 줄 수 있다.

3) **학생 지원 및 상담**: AI는 학생들의 학습 데이터를 분석하여 학습 패턴, 강점, 약점을 파악하고 이를 기반으로 개선 방안을 제시할 수 있다.

4) **맞춤형 추천 시스템**: 학생의 관심사와 학습 수준에 맞는 자료나 활동을 추천하여 학습의 효율도와 참여도를 높일 수 있다.

5) **행정 업무 지원**: 데이터를 효율적으로 관리하고 분석하여 담임 업무 및 행정 업무의 일부를 자동화 할 수 있다.

2 AI 시대 교사의 역할

(1) AI 활용 전문가

AI 시대의 교사는 AI 도구를 효과적으로 활용하여 수업을 설계하고 운영할 수 있는 능력을 갖춰야 한다. 이는 단순히 AI 도구를 사용하는 방법을 아는 것에 그치지 않고, 가르치는 학생들의 학습 수준과 교과 내용에 적합한 AI 도구를 선별하고 활용할 수 있는 전문성을 말한다. 또한, AI 도구의 한계를 이해하고, 정확하지 않은 정보가 주어지는 경우 적절히 개입하여 오류를 수정할 수 있어야 한다.

(2) 윤리적 가이드

AI 기술의 발전과 함께 이를 악용하여 잘못된 정보를 퍼뜨리거나 남에게 해를 가하는 사례가 늘어나고 있어 책임감 있고 윤리적인 AI 사용이 점점 더 강조되고 있다. 따라서 교사는 학생들에게 AI의 윤리적 사용에 대해 교육하고 안내하는 역할을 해야 한다. 데이터 프라이버시, 정보의 편향성 및 부정확성 등에 대해 학생들과 열린 대화를 나누고 비판적으로 AI 도구를 사용할 수 있도록 도와야 한다.

(3) 인간적 상호작용

AI가 제공하기 어려운 공감, 정서적 지원, 인간적 교류를 제공하는 것은 교사가 할 수 있는 중요한 역할 중 하나이다. 교사는 학생들이 학습 과정에서 느끼는 다양한 감정 반응을 파악하고 이에 적절한 정서적 지원을 제공할 수 있다. 학생이 시험을 망쳐 좌절했을 때 교사는 격려와 위로를 통해 학생이 다시 최선을 다할 수 있도록 도울 수 있다. 단순히 지식 전달을 넘어 인간적 상호작용을 통해 학생들의 전인적 발달을 지원하는 역할을 수행해야 한다.

③ AI 시대에 강조되는 소프트 스킬(Soft skills)

(1) 소프트 스킬이란?

1) **의사소통 기술**: 아이디어와 정보를 말로 명확하게 표현하고, 문서로 효과적으로 작문하며, 다른 사람의 의견을 경청하고 적절하게 대응하는 능력을 의미한다.

2) **협업 기술**: 공동의 목표를 향해 다른 사람들과 잘 협력하는 것을 의미한다.

3) **문제 해결 능력**: 상황을 논리적으로 분석하고 신중한 결정을 내리는 능력을 의미한다.

4) **적응력 및 유연성**: 새로운 조건과 환경에 적응하고 새로운 아이디어와 접근 방식을 유연하게 받아들이는 능력을 의미한다.

5) **감성 지능(EQ)**: 자신의 감정을 인지하고 타인의 감정을 이해하고 공감하는 능력을 의미한다.

6) **시간 관리 능력**: 일의 중요도를 따져 우선 순위를 지정하고 그 업무에 집중하여 일의 효율성을 높이는 능력이다.

7) **리더십**: 다른 사람들이 최선을 다할 수 있도록 동기를 부여하고 격려하는 역할을 하며 전반적인 상황 및 정보에 입각한 효과적인 의사결정을 내리는 능력이다. 또한 사람의 능력을 알아보고 적절한 업무를 할당하는 것도 리더십의 일종이다.

8) **갈등 해결**: 의견 충돌 시 상호 수용 가능한 해결책을 찾고 다른 사람 간의 분쟁을 해결하는 데 도움을 주는 능력이다.

9) **대인관계 기술**: 공적 혹인 사적인 관계를 맺는 사람들과 긍정적인 관계를 발전시키고 유지하는 기술을 의미한다.

10) **스트레스 관리**: 좌절하는 상황에서 다시 일어나 도전하고 스트레스를 효과적으로 관리할 수 있는 능력이다.

(2) 소프트 스킬이 중요한 이유

AI 시대에 소프트 스킬이 중요한 이유에는 여러 가지가 있다. 첫 번째로 소프트 스킬은 AI가 학습하고 모방할 수 없는 인간만의 고유한 능력이다. AI 기술이 발전함에 따라 AI로 대체될 수 없는 인간만의 고유한 능력은 그 중요성이 배가 될 것이다. 두 번째로, AI 기술이 혁신적으로 빠르게 발전하고 있다. 이러한 변화를 수용하고 적응하기 위해서는 회복탄력성과 성장 마인드셋과 같은 소프트 스킬이 필요하다. 세 번째로, AI가 확산될수록 사람은 사람을 대하는 업무에 집중하게 된다. 반복적이고 단순한 업무는 AI로 대체되고 감성 지능과 공감적 커뮤니케이션은 대인 소통에서 중요한 역할을 하게 될 것이고 이는 자동화할 수 없는 영역이다. 이러한 이유들로, AI 시대에 소프트 스킬은 매우 중요하며, 이를 개발하고 강화하도록 노력을 기울여야 한다. 이로써 인간이 AI와의 협업에서도 경쟁력을 유지하고 발전할 수 있는 길이 될 것이다.

(3) 소프트 기술을 키우기 위한 교육자의 역할

1) **교과 과정에 소프트 스킬 통합**: 학생들이 의사소통, 팀워크, 문제 해결을 연습할 수 있도록 모든 과목의 교육 과정안에 소프트 스킬 훈련을 포함시킨다.

2) **활동적 학습 기법**: 그룹 과제와 프로젝트 수업을 통해 협업과 팀워크를 장려하고, 문제 기반 학습(PBL) 활동을 통해 현실 세계의 문제를 해결하는 과정을 통해 비판적 사고, 창의성 및 문제 해결 능력을 개발하도록 한다.

3) **편안하고 긍정적인 학습 환경 조성**: 모든 학생이 자신의 아이디어와 의견을 편안하게 공유할 수 있도록 포용적인 교실 분위기를 조성한다. 긍정적이고 서로를 존중하는 교실의 분위기는 개방적인 의사소통, 공감 및 팀워크를 촉진한다.

4) **의사소통 기술에 중점**: 정기적인 발표 과제를 부여하여 구두 의사소통 및 대중 연설 기술을 향상시키고, 다양한 글쓰기 과제를 통해 글쓰기 능력을 향상시킨다. 또한 경청의 중요성을 강조하여 타인의 발표를 주의 깊게 듣고 적절한 응답을 하도록 유도한다.

5) **팀워크 및 협업 촉진**: 협동 학습을 통해 학생들이 함께 작업하고 책임을 공유하며 공동 목표를 달성하는 활동을 설계한다. 상호 검토 과정을 통해 학생들이 서로의 작업에 피드백을 제공하도록 하는 활동을 제공한다.

6) **감성 지능 개발**: 자기 성찰 활동을 통해 자기 인식과 자기 평가를 하도록 한다. 예를 들어, 자신의 강점과 약점을 반성하도록 하는 활동을 통해 자기 인식을 키우고 개선할 영역을 파악하도록 한다. 또한 공감 훈련을 통해 다양한 관점을 이해하고 공감지능을 키우도록 한다.

7) **리더십 기술 육성**: 학생들이 리더 역할을 맡을 수 있는 기회를 두루두루 제공하고 멘토링 프로그램을 통해 대인 관계와 리더십을 향상하도록 한다.

8) **기술 및 디지털 도구 사용**: 다양한 디지털 도구 및 플랫폼을 사용하여 학습 활동을 수행하도록 하여 변화 무쌍한 기술 발전에 적응력을 키우도록 한다.

7. AI 시대의 직업 전망

1 AI 시대에 각광받는 직업

[1] 데이터 과학자 및 분석가

AI는 데이터 기반 의사 결정에 의존하기 때문에 데이터 과학자와 분석가의 수요가 증가할 것이다. 이들은 데이터를 수집, 정리, 분석하고, AI 모델을 개발하고 평가하는 역할을 한다.

[2] AI 연구자 및 엔지니어

AI 알고리즘을 개발하고 최적화하는 연구자와 엔지니어는 AI 시대의 주역이다. 딥러닝, 머신러닝, 자연어 처리 등 다양한 AI 기술에 대한 전문 지식을 필요로 한다.

(3) 로봇 공학자

로봇 공학자는 로봇 설계, 제작, 프로그래밍 및 테스트를 담당한다. 로봇공학자는 이러한 로봇을 설계하고 프로그래밍하며, 인간의 삶을 더욱 편리하게 만드는 역할을 한다. AI 기술은 로봇의 기능과 성능을 크게 향상시키기 때문에 로봇공학 분야는 앞으로 더욱 중요해질 것이다.

(4) 사이버 보안 전문가

AI의 발전과 함께 디지털 보안의 중요성도 커지고 있다. AI 시스템은 해킹 공격의 대상이 될 수 있기 때문에 이를 방지하기 위한 사이버 보안 전문가의 역할이 중요해진다.

(5) 창의적인 직업

예술, 디자인, 콘텐츠 제작 등 창의성과 상상력이 요구되는 직업들은 AI에 의해 대체될 가능성이 낮다.

(6) 사회 서비스 및 교육 분야

교육, 사회복지 등 인간의 공감과 소통이 중요한 서비스 분야는 AI로 대체될 가능성이 낮다. 오히려 AI를 활용하여 서비스의 질을 향상시키고 개인 맞춤형 서비스를 제공하게 될 것이다.

(7) 헬스케어 및 바이오인포매틱스 전문가

AI는 의료 진단, 치료 계획 수립, 신약 개발 등 헬스케어 분야에서도 큰 역할을 하고 있다. 헬스케어 전문가와 바이오인포매틱스 전문가는 AI를 활용하여 더 나은 의료 서비스를 제공하는 데 기여할 것이다.

② AI 시대에 사라질 가능성이 높은 직업

[1] 단순 반복 업무

생산 라인 작업자, 데이터 입력 작업자, 회계 및 금융 관련 일부 업무 등 반복적이고 자동화 가능한 작업은 AI에 의해 대체될 가능성이 높다. AI는 인간보다 더 빠르고 정확하게 이러한 작업을 수행할 수 있다.

[2] 일부 고객 서비스 업무

고객 문의 응대(콜센터), 전화 판매, 간단한 기술 지원 등 일부 고객 서비스 제공 업무는 AI 기반 챗봇이나 가상 비서에 의해 대체될 수 있다.

[3] 데이터 수집 및 정리 업무

간단한 데이터 수집 및 정리 업무는 AI에 의해 자동화될 수 있다.

[4] 운전사

자율주행 기술의 발전으로 트럭 운전사, 택시 운전사 등 운전 관련 직업이 감소할 가능성이 크다. 특히, 장거리 운송 및 물류 분야에서 자율주행 차량의 도입이 가속화될 것으로 보인다.

나만 알고 싶은 AI 활용 교과서: 고등편

고등교육과 AI

CHAPTER 02
고등교육과 AI

1. 중학교에서 고등학교로

매년 초, 교육청에서는 중학교에 '고등학교 입학전형 기본계획'을 발송한다. 대체로 흐름이 비슷하지만 미세하게 달라지는 부분이 있어 중학교 3학년 담임을 오래 했던 교사라도 매번 당해 연도 기본계획은 다시 숙지해야 할 필요가 있다. 예를 들어 코로나19 감염 기간 동안 실질적으로 활동이 불가능했던 봉사활동 부문은 잠시 고입에 반영되지 않는가 했더니 이제는 완전히 고입 반영 항목에서 사라졌다. 2025학년도 기본계획 기준으로 고등학교 입학전형 총점은 100점이며 이는 중학교 교과 학습발달상황 점수 80점과 출결상황 점수 20점으로 나뉜다. 불과 얼마 전까지도 입학전형 총점으로 중학교 3학년 학생 전체의 석차연명부를 작성하였지만, 2022 개정 교육과정 및 고교학점제 전면 시행을 앞둔 현재 석차 연명부 작성조차 옛말이 되었다. 이에 따라 중학교 학생들은 입학부터 졸업에 이르기까지 본인의 학년 석차를 알 수 없으며, 이는 과거의 방식처럼 성적으로 줄세우기보다, 앞으로 학교에서 학생 개개인의 역량 쌓기에 더 집중을 하라는 개정 교육과정의 목표와 일맥상통한다.

1 고등학교의 종류

2025년, 서울 기준으로 설명하면, 입학전형 시기에 따라 고등학교를 크게 전기고와 후기고로 분류한다. 전기고는 영재학교, 특수목적고, 특성화고, 일반고 중 교육감이 정하는 특별학과와 같은 종류가 있는데, 서울의 경우 영재학교는 서울

과학고 한 곳뿐이다. 서울과학고의 명칭이 '과학고'이기에 특수목적고에 속하는 한성과학고, 세종과학고와 동일한 범주에 있다고 여기기 쉽지만, 영재학교는 영재교육진흥법을 따르는 반면 과학고는 초중등교육법을 따르므로 엄밀히 말하면 둘은 상당히 차이가 있다. 우선 영재학교는 학년 구분 없이 지원 가능하나 과학고는 중학교 3학년만 지원 가능하며, 영재학교가 전국 단위로 모집하는 반면 과학고는 지역 단위로 모집한다. 아울러 영재학교에 지원했다가 불합격한 학생은 특수목적고에 속하는 다른 과학고와 후기고까지도 다시 지원할 수 있다. 최근 이공계 학생들의 의약학계열 전공 쏠림 현상이 심해지면서, 영재학교와 과학고에서는 의약학계열 전공으로 진학하려는 학생들을 제재하는 방안을 마련하였으므로 혹시 이런 경우에 해당하는 학생들을 지도할 때에는 학교별 유의사항을 반드시 확인하게끔 지도하여야 한다.

후기고는 학교장선발고, 교육감선발고 두 가지 종류가 있으며, 통상 일반고라고 부르는 학교들이 교육감선발고에 속하고 외국어고, 국제고, 자율형사립고와 같은 학교들이 학교장선발고에 속한다. 전국의 과학고 20개교, 외국어고 28개교, 국제고 8개교, 자율형사립고 34개교, 일반고 1개교에서는 자기주도학습전형으로 학생을 선발한다. 이는 입학전형위원회에서 자기주도학습 결과와 학습 잠재력, 핵심 인성 요소를 중심으로 학생을 평가하는 방식으로서, 학교생활기록부와 자기소개서를 활용하여 서류 및 면접 심사를 실시한다. 다만 이렇게 자기주도학습전형 등으로 학생을 선발하는 학교장선발고는, 지원했다가 불합격하면 나중에 그만큼 일반고 선택의 폭이 좁아질 수 있다는 점을 학생들에게 주지시킬 필요가 있다. 즉, 1지망으로 지원하더라도 배정받기가 어려울 만큼 인기 있는 일반고에는 학교장선발고 불합격자까지 들어갈 자리가 아주 희박하기 마련이다. 덧붙여 어문 계열에 특화된 교육과정을 운영하는 외국어고와 국제고는 당연하게도 이공 계열 교과 이수 시간이 적은 편이니, 이러한 부분을 충분히 잘 알고 소신 있게 지원토록 해야 할 것이다.

한국교육개발원에서 운영하는 고입정보포털(https://hischool.go.kr/)은 고등학교 유형별 입학전형에 관한 정보를 한꺼번에 찾아보기 쉽다는 장점이 있다.

재학 중인 학생의 성별, 공사립 여부, 설립 일자, 학교의 지도상 위치 조회, 최신 입학전형요강 다운로드 등이 가능하다. 그러나 대략적인 고교 파악이 아닌, 소수의 몇 군데로 지원 학교를 정한 학생을 지도하는 경우에는 해당 학교의 공식 홈페이지를 직접 들어가서 정보를 검색하는 게 가장 빠르고 정확한 방법이다. 특히 특성화고나 마이스터고 등은 특별전형과 일반전형이 따로 있고 전형 접수일과 면접일, 합격 발표일이 제각각 달라서 자칫 헷갈리기 쉽다. 그러므로 이러한 학교를 지원하는 학생들이 여럿이라면 반드시 학교 이름별로 필요 서류를 정리하고 알아보기 쉽게 달력에 표시를 해두는 작업이 요구된다. 심지어 일반고만 지원하는 학생들을 관리할 때조차, 학생과 학부모들이 원서 작성법이나 지원 가능한 학교의 범위를 잘 알지 못해 지원이 불가능한 학교를 원서에 쓰겠다고 하는 사례가 종종 있다. 이런 일을 방지하려면 원서 작성 시기 이전에, 가급적이면 1학기부터 시간이 날 때마다 고등학교 입학전형에 대한 교육을 자주 해두어야 한다.

[표 2-1] 2025학년도 서울 지역 고등학교 입학전형 및 주요 일정[서울특별시교육청]

구분	학교계열			입학원서 접수	합격자 발표일
전기고등학교	학교장선발고		과학고	2024. 8. 26.(월)~8. 28.(수)	2024. 11. 29.(금)
		서울체고	특별	2024. 10. 21.(월)~10. 22.(화)	2024. 10. 25.(금)
			일반	2024. 10. 28.(월)~10. 29.(화)	2024. 11. 5.(화)
		예술계고(서울미고 포함)		2024. 10. 11.(금)~10. 16.(수)	2024. 10. 25.(금)
		마이스터고(특별/일반)		2024. 10. 14.(월)~10. 17.(목)	2024. 10. 30.(수)
		특성화고	특별	2024. 11. 22.(금)~11. 25.(월)	2024. 11. 28.(목)
			일반	2024. 11. 29.(금)~12. 2.(월)	2024. 12. 3.(화)
		관악예술과(염광고)		2024. 11. 18.(월)~11. 20.(수)	2024. 11. 22.(금)
		추가모집	덕원예고	2024. 11. 25.(월)~11. 26.(화)	2024. 11. 28.(목)
			관악예술과(염광고)	2024. 12. 2.(월)~12. 3.(화)	2024. 12. 4.(수)
			특성화고	2024. 12. 3.(화)~2024. 12. 4.(수)	2024. 12. 4.(수)

후기고등학교	학교장 선발고	한광고, 한국삼육고	2024. 12. 2.(월)~12. 3.(화)	2024. 12. 4.(수)
		국제고·외국어고	2024. 12. 4.(수)~12. 6.(금) (면접대상자 서류 제출기간) 2024. 12. 9.(월)~12. 11.(수)	2024. 12. 20.(금)
		자사고 / 경희고 등 15교	2024. 12. 4.(수)~12. 6.(금) (면접대상자 서류 제출기간) 2024. 12. 11.(수)~12. 12.(목)	2024. 12. 27.(금)
		자사고 / 하나고	2024. 12. 4.(수)~12. 6.(금) (면접대상자 자기소개서 온라인 제출기간) 2024. 12. 12.(목)~12. 16.(월) 10:00	2024. 12. 31.(화)
		예술·체육중점학급	2024. 12. 4.(수)~12. 6.(금)	2024. 12. 18.(수)
	교육감 선발고(일반고)		2024. 12. 4.(수)~12. 6.(금)	2025. 1. 7.(화)
	추가 모집	한광고, 한국삼육고, 예술·체육중점학급	2025. 1. 7.(화)~1. 8.(수)	2025. 1. 10.(금)
		국제고·외국어고· 자사고	2025. 1. 13.(월)~1. 14.(화)	2025. 1. 17.(금)

- 교육감 선발고 결과 발표
  - 배정학교 발표: 2025. 1. 31.(금)
    ※ 교육감 선발 후기고 합격일(2025. 1. 7.(화))은 배정대상자를 발표하는 것임
  - 입학등록: 2025. 2. 3.(월)~2. 4.(화)
- 교육감 선발고 입학전 배정
  - 인터넷 접수: 2025. 2. 5.(수)~2. 7.(금)
  - 서류 제출: 2025. 2. 5.(수)~2. 7.(금)
  - 배정학교 발표: 2025. 2. 18.(화)
  - 입학 등록: 2025. 2. 18.(화)~2. 19.(수)

※ 향후 학교사정에 따라 변경될 수 있음

2 자기주도학습전형과 제출 서류

(1) 자기주도학습전형이란?

자기주도학습이란 학습자 스스로 자신의 학습 목표를 설정하고 그 이후 학습 참여 범위 설계, 학습 전략의 선택, 학습 결과의 평가와 같은 학습의 전 과정에 주도적으로 참여하는 학습 형태를 의미한다. 그리고 이와 같은 자기주도학습을 학생이 어떤 식으로 실천하고 있는지를 평가하는 입학전형을 자기주도학습전형이라 하며, 학교 유형에 따라 전형 방식이 네 가지로 분류된다. 과학고는 학교장 추

천 입학 담당관 활동(1단계), 내신+서류+면접(2단계)으로 진행하며, 외국어고와 국제고는 영어 내신+출결(1단계), 1단계 성적+면접(2단계)으로 진행한다. 한편 서울 방식 자율형사립고는 추첨 선발(1단계), 면접(2단계)으로 진행하며, 서울 이외 방식 자율형사립고 및 일반고는 내신+출결(1단계), 1단계 성적+면접(2단계)으로 진행한다. 말하자면 어떤 방식이든 자기주도학습전형에는 면접이 포함되며, 면접은 학생이 고등학교 측에 제출하는 학교생활기록부II 또는 자기소개서를 바탕으로 한다. 학교생활기록부I을 행동특성 및 종합의견이 빠진 양식이라 한다면, 학교생활기록부II는 이것이 포함된 세부사항 기록부라 보면 된다. 중학교에서부터 학교생활기록부 및 그것을 토대로 한 자기소개서를 풍성하게 만들어 본 경험이 있는 학생이라면, 그런 작업을 더욱 고도화해야 하는 고등학교에 진학하여 적응하는 게 보다 쉬울 것이다. 21세기는 '자기 어필의 시대'라고들 한다. 자기소개서는 이처럼 자기주도전형에 응시하는 학생이라면 중학교 3학년 때부터 시작하여, 대학 입시에서뿐 아니라 성인이 되어 취업을 위해 도전하는 과정에서도 끊임없이 작성하게 된다. 한국대학교육협의회(대교협)는 대학입학전형위원회의 최종 심의의결을 거쳐 2024학년도 대학입학전형기본사항을 발표하였고, 이에 대입제도 공정성 강화 방안에 따라 학생부종합전형 전형자료에서 자기소개서를 삭제한 바 있다. 이런 경향에 따라 대부분의 대학에서는 자기소개서가 사라졌지만 KAIST, UNIST, GIST, DGIST와 같은 대학에는 아직 자기소개서가 남아 있다. 따라서 교사가 학생들에게 초반부터 확실하게 자기소개서 작성 요령을 지도해두면 이후 학생들은 지식 및 경험 습득을 통해 점점 더 자기소개서를 확장된 내용으로 잘 쓸 수 있게 될 것이다.

[2] 자기소개서 구성법

자기소개서를 작성할 때에는 대개 3단계, 4단계, 5단계 구성을 이용한다. 3단계는 목표(Why)-과정(How)-결과(What), 4단계는 배경이나 상황(Situation)-목표나 과업(Task)-활동(Action)-영향이나 결과(Result), 5단계는 동기-활동-결과-의미-변화 이렇게 구성된다. 물론 별도의 구성없이 생각이 흘러가는 대로, 혹은 시간 순서대로 작성할 수도 있으며, 이러한 방향이 더 어울리는 주제도 존재할 수 있다. 그러나 자기소개서가 결국 면접을 위한 기초자료로 쓰일 거라는 걸 염두에 두면 글쓰기를 조직적으로 하는 것이 훨씬 지원자에게 유리할 수밖에 없다. 조직적인 글쓰기는 글의 내용을 지원자의 머릿속에 기억해내기 쉬운 형태로 저장하고, 그러므로 이를 바탕으로 한 질문이 던져졌을 때 당황하지 않고 올바른 답변을 도출할 수 있게 한다. 또한 글의 내용이 다른 곳으로 새지 않고 일관적인 목적과 방향성을 가지고 달려갈 수 있게 되는 장점이 있다.

첫째로, 3단계 구성은 사이먼 시넥(Simon Sinek)의 골든 서클(Golden Circle) 이론에서 비롯된 것이다. 많은 자기소개서가 단순히 '무엇(What)'을 했는가를 나열하는 데 그치는 탓으로, '왜(Why)'와 '어떻게(How)'를 강조하는 자기소개서는 돋보일 수 있다. 이는 지원자가 다른 후보자들과 차별화될 수 있는 기회를 제공하며, 독자로 하여금 지원자의 진정성과 열정을 느끼기 쉽다. '왜'에서 시작하는 자기소개서는 면접관이 지원자와 더 깊은 연결감을 갖게 하는 강점을 지닌다. 면접은 학업 성적만을 기준으로 두고 학생을 선발하는 것이 아니라, 학교의 가치와 문화에 맞는 학생을 찾는 작업이기 때문이다. 따라서 이러한 유형의 구성은 자기소개서에서 지원 동기와 관련된 부분을 서술할 때 사용하면 좋다. 둘째로, 4단계 구성은 흔히 각 단계를 의미하는 영어 단어의 첫 글자를 따서 STAR 기법이라고 불린다. STAR 기법은 본래 면접 기법으로서, 자기소개서를 이런 기법으로 구성하면 면접관과 지원자 모두에게 유익한 효과를 낳는다. 면접관은 지원자의 과거 경험을 체계적으로 평가할 수 있고, 지원자는 자신의 성과를 명확하고 구체적으로 전달할 수 있다. STAR 기법으로 쓴 자기소개서는 사례 기반의 글이기에 면접관에게 실제 경험과 역량을 더 잘 평가할 수 있게 하고, 이를 통해 추상적인 답변을 내놓은 다른 학생들보다 해당 학생을 보다 신뢰성 있고 설득력 있다고 여기게 한다. 마지막으로, 5단계 구성은 단계가 많아 상대적으로 분량이 긴 부분을 자세하게 쓰는 데에 좋다. STAR 기법처럼, 5단계도 특정한 개인이나 단체가 명확하게 처음 만든 구성 방법은 아니다. 이 구성은 체계적인 글쓰기와 이야기 전달 기법의 일환으로, 많은 작가, 교육자, 그리고 의사소통 전문가들에 의해 발전되고 사용되어 현재에 이르렀다. 이 가운데 학생이 작성해야 하는 내용과 어울리는 구성을 고르거나, 기존 구성을 줄기삼아 미세하게 고쳐 사용하면 자기소개서 초안을 만들기가 쉬워질 것이다.

[3] 생성형 AI 제대로 사용하기

다소 간의 차이는 있지만 자기소개서에서 요구하는 바는 대체로 비슷한데, 자기주도학습전형에서는 본인이 스스로 학습계획을 세우고 학습해 온 과정과 그 과정에서 느꼈던 점, 해당 학교에 관심을 갖게 된 동기, 입학 후의 활동 계획 및 졸업 후의 진로 계획, 인성을 드러낼 수 있는 개인적 경험과 이를 통해 느낀 점 등을 기술하도록 한다. 자기소개서를 작성하는 학생의 연령이 어릴수록, 학생은 부모나 교사 또는 학원 강사 등 성인의 도움을 받기 쉽고, ChatGPT나 Wrtn과 같은 생성형 AI의 결과물 혹은 인터넷 사이트에서 채집한 것들을 그대로 베끼기 쉽다. 이는 생성형 AI의 부정적인 영향을 보여주는 대표적인 사례로서, 윤리적으로도 바람직하지 않을 뿐더러 발각되면 입학에 불이익을 받을 수 있어 학생들에게 반드시 주의시켜야 하는 부분이다. 교사는 학생들의 자기소개서를 검토할 때 문체가 생성형 AI와 유사하지 않은지, 다른 학생의 자기소개서와 내용이 겹치고 있진 않은지 확인해볼 필요가 있다. 특히 시중에 무료로 제공되는 구버전 ChatGPT는 영어 번역식 문체가 특징으로, 글을 읽었을 때 상당히 어색하게 다가오는 것이 특징이다.

\<ChatGPT 영어 번역식 자기소개서의 예\>

입력 프롬프트
나는 외국어 고등학교에 입학하고 싶은 중학교 학생이야. 내가 스스로 학습계획을 세우고 그 과정에서 느꼈던 점을 써줘.
ChatGPT 출력 결과
나는 언어 학습이 도전적이지만 보람이 있을 수 있다는 것을 이해합니다. 특히 복잡한 문법이나 익숙하지 않은 어휘를 다룰 때 좌절과 어려움의 순간이 있을 것으로 예상됩니다. 나는 인내심을 갖고 꾸준히 노력할 것입니다. 작은 개선 하나하나가 목표에 더 가까워질 것입니다. 새로운 문구를 마스터하는 것이든, 어려운 구절을 이해하는 것이든, 나는 그 과정에서 내가 이룬 성취를 축하할 것입니다. 나는 다른 사람들과 대화하는 것을 연습하고 문화 활동을 통해 언어에 몰입할 수 있는 기회를 받아들이겠습니다. 헌신과 꾸준한 노력으로 나는 외고 입학시험을 효과적으로 준비할 수 있다고 확신합니다. 나는 의욕을 높게 유지하고 새로운 언어를 배우는 여정을 즐길 것입니다!

즉 생성형 AI를 이용하여 자연스러운 자기소개서를 작성하려면 최신 버전으로 자연어에 가까운 언어를 구사하는 프로그램을 이용하는 것이 바람직하며, 무엇보다 알맞은 프롬프트가 필요하다. 좋은 프롬프트는 간결하고 명확해야 하며, 추상적인 단어 없이 구체적이어야 하고, 감정이나 주관적인 표현을 사용하지 않아야 한다. 덧붙여 사용자가 원하는 방향의 결과물을 생성형 AI가 제대로 도출할 수 있도록 먼저 생성형 AI를 학습시키고, 그 다음 조금씩 주문을 수정하여 반복적으로 작업을 해나가면 썩 괜찮은 자기소개서를 작성하는 데 도움이 된다. 제출 직전까지 내용을 계속 다듬어야 하겠지만, 대입 자기소개서 초안을 작성하는 데 있어서도 생성형 AI는 유용하다. 말하자면 앞서 언급한 자기소개서 구성을 학습시키고, 사용자 자신의 개성이 드러나는 몇 가지 사례를 학습시키고, 사용자가 지원하기를 바라는 학교가 원하는 인재상을 학습시킨 이후라야 AI가 생성을 제대로 해낼 수 있을 거라는 뜻이다.

교사가 영재학교에 입학하고 싶은 학생들을 위해 작성하는 관찰소견서도 마찬가지이다. 영재학교에서는 교사에게 원서접수 사이트에서 학생의 수학과 과학 분야의 성취도와 흥미도, 논리적·독창적 사고력, 자기주도적 학습역량, 문제발견역량, 과제집착력과 문제해결력과 같은 영재성 항목을 5단계로 평가하도록 한다. 그리고 해당 평가를 뒷받침할 수 있는 구체적인 사례를 기술하게 한다. 띄어쓰기 포함 400자로 작성하는 본 관찰소견서는 과도한 미사여구나 칭찬 일변도의 기술을 지양한다. 이와 같은 관찰소견서를 작성할 때 개요를 바탕으로 하여 생성형 AI를 활용하면 효율적이고 완성도 있는 글을 금방 쓸 수 있으며, 처음 명령어를 넣을 때 학생의 정보를 미리 학습시키고 나서 개요 짜기를 시작하면 다른 학생의 관찰소견서와 겹치지 않게 결과물을 만들 수 있다. 마찬가지로 교사 추천서를 받는 대학(특히 외국에 소재한 대학)에 입학하려는 학생들을 위해, 교사는 생성형 AI를 활용하여 질적으로 우수한 추천서를 속도감 있게 작성할 수 있다. 우선 프롬프트 입력 상황을 육하원칙 질문 구조로 구성하고, 명확하고 간단한 언어를 사용하는 게 좋다.

모든 생성형 AI는 잘못된 정보를 생성하거나, 모호한 입력으로 어려움을 겪거나, 학습 데이터 부족으로 인해 최신 정보에 대한 지식이 부족할 수 있다. 그러므로 생성형 AI가 출력한 결과를 완전히 신뢰하는 일은 지양해야 한다. 자칫 이는 학생의 비판적 사고, 문제 해결 및 작문 기술 개발을 방해할 우려가 있다. 즉, 생성형 AI는 특정 주제의 기본 개념을 알고 있는 학생에게 '보조 도구'로서 쓰여야 피상적이거나 수동적인 학습을 피할 수 있다. 그리고 어떤 활동에 생성형 AI를 사용하는 경우 어느 부분에서 어떻게 썼는지를 반드시 명시해야 한다. 생성형 AI가 제공한 정보를 확인하고 정확성을 보장하기 위해 신뢰할 수 있는 출처와 교차 검토를 해야 하며, 교육 기관에서는 AI 도구 사용에 관한 명확한 정책을 수립하고 학생들에게 학문적 정직성의 중요성을 교육해야 한다. 학교 성적에 반영되는 과제를 생성형 AI로 만들고, 적절한 저작자 표시 없이 생성 결과를 학생이 자신의 작품으로 제출하는 것은 표절이나 부정행위에 해당한다. 이는 학습의 질을 떨어뜨릴 뿐더러 학문적 진실성을 훼손하기에 학생들에게 금지시켜야 마땅한 행위로 꼽힌다.

다음은 생성형 AI를 활용하여 자기주도학습전형 제출 서류 초안을 만드는 방법이다.

차례	1) 자기소개서_ChatGPT
	2) 자기소개서_Wrtn
	3) 교사 관찰소견서_ChatGPT와 Wrtn

1) 자기소개서_ChatGPT

① **활동 소개**: 학생에게 자기소개서 초안을 생성형 AI로 만드는 활동을 지금부터 안내하려고 한다. 아이디어를 브레인스토밍하거나 간단한 설명을 얻거나 초안을 작성하는 등의 보조 활동을 생성형 AI로 진행하면 쉽고 빠르게 줄기를 잡아나갈 수 있다. 위에서 언급했듯 생성형 AI가 전달하는 지식

이 아직 완전하지 않다는 걸 염두에 두어야 한다. 학생 본인이 자기주도학습을 위해 기울인 노력, 지원 동기, 본인의 인성을 드러낼 수 있는 효과적인 사례는 본인만이 알고 있으므로 초안을 작성한 후에는 출력해서 꼭 학생이 직접 여러 번 수정하여 최종본을 완성할 수 있도록 지도해야 한다.

② ChatGPT: AI 회사 OpenAI에서 개발한 고급 대화형 AI로, GPT는 'Generative Pre-trained Transfomer'의 약자이다. 즉 수신된 입력을 기반으로 인간과 유사한 텍스트를 이해하고 생성할 수 있는 언어 모델이라 할 수 있다. OpenAI는 일론 머스크(Elon Musk) 등이 2015년 12월 공동 창립한 회사로서 창립자 중 한 명인 샘 알트만(Sam Altman)이 CEO로 활동하고 있다. 2025년 현재 ChatGPT의 사용자는 2억 명에 달하고 향상된 기능을 제공하는 구독 서비스인 ChatGPT Plus의 가입자는 100만 명이 넘어 명실공히 ChatGPT는 전 세계에서 가장 널리 사용되는 AI 언어 모델이다.

③ ChatGPT의 가입 및 사용 방법

그림 2-1 • ChatGPT 구동 화면

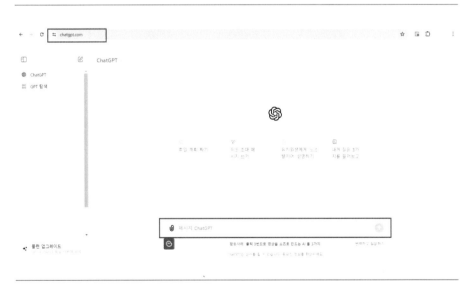

○ 포털 검색창에 ChatGPT란 단어를 넣어 검색하거나, 주소창에 chatgpt.com을 입력한다.

ⓒ 패드나 휴대전화로 이용하는 경우 ChatGPT 앱을 플레이스토어나 앱스토어에서 다운로드 후 설치한다.

ⓒ 아래 메시지창에 원하는 질문을 입력하고, 엔터키를 치거나(노트북의 경우), 오른쪽 화살표 버튼을 클릭(패드나 휴대전화의 경우)한다.

④ 예제와 예시 답안

○ 예제: 댄스동아리 경연대회에 참여하여 수상한 학생이 4단계 STAR 기법으로 자기소개서를 쓴다고 하자. 학생은 춤 실력이 다소 일천한 친구 한 명으로 인해 동아리 분위기가 침체되자, 다른 친구들을 설득하여 그 친구를 격려하였고 한편으로 그 친구가 무대에 서는 위치를 변경하였다. 이를 통해 동아리 무대는 성공적으로 끝났고 수상이라는 좋은 결과로 이어졌다. 지금부터 이 학생이 인성(배려, 나눔, 협력, 타인 존중, 규칙준수 등)을 갖춘 학생이란 인재상을 강조하는 고등학교에 지원하고 싶다고 하자. 이 학생의 인성 영역 자기소개서 초안을 ChatGPT를 이용해서 작성하여라.

• 자기소개서를 위한 상황 설정을 해보라.

• 상황 설정에 따른 프롬프트를 만들어보라.

• 프롬프트에 따라 자기소개서 초안을 작성해보라.

ⓒ 예시 답안

<자기소개서를 위한 상황 설정의 예>

글의 구성	본인의 위치	본인의 활동
4단계 STAR	댄스동아리	경연대회 참가
창의적 변화	변화의 방법	변화의 결과
친구들을 설득함	무대에 서는 위치 변경	성공적인 무대, 수상

<自기소개서 초안을 위한 프롬프트의 예>

입력 프롬프트(1차)
나는 댄스동아리에 소속된 학생이야. 나는 춤 실력이 부족한 친구를 격려했고, 다른 친구들을 설득해서 무대에 서는 위치를 바꿨어. 그래서 난 성공적인 무대를 꾸몄고, 우리 동아리는 경연대회에서 수상했지. 나를 소개하는 글을 500자 이내로 써줘.
입력 프롬프트(2차)
이 경험을 배려, 나눔, 협력, 타인 존중이라는 키워드와 연결하고 싶어. 나에 대한 글을 다시 써줘.
입력 프롬프트(3차)
이제부터 이 글을 situation, task, action, result 4단계에 맞추어 바꿀거야. 500자에 맞춰서 써줘.

<상위 프롬프트로 자기소개서 초안 작성법 QR코드>

2) 자기소개서_Wrtn

① Wrtn(뤼튼): 우리나라의 뤼튼테크놀로지스에서 개발한 생성형 AI로, 특히 자연어 처리(NLP) 기술을 바탕으로 하여 글쓰기에 최적화시킨 언어 모델이 Wrtn이다. Wrtn은 OpenAI의 GPT-4를 사용하고 있는데, 이처럼 우리나라의 기업이 타국의 기업인 Open AI의 언어 모델을 사용할 수 있는 이유는 OpenAI가 자사의 기술을 API 형태로 제공하기 때문이다. OpenAI는 개발자와 기업들이 자사의 AI 모델을 활용할 수 있도록 API 서비스를 운영하고 있으며, 이를 통해 전 세계의 기업들이 OpenAI의 언어 모델을 자사 제품과 서비스에 통합할 수 있다. 위에서 언급한 ChatGPT 사이트에서 무료로 제공하는 언어 모델은 GPT-4o로서 일정량 이상의 토큰을 소모하면 무료 사용이 불가하고 유료로 Plus나 Pro에 가입하라는 메시지가 뜬다. 그러나 Wrtn의 경우 무료로 GPT-4를 이용할 수 있다는 장점이 있다. 이에 따라 Wrtn의 글쓰기 결과물은 무료 ChatGPT보다 대체로 길고 문장이

유려한 편이다.

② Wrtn(뤼튼)의 가입 및 사용 방법

그림 2-2 • Wrtn 구동 화면

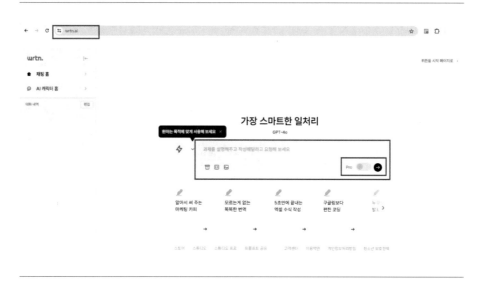

ⓐ 포털 검색창에 Wrtn 또는 뤼튼이란 단어를 넣어 검색하거나, 주소창에 wrtn.ai를 입력한다.

ⓑ 패드나 휴대전화로 이용하는 경우 Wrtn 앱을 플레이스토어나 앱스토어에서 다운로드 후 설치한다.

ⓒ 아래 메시지창에 원하는 질문을 입력하고, 엔터키를 치거나(노트북의 경우), 오른쪽 화살표 버튼을 클릭(패드나 휴대전화의 경우)한다.

③ 예제와 예시 답안

ⓐ 예제: 부모님의 사업 실패로 인해 가정 경제 사정이 어려워진 학생이 5단계 기법으로 자기소개서를 쓴다고 하자. 학생은 부업을 했고 등록금이 저렴한 대학에 가려고 마음 먹기도 했다. 그러나 부모님의 강력한 반대와 본인의 꿈 때문에 학생은 부업을 그만뒀으며, 이를 악물고 공부를 하

여 좋은 학생부를 얻기에 이르렀다. 지금부터 이 학생이 고교 재학 기간 중 학업 이외의 분야에서 자신이 경험했던 가장 큰 어려움과 역경을 극복하기 위해 기울인 노력을 기술한다고 하자. 학생이 가려는 대학에서는 도전정신, 자기주도능력, 몰입과 집중력을 강조한다. 학업 이외의 분야에서 경험했던 역경과 그것을 극복하기 위한 노력에 대한 이 학생의 자기소개서 초안을 Wrtn을 이용해서 작성하여라.

- 자기소개서를 위한 상황 설정을 해보라.
- 상황 설정에 따른 프롬프트를 만들어보라.
- 프롬프트에 따라 자기소개서 초안을 작성해보라.

ⓒ 예시 답안

<자기소개서를 위한 상황 설정의 예>

글의 구성	본인의 위치	본인의 활동
5단계	경제적 어려움	피로연장에서 부업
창의적 변화	변화의 방법	변화의 결과
학업에 충실하기로 함	계획을 미리 세워 공부	전교 최상위권으로 향상

<자기소개서 초안을 위한 프롬프트의 예>

입력 프롬프트(1차)
나는 경제적으로 어려운 상황에 놓인 고등학생이야. 나는 결혼식 피로연장에서 부업을 하며 부모님을 도우려 했어. 등록금이 저렴한 대학으로 진학하려 했지만, 부모님께서 말리셔서 결국 부업을 그만두고 학업에 충실하기로 했어. 난 계획을 미리 세워 공부했고, 성적이 전교 최상위권으로 향상되었지. 나를 소개하는 글을 800자 이내로 써줘.
입력 프롬프트(2차)
이 경험을 도전정신, 자기주도능력, 몰입과 집중력이라는 키워드와 연결하고 싶어. 나에 대한 글을 다시 써줘.
입력 프롬프트(3차)
이제부터 이 글을 동기-활동-결과-의미-변화 이렇게 5단계로 바꿀 거야. 800자가 되지 않게 써줘.

3) 교사 관찰소견서_ChatGPT와 Wrtn

① 예제: 당신은 영재학교 진학을 희망하는 중학교 3학년 학생을 가르치는 과

학 교사이다. 어느 날 당신은 과학실 수업에서 화학 실험을 진행하였고, 준비했던 시약이 보관 상태가 좋지 않았던 것인지 생각 외로 실험 결과가 잘 나오지 않는 상황이 발생하였다. 그런데 마침 해당 학생이 같은 조 친구들을 독려하여 원하던 결과가 나오도록 실험을 반복하고, 수업 종료 타종이 쳤는데도 혼자 남아 실험을 한 끝에 마침내 원하던 결과를 확인하는 장면을 보았다. 이 학생을 위한 교사 관찰소견서 초안을 ChatGPT와 Wrtn을 이용해서 작성하여라.

- 교사 관찰소견서를 위한 상황 설정을 해보라.
- 상황 설정에 따른 프롬프트를 만들어보라.
- 프롬프트에 따라 교사 관찰소견서 초안을 작성해보라.

② 예시 답안

<교사 관찰소견서를 위한 상황 설정의 예>

누가	언제	어디서
학생이	수업 시간에	과학실에서
무엇을	어떻게	왜
화학 실험을 반복했어요.	결과가 나올 때까지	과제집착력이 높아서

<상황 설정에 따른 교사 관찰소견서 초안의 예, ChatGPT>

입력 프롬프트
나는 중학교 교사야. 학생이 수업 시간에 과학실에서 결과가 나올 때까지 화학 실험을 반복하는 모습을 보았어. 이걸로 학생의 높은 과제집착력을 드러낼 수 있는 추천의 글을 작성해 줘.
ChatGPT 출력 결과
나는 이 학생의 과제에 대한 탁월한 헌신으로 인해 영재학교에 추천합니다. 그가 원하는 결과를 얻을 때까지 화학 실험을 반복하는 걸 목격하였으며, 이는 그가 끊임없이 우수성을 추구한다는 걸 보여줍니다. 그의 결단력과 세심한 접근 방식은 학습에 대한 깊은 관심뿐만 아니라 과제를 숙달하려는 의지도 보여줍니다. 이는 타고난 잠재력을 나타내는 특성입니다.

<상황 설정에 따른 교사 관찰소견서 초안의 예, Wrtn>

입력 프롬프트
나는 중학교 교사야. 학생이 수업 시간에 과학실에서 결과가 나올 때까지 화학 실험을 반복하는 모습을 보았어. 이걸로 학생의 높은 과제집착력을 드러낼 수 있는 추천의 글을 작성해 줘.

저는 [학생 이름] 학생의 중학교 과학 교사로서, 이 학생의 뛰어난 학업 태도와 높은 과제집착력을 직접 목격한 바 있습니다. 특히 최근 과학 수업 시간에 [학생 이름] 학생이 보여준 열정과 끈기는 매우 인상적이었습니다. [학생 이름] 학생은 화학 실험 과정에서 원하는 결과가 나올 때까지 반복적으로 실험을 수행했습니다. 실험이 예상대로 진행되지 않을 때마다 좌절하지 않고, 문제를 분석하고 새로운 접근 방식을 시도하는 모습은 매우 성숙하고 책임감 있는 태도를 보여주었습니다. 이러한 자세는 단순히 학업 성취를 넘어, 진정한 학습자의 면모를 갖추고 있음을 증명합니다. [학생 이름] 학생의 높은 과제집착력은 특히 실험의 세부 사항에 대한 꼼꼼한 기록과 데이터 분석에서 돋보였습니다. 실험 결과가 예상과 다를 때마다 원인을 찾고, 개선하기 위해 끊임없이 노력하는 모습은 동료 학생들에게도 큰 귀감이 되었습니다. [학생 이름] 학생은 학업뿐만 아니라, 어떤 과제에서도 포기하지 않고 끝까지 최선을 다하는 자세를 가지고 있습니다. 이는 앞으로의 학업과 인생에서도 중요한 자산이 될 것입니다.

❸ 자기주도학습전형과 면접

자기주도학습전형에 있어 아마도 가장 밀도 있게 준비해야 하는 부분은 면접일 것이다. 면접은 서류만으로는 알 수 없는 학생의 말투, 답변을 해나가는 언어적 면모뿐 아니라 인상이나 태도 등의 비언어적 면모까지도 관찰할 수 있는 유의미한 절차이다. 대입에 있어서도 면접의 중요성은 점차 증대되는 추세이며, 자기소개서 폐지와 학생부 미반영 항목(수상경력, 독서활동, 개인 봉사활동 실적, 자율동아리 활동 내역 등) 확대는 이런 현상을 심화시키고 있다. 이제 수많은 지원자 가운데 입학 적격자를 선정할 수 있는 항목은 채 몇 개가 되지 않고, 이에 따라 면접은 당락 여부의 열쇠를 쥐고 있다고 표현 가능할 만큼 그 중요성이 강화되었다. 대입에서는 제시문 혹은 특정 상황을 주고 면접을 보기도 한다. 그러나 고입의 자기주도학습전형은 '서류 기반 면접'으로 분류된다. 몹시도 당연한 이치이지만, 이러한 종류의 면접에서는 학생은 자신이 작성하여 제출한 서류의 내용을 머릿속에 잘 알고 있어야 성공적으로 면접을 치를 수 있다. 면접관은 그 서류를 참고삼아 학생에게 질문을 던질 것이기 때문이다. 그런데 현실에서는 안타깝게도 자기소개서와 학교생활기록부에 적힌 것과 맞지 않게 답변을 하거나, 질문을 잘 듣지 않고 자신이 하고 싶은 말만 하거나, 질문의 의도를 파악하지 못해 엉뚱한 답변을 하는 학생들이 자주 눈에 띈다. 이런 학생들은 다른 학생들에 비해 면접에서 좋은 점수를 얻기가 어렵다. '지피지기(知彼知己)면 백전백승(百戰百勝)'이란 말이 있다. 적의 사정과 나의 사정을 자세히 알면, 백 번을 싸우더라도 백 번을 이긴다는 뜻이다. 우선적으로 본인이 제출했던 서류를 꼼꼼하게 파악하고, 본인의 경험과 활동에 연관시켜 '나는 어떤 사람인가?'라는 것을 확립한 다음 실제로 그것을 말해보는 연습을 할 필요가 있다. 이후 지원하고자 하는 학교의 기출문제나, 최근의 면접 경향에 대해 알아보며 그에 맞추어 면밀하게 대비를 하는 것이 좋다. 아래 사항들을 숙지하고 점검하여 모쪼록 모든 학생들이 후련한 마음으로 면접을 마치길 바란다.

(1) 면접에 임하는 자세

첫 번째로, 면접장에 들어서는 학생이라면 면접관이 학생의 외적인 부분에 주의를 기울이지 않도록 무난하고 깔끔한 모습을 갖추어야 하는 게 기본이다. 지나친 의상이나 액세서리, 침울하거나 피곤해보이는 표정, 헝클어지거나 눈에 확 띄는 머리카락 색깔 등은 면접관에게 면접 내용보다 학생의 외양에 신경을 쓰게 만든다. 두 번째로, 개인 정보를 지키는 답변을 해야 한다. 대다수의 학교에서 '블라인드(Blind)' 면접이라 하여 출신 학교와 지역, 학생의 이름, 학부모의 직업이나 경제력 등을 의도적으로 숨겨 면접관이 학생을 공정하게 판단하게끔 하므로, 학생이 자칫 답변 내용 가운데 부모나 친인척의 사회 경제적 지위에 관한 언급을 한다거나 무심코 자신의 성명, 수험번호, 출신 학교명을 입에 올리는 순간 감점을 얻게 된다. 세 번째로 무성의한 자세나 호의적이지 않은 표정, 팔짱을 끼거나 다리를 떠는 행동, 과하게 머뭇거리거나 양해도 구하지 않고 아무 말 없이 시간을 보내버리는 태도 등은 지양해야 한다. 다시 한 번 강조하지만 면접은 지원자의 '비언어적' 면모도 평가에 영향을 끼칠 수 있는 절차이다. 평소에 자료를 많이 들여다보고 그것을 직접 말로 옮기는 데 능숙했던 학생은 체화된 지식들이 많아 답변을 충분히 길게 할 수 있지만, 연습 및 준비가 부족했던 학생은 질문을 듣는 순간 머릿속이 하얘지거나 표현을 해낼 수 없는 지식만을 가지고 있어 답변을 짧게

끝내게 되고, 이는 무성의하다는 인상을 남길 공산이 크다. 그렇다고 앵무새처럼 미리 외워둔 답변만 다다다 늘어놓고 입을 다무는 행위도 바람직하지 않다. 주요 단어 몇 가지와 그에 연결되는 세부 사항을 기억해두고, 자연스럽게 차분한 태도로 주어진 질문에 답을 하면 분명 면접을 잘 치를 수 있을 것이다.

[2] 면접 시 유의사항

유의해 둘 사항은 서류 기반 면접의 성패가 '추가 질문'에 대한 정확하고 논리적인 답변에 달려 있다는 것이다(최승후, 2019).[1] 학교생활기록부나 자기소개서에 명시되어 있는 사항은 대다수의 학생들이 유창하게 대답을 할 수 있어도, 막상 그와 관련되어 추가 질문이 예리하게 들어오면 학생들이 그만 당황하게 된다. 자신의 활동이나 그간의 실적이 거짓처럼 보이지 않도록, 자신의 서류를 기반으로 예상 꼬리 질문을 만들어보고 그에 대한 답변을 연습해 봄으로써 이를 방지할 수 있다. 꼬리 질문에는 성의 있는 자세로 구체적인 답변을 하되, 답에 사족을 붙이거나 답이 샛길로 빠지지 않도록 조심해야 한다. 특히 개인적인 경험을 묻는 질문에 있어 학생들은 답하기에 열중한 나머지 굳이 언급하지 않아도 될 세세한 부분까지 모조리 쏟아내기도 하는데, 이는 면접관을 지루하게 만들기 십상이다. 자기소개서가 글짓기라면 면접은 말하기이다. 그리고 이 두 가지는 모두 읽는 사람과 듣는 사람을 향해 있어야 빛을 발할 수 있으며, 본인만 편한 형태로 생성을 해버리면 남의 이목을 사로잡지 못하게 된다. 어디까지나 면접장에서는 지원자가 면접관에게 집중하고, 정성을 다해 면접관의 이야기를 들으며, 면접관이 궁금해하는 부분을 명료하게 해소시킬 수 있는 답을 내주어야 한다.

유독 '지원 동기'에 대해 진부하기 이를 데 없는 대답을 하는 학생들이 많다고 한다. 특화된 전공에 지원하는 상황이라면 차라리 낫겠지만, 타 학교에서도 운영하는 전공에 지원하게 되면 지원 동기의 근거가 빈약해질 수밖에 없다. 그렇다고 우리 집에서 가까워서, 부모님이 가라고 해서, 여기가 진학률이나 취업률이 높길래, 성적에 맞아서, 이런 식으로 답할 수는 없지 않은가. 따라서 지원 동기에 대한

---

1 『최승후쌤의 면접 전략집』 최승후, 도서출판 대가, 2019

질문에 보다 세심하게 답하려면 해당 학교만의 인재상, 특징, 장점 등을 미리 파악하는 게 바람직하다. 학교와 관련된 자료, 신문 기사나 뉴스, 시사 이슈 등에서 유용한 것이 있다면 활용하고, 자신의 롤모델이 해당 학교와 연관이 있다면 그걸 언급할 수도 있으며, 지속적으로 해당 학교 진학을 염두에 두고 노력했다는 사실을 어필해보자. 가끔 특정 도서의 영향을 받아 지원했다고 답하는 경우를 발견하는데, 해당 학교나 전공과 아주 밀접한 관련성을 지닌 게 아니라면 도서 이야기를 굳이 꺼낼 필요가 없을 듯하다. 자칫 답변이 식상하게 흘러갈 수도 있고, 하물며 언급한 도서가 학교생활기록부나 자기소개서에 적혀 있지도 않다면 지원 동기의 진정성을 의심받을 수 있다.

[3] 면접의 유형과 기법

면접의 유형은 면접의 목적과 상황에 따라 달라지고, 학교의 문화나 면접관의 특성에 영향을 받을 수 있으나 대체로 다음의 8가지로 분류할 수 있다.

[표 2-2] 면접의 유형

구조화된 면접(Structured Interview)	비구조화된 면접(Unstructured Interview)
모든 지원자에게 하는 질문의 순서와 내용이 정해져 있어 일관적인 답변을 얻을 수 있고 객관적 평가가 가능하다.	자유로운 대화 형식으로 진행되며, 면접관이 즉흥적으로 질문을 한다. 지원자의 인성이나 사고 방식을 깊이 있게 파악할 수 있다.
반구조화 면접(Semi-Structured)	**행동 면접(Behavioral Interview)**
기본적인 질문 틀은 있으나, 상황에 따라 질문을 추가하거나 변경할 수 있다. 구조화 및 비구조화 면접의 장점을 결합한 형태이다.	지원자의 과거 행동을 통해 미래의 행동을 예측하려는 기법이다. 위에서 언급한 Star 기법을 활용하여 질문할 수 있다.
상황 면접(Situational Interview)	**패널 면접(Panel Interview)**
가상의 상황을 제시하고, 지원자가 어떻게 대처할지를 묻는다. 지원자의 문제 해결 능력과 의사 결정 능력을 평가할 수 있다.	여러 명의 면접관이 동시에 함께 면접을 진행한다. 다양한 관점에서 지원자를 평가할 수 있다는 장점이 있다.

스트레스 면접(Stress Interview)	기술 면접(Technical Interview)
압박 상황에서의 반응을 평가하기 위해 고의로 스트레스를 준다. 고난도 작업이나 경쟁 분위기에 맞는 지원자를 선발한다.	지원자의 전문 지식과 기술력을 평가하는 면접이다. 관련 분야의 실제 문제를 해결하거나, 기술적 질문에 답변하도록 한다.

　지원자는 면접의 유형을 고려하여 답변하는 기법을 달리 선택하면 되고, 상기한 바와 같이 예시 질문과 답안을 사전에 마련해두면 면접 상황을 더 매끄럽게 관리할 수 있을 것이다. 자기주도학습전형에서는 주로 반구조화 면접 및 행동 면접을 보게 되므로, 지원자의 과거 경험과 행동을 구조화하여 미래의 행동을 예측하고 그것을 반영하여 적격자를 선정한다. STAR 기법 말고도 BEI 기법 역시 행동 면접에서 종종 쓰는 방식이다. BEI는 Behavioral Event Interview의 약자로서, 우선 지원자에게 과거의 상황이나 사건에 대해 구체적으로 이야기하라고 요청한다. 그리고 면접관은 지원자의 사례를 상황, 행동, 결과로 나누어 파악한다(이를 CAR 기법이라고도 한다: Context, Action, Result). 이런 기법들은 지원자의 실제 경험을 기반으로 하기에 서류에 적힌 내용보다 자세한 정황들을 알아내어 지원자를 심층적으로 이해할 수 있고, 질문에 통일성을 줄 수 있어 공정한 평가를 가능케 한다는 장점이 있다.

　한편 지원자의 '생각'을 꼬리 질문으로 묻는 경우, 지원자는 주장-근거-사례 순서로 답변할 수도 있다. 이는 논증에 가까운 말하기로서, 만약 본인의 주장을 한 번 더 강조하고 싶으면 PREP 면접 기법으로 구현할 수 있다. PREP이란 Point(주장)-Reason(근거)-Example(사례)-Point(주장)로 이루어진 서양의 오래된 논증 구조에서 온 것인데, 이를 하버드 대학에서는 OREO(Opinion, Reason, Example, Opinion)라 표현하기도 한다. 분량이 길지 않더라도 핵심 메시지를 끝에 다시 한번 짚어주고, 양괄식으로 구성되어 있기에 내용이 명확하다면 면접관을 설득하기 좋은 방식이기도 하다.

[4] 생성형 AI를 활용한 면접 준비의 실제

| 차례 | 1) 면접 질문 초안_ChatGPT와 Wrtn |
| | 2) 면접 답안 초안_ChatGPT와 Wrtn |

1) 면접 질문 초안_ChatGPT와 Wrtn

① 예제: 국제고등학교에 진학하고 싶은 학생이 진로탐색 박람회에서 외국인 관람객을 대상으로 영어통역 및 안내 봉사활동을 했다고 하자. 이 학생이 면접 시 봉사활동과 관련하여 받을 만한 질문 목록을 ChatGPT와 Wrtn을 이용해서 작성하여라.

- 면접을 위한 상황 설정을 해보라.
- 상황 설정에 따른 프롬프트를 만들어보라.
- 프롬프트에 따라 면접 예상 질문 목록을 작성해보라.

② 예시 답안

<면접 예상 질문을 위한 상황 설정의 예>

누가	언제	어디서
학생이	2학년 여름방학 중에	진로탐색 박람회에서
무엇을	어떻게	왜
영어통역 및 안내 봉사활동	외국인 관람객을 대상으로	전시내용을 알려주고 싶어서

<면접 예상 질문을 알아내기 위한 프롬프트의 예>

입력 프롬프트
나는 국제고등학교에 진학하고 싶은 중학교 3학년 학생이야. 나는 2학년 여름방학 중에 진로탐색 박람회에서 외국인 관람객을 대상으로 영어통역 및 안내 봉사활동을 했어. 박람회 전시내용을 그들에게 잘 알려주고 싶었거든. 이 봉사활동과 관련해서 내가 면접 때 받을 예상 질문들을 알려줘.

2) 면접 답안 초안_ChatGPT와 Wrtn

① 예제: 위에서 제시된 학생이 각각의 면접 예상 질문에 적당한 답안을 마련하여 연습하기를 원한다고 가정하자. 면접 시 봉사활동과 관련하여 답변할

내용을 ChatGPT와 Wrtn을 이용해서 작성하여라.

- 면접을 위한 상황 설정을 해보라.
- 상황 설정에 따른 프롬프트를 만들어보라.
- 프롬프트에 따라 면접 예상 답안을 작성해보라.

② 예시 답안

<상황 설정에 따른 면접 답안 초안의 예, ChatGPT>

입력 프롬프트
내가 이런 질문들에 어떻게 답하면 좋을지 예시 답안을 만들어줘.

ChatGPT 출력 결과

이러한 질문들과 답변 예시를 참고하여 면접 준비를 철저히 하면 좋을 것 같아. 네 경험을 잘 정리하고, 자신 있게 면접에 임하길 바랄게!

1. 이 봉사활동에 참여하게 된 동기는 무엇인가요?

"저는 어릴 때부터 영어를 좋아했고, 외국인과 소통하는 것에 관심이 많았습니다. 진로탐색 박람회에서 영어통역 및 안내 봉사활동을 통해 외국인 관람객들에게 전시내용을 잘 전달하고, 그들과 소통할 수 있는 기회를 갖고 싶었습니다. 이 경험이 저의 영어 실력을 더욱 향상시키고, 글로벌 마인드를 키우는 데 큰 도움이 될 것이라고 생각했습니다."

2. 봉사활동을 하면서 가장 어려웠던 점은 무엇이었나요?

"가장 어려웠던 점은 다양한 국가에서 온 관람객들이 있었기 때문에 그들의 다양한 억양과 발음을 이해하는 것이었습니다. 하지만 이 또한 저에게 좋은 도전이었고, 반복적인 소통을 통해 적응하고 이해력을 높일 수 있었습니다."

3. 이 봉사활동을 통해 배운 점은 무엇인가요?

"이 봉사활동을 통해 가장 크게 배운 점은 문화적 다양성을 존중하는 자세와 효과적인 소통 방법이었습니다. 다양한 배경을 가진 사람들과 소통하면서 그들의 문화를 이해하고 존중하는 법을 배웠고, 명확하고 친절하게 정보를 전달하는 능력을 키울 수 있었습니다."

4. 이 경험이 국제고등학교에 진학하는 데 어떤 도움이 될 것 같나요?

"국제고등학교는 다양한 문화와 언어를 접할 수 있는 환경이기 때문에, 이번 봉사활동 경험이 큰 도움이 될 것이라 생각합니다. 영어로 소통하는 능력과 다양한 문화를 존중하는 태도를 배웠기 때문에, 국제고등학교에서의 학습과 활동에 잘 적응하고, 활발하게 참여할 수 있을 것이라 믿습니다."

5. 외국인 관람객을 대상으로 한 안내 봉사활동에서 어떤 책임감을 느꼈나요?

"외국인 관람객들에게 정확한 정보를 제공하고, 박람회를 즐길 수 있도록 돕는 것이 저의 책임이라고 느꼈습니다. 그들이 궁금해하는 사항에 대해 친절하고 정확하게 답변하기 위해 준비를 철저히 했고, 그 과정에서 큰 책임감을 느끼며 봉사활동에 임했습니다."

6. 앞으로도 비슷한 봉사활동을 할 계획이 있나요?

"네, 앞으로도 다양한 봉사활동에 참여할 계획입니다. 특히 영어를 사용한 봉사활동에 관심이 많으며, 이를 통해 제 영어 실력과 글로벌 마인드를 더욱 키우고 싶습니다. 또한, 다양한 사람들과 소통하며 배울 수 있는 기회를 계속해서 찾을 것입니다."

<상황 설정에 따른 면접 질문 초안의 예, Wrtn>

입력 프롬프트
내가 이런 질문들에 어떻게 답하면 좋을지 예시 답안을 만들어줘.

Wrtn 출력 결과

물론이야! 예상 질문에 대한 예시 답안을 제공할게. 이 답안들을 참고해서 너만의 경험과 생각을 반영한 답안을 준비해보면 좋을 것 같아.

1. 봉사활동을 통해 무엇을 배웠나요?

"이번 봉사활동을 통해 다양한 국가의 사람들과 소통하는 방법을 배웠습니다. 또한, 영어 실력을 실제 상황에서 활용해 볼 수 있었던 점이 매우 유익했습니다. 더불어, 다른 사람에게 도움을 주는 일이 얼마나 보람찬 일인지 느낄 수 있었습니다."

2. 왜 이 봉사활동에 참여하게 되었나요?

"평소 영어에 관심이 많았고, 외국인에게 한국 문화를 소개하는 데 흥미가 있었습니다. 진로탐색 박람회에서 봉사활동 기회를 발견하고, 이를 통해 영어 실력을 향상시키고, 다양한 문화적 배경을 가진 사람들과 교류할 수 있는 좋은 기회라고 생각해서 참여하게 되었습니다."

3. 봉사활동을 하면서 가장 기억에 남는 순간은 무엇인가요?

"한 외국인 관람객이 전시된 한국 전통 음악에 깊은 관심을 보였던 순간이 가장 기억에 남습니다. 그분께 전통 악기와 음악에 대해 설명해드렸고, 그분이 매우 흥미로워하며 감사 인사를 전할 때 큰 보람을 느꼈습니다."

4. 봉사활동 중에 어려웠던 점은 무엇이었고, 어떻게 해결했나요?

"가장 어려웠던 점은 일부 관람객들이 사용하는 영어 표현이 낯설어서 소통이 원활하지 않았던 순간이었습니다. 이럴 때는 최대한 차분하게 다시 설명을 부탁하거나, 손짓과 몸짓을 활용해 소통을 시도했습니다. 그런 과정을 통해서 소통의 중요성과 인내심을 배울 수 있었습니다."

5. 이 봉사활동이 당신의 진로 선택에 어떤 영향을 주었나요?

"봉사활동을 통해 국제적인 환경에서 일하는 것에 대한 흥미가 더욱 커졌습니다. 다양한 문화를 이해하고, 여러 나라 사람들과 소통하는 일이 얼마나 흥미롭고 보람찬 지 깨달았습니다. 이 경험이 국제고등학교 진학을 결심하는 데 큰 영향을 미쳤습니다."

6. 다른 사람들에게 이 봉사활동을 추천하고 싶나요? 그렇다면 그 이유는 무엇인가요?

"네, 추천하고 싶습니다. 이 봉사활동은 영어 실력을 실제로 활용해 볼 수 있는 좋은 기회이며, 다양한 국가의 사람들과 교류하면서 문화적 이해를 넓힐 수 있습니다. 또한, 다른 사람에게 도움을 주는 일의 보람을 느낄 수 있어 매우 유익한 경험이었습니다."

이 예시 답안을 바탕으로 자신만의 경험과 생각을 더해 준비해보면 면접에서 좋은 결과를 얻을 수 있을 거야. 응원할게!

2. 고교학점제를 대비하며

고교학점제란 2025학년도부터 전면 시행되는 '교육과정 이수 제도'이다. 학생들이 자신의 진로에 따라 다양한 과목을 선택 및 이수하고, 누적 학점이 기준에 도달할 경우 졸업을 인정받는 제도로서, 대학의 학제를 비슷하게 가져와 대학생처럼 고등학생도 과목을 직접 선택하고 강의실을 옮겨 다니며 수업을 듣고, 졸업에 필요한 학점을 이수하는 것이다. 2020~2021년은 마이스터고에 선제적으로 도입하여 도입 준비기로 삼았고, 2022~2024년은 특성화고와 일반고에 도입을 늘리며, 2025년부터는 전체 고등학교에서 본격 시행되는 흐름이라고 보면 된다. 수업 1차시에 해당하는 50분을 1학점으로 보아 3년간 192학점을 취득하면 졸업이 가능하며, 개근인데도 학점이 부족하여 졸업하지 못하는 학생이 발생하지 않도록 고등학교에서는 보통 어느 정도 짜여진 틀을 학생들에게 제공해준다. 한국교육과정평가원에서는 고교학점제를 도입하면서 고등학교 교육이 기존의 입시 경쟁 중심에서 벗어나 '모든 학생의 진로 개척 역량 함량을 지원하는 교육으로 전환될 필요가 있다'는 것을 명시하였다. 즉 학생 맞춤형 교육과정 운영을 통해 학생 개개인에게 필요한 교육을 제공하고, 학교 안팎의 자원을 활용하여 교육과정의 다양성과 전문성을 확보하겠다는 취지이다.

말하자면 제도의 탄생 목적이 학생들의 흥미와 적성을 발굴하고 진로에 맞는 학습을 가능케 하기 위한 것이므로, 고교학점제에서는 기존에 학교에서 가르쳤던 공통 과목 이외에 여러 가지의 선택 과목을 제공한다는 점이 특징이다. 2015 개정 교육과정에도 일반 선택, 진로 선택 과목들이 있었지만 2022 개정 교육과정에 들어서면서 융합 선택 영역이 또 추가되었다. 예를 들어 수학 한 교과군만 놓고 본다면, 공통 과목인 공통수학 또는 기본수학 1, 2 외에 일반 선택으로 대수, 미적분 I, 확률과 통계, 진로 선택으로 기하, 미적분 II, 경제 수학, AI 수학, 직무 수학, 대체 과목으로 전문 수학, 이산 수학, 고급 대수, 고급 미적분, 고급 기하, 융합 선택으로 수학과 문화, 실용 통계, 수학과제 탐구, 이렇게 총 21과목이나 존재하는 것이다. 2022 개정 교육과정 구성은 디지털 전환, 기후·생태환경 변화 등에 따른 미래 사회의 불확실성에 능동적으로 대응할 수 있는 능력과 자신의 삶과 학습을 스스로 이끌어나가는 주도성을 함양하는 데 중점을 두었다. 아울러 학생들이 자신의 진로와 학습을 주도적으로 설계하고, 적절한 시기에 학습할 수 있도록 학습자 맞춤형 교육과정 체제 구축을 꾀하였다. 그러나 실질적으로 이렇게 많아진 과목들 가운데 학생이 자신에게 맞는 과목을 결정하는 건 쉽지 않다. 당장 일선 고교 교사들부터 신설 과목들에 적응을 해야 할 참이니, 중학교에서 '수학' 단일 과목만을 배웠던 학생들이 어떤 걸 선택하는 게 본인을 위한 길인지 알지 못하는 건 너무도 당연한 일이다.

　더구나 고교학점제의 근본적인 문제 및 당면 해결 과제로 꼽히는 것들은, 첫째로 기초교육이 부실할 수 있다는 점이다. 공통 과목보다 선택 과목이 많아지다 보니 학생들이 기본 소양을 '골고루' 쌓을 기회가 박탈된다는 지적이 끊임없이 제기되고 있다. 둘째로 대입과 고교학점제가 겉돌고 있어 수업이 파행적으로 운영되기 일쑤라는 점이다. 고교학점제 시행과 함께 점차 절대평가 및 서술형 평가 등 다양한 평가 방법이 등장하고 있으나, 정작 대입은 수시든 정시든 수능 비중이 높아서 고등학교 3학년 교실에서는 대부분의 수업 시간이 수능을 위한 자습으로 대체된다는 것이다. 경직된 대입 제도 탓에 고등학교 수업이 파행으로 치달은 지는 이미 오래되었는데, 이는 고질적인 병폐로서 아직도 해결되질 못하고 있다. 셋째로 학생과 학부모가 선택형 교육과정을 부담스러워한다는 점이다. 진로는 평생에 걸쳐 계획과 수정을 반복하는 것인데, 아직 진로가 확립되지 않은 어린 학생들에게 고교학점제는 이미 그들이 진로설계를 마치기라도 한 양 어서 너희들이 원하는 진로대로 과목을 선택하라고 복잡한 목록을 들이민다. 게다가 학생이 본인의 적성에 맞지 않는 과목이어도 내신 등급을 잘 받기 위해 수강자 수가 많은 과목을 선택하는 일을 피할 수가 없다. 넷째로 과목의 지나친 분화로 교사의 수업 준비 부담과 전문성 하락이 예견된다는 점이다. 선택 과목의 세분화는 필연적으로 한 명의 교사에게 여러 과목의 수업을 준비하도록 하고, 그런 경우 교사는 정신없이 여러 과목의 교안을 짜고 수업을 하고 평가를 하게 되므로 수업 각각에 쏟는 정성이 줄어들 수밖에 없다. 심지어 트렌드를 반영하는 신설 교과의 경우, 그러한 분야에 특화된 외부 강사를 들이면 좋겠지만 강사 인력풀 자체가 적은 지방의 고등학교, 소규모 고등학교에서는 신설 교과 이름만 내걸고 실제로는 그것을 제대로 가르치지 못하는 상황이 벌어질 수도 있다.

① 학생의 흥미와 목표 설정

이처럼 고교학점제는 장단점이 극명하게 갈리는 제도이나, 장점의 가치를 높게 평가하고 단점을 개선해나가는 방향으로 교육 정책이 흘러가고 있기 때문에 현재로선 제도를 잘 알고 그에 맞추어 기민하게 따라가는 것이 최상일 듯하다. 앞서 살펴보았듯 선택 과목을 제대로 결정하려면 학생 개인의 흥미와 목표부터 명확하게 설정할 필요가 있다. 그동안의 진로교육은 주로 전공과 직업 탐색에 집중되어 있었으나, 고교학점제 체제 아래에서는 교육과정과 진로교육이 연계되어 학생 개인이 원하는 진로에 따라 자신에게 필요한 과목을 선택할 수 있는 과목 선택권이 보장된다. 이는 바꾸어 말하면 고등학생에게도 대학생처럼 스스로 자신이 수강할 과목을 선택할 자격을 주고, 선택에 대한 책임은 본인이 질 수 있게 하려는 의도로도 읽힌다. 이것이 가능해지려면 무엇보다도 본인 자신이 원하는 바에 대한 면밀한 탐구가 선행되어야 한다. 고등학교에 입학하기 전, 중학교 3학년 시기부터 미리 인터넷 사이트 검색, 진로 상담, 직업설명회 등의 활동으로 관심 직업을 여럿 알아보는 것이 도움이 될 듯하다. 또한 흥미, 능력, 가치관 점검 도구를 활용하여 자신의 강점과 약점을 파악해두면 유용하다. 과거 다수의 사람들이 '진로교육＝심리검사'라는 관념에 사로잡혀 자아탐색을 하려면 무조건 심리검사를 진행하고 검사 결과에 따라 어떠한 행동을 해야 하는 것처럼 여기는 경우가 많았다. 그러나 자아탐색은 심리검사를 포함한 무엇을 이용하든 결국 자신에 대한 종합적이고 확장된 이해를 기초로 한 '자아성찰력 증대'가 핵심이다. 그러므로 아래 소개한 검사들은 참고로 하되, 결과를 맹신하거나 과대 해석하는 행위는 지양해야 마땅할 것이다.

한국직업능력정보원에서 운영하는 진로정보망 커리어넷(https://www.career.go.kr/) 사이트에는 중·고등학생에게 무료로 제공하는 진로심리검사 6종과 자기이해 및 관심 직업을 통한 진로 탐색 프로그램 아로플러스가 있다. 한편 한국고용정보원에서 운영하는 구인구직 사이트 워크넷(https://www.work.go.kr/)에도 청소년을 위한 직업심리검사 8종 및 진로준비 진단 검사, 흥미로 알아보는 직업 탐색을 무료로 제공하고 있어 이걸 이용해도 좋다.

2 고교학점제 과목 탐색

학생 개인의 흥미와 목표가 어느 정도 잡혔다면, 고등학교에서 현재 제공하고 있는 과목들이 어떤 것들이 있는지 알아보아야 한다. 앞서 자아탐색의 핵심이 '자아성찰력 증대'라 볼 수 있다면, 과목이나 학과, 직업탐색의 핵심은 '정보탐색력 증대'라 볼 수 있겠다. 과목이나 학과, 직업에 관해 알면 알수록 학생이나, 학생을 가르치는 교사에게 진로교육이 용이하긴 하겠지만, 수집한 정보의 양이 학생의 성공적인 진로 설계를 보장해주는 것은 아니다. 교사는 학생을 지도할 때 정보 자체를 주기보다는 정보를 탐색하여 학생이 자신에게 적합한 것을 고를 수 있도록 적절하게 안내하는 역할을 하는 게 중요하다. 즉 학생은 교사의 안내에 힘입어 정보를 얻고, 본인 자신에 대한 이해를 기초로 삼아 진정으로 자신의 진로에 필요한 과목을 택하는 능력을 갖추어야 하는 것이다. 이러한 능력은 고교학점제를 고안한 이들이 본 제도를 통하여 궁극적으로 학생에게 갖추기를 바라는 역량이기도 하다. 흔히 '물고기를 잡아주기보다는 잡는 방법을 가르쳐야 한다'고들 하는데, 다름 아닌 이 경우에 어울리는 말이라고 생각한다.

한국교육개발원에서 운영하는 고교학점제 홈페이지(https://www.hscredit.kr/)에는 고교학점제 정책과 운영에 관한 다채로운 자료들 및 진로별 추천 과목, 졸업 요건 등의 정보가 탑재되어 있다. [고교학점제 운영-진로·학업설계-교육과정·과목 안내] 메뉴에 들어가면 과목 안내서를 다운받을 수 있다. 더불어 해당 메뉴 위의 [진로적성정보]에 들어가면 위에서 소개한 인터넷 사이트들 뿐 아니라 한국과학창의재단에서 운영하는 '창의인성교육넷', 교육부와 대한상공회의소에서 운영하는 '꿈길', 한국고용정보원에서 운영하는 '중소기업 탐방 프로그램' 등의 정보망을 더 얻을 수 있다. 학생이 진학하려는 고등학교가 좁혀진 경우에는 학교알리미(https://www.schoolinfo.go.kr/) 사이트에서 [전국학교정보-학교별 공시정보]로 들어가 특정 학교의 [공시정보-교육활동-학교교육과정 편성·운영 및 평가에 관한 사항]을 조회하면 그 학교에서 당해년에 편성한 모든 과목을 볼 수 있다. 고등학교에서 교육과정은 1~2년 전에 미리 계획하므로, 학생이 입학 후에 교육과정을 수정하기란 불가능에 가깝다. 따라서 학생이 중학생일 때 진학을 예정한 학교들을 몇 군데 알아두고 해당 학교들의 편성 현황을 파악하기를 권한다. 교육과정 편제표를 읽는 방법을 알고 있으면 더욱 파악이 용이하다. 물론 교사 수급이나 학교의 상황, 정책 변화 등의 변수로 인하여 조금씩 달라지기도 하겠지만, 밑그림을 그려보는 데에는 이들이 충분한 자료가 될 것이다. 서울특별시교육청교육연구정보원 홈페이지(https://www.serii.re.kr/)의 교육과정 편성·운영 지원 게시판에는 고등학교 교육과정 편성·운영 안내서가 게재되어 있으므로 이를 참조하는 것도 좋다. 그러면 학생이 선택할 계열에 불리한 교육과정을 운영하는 학교를 제외하고 입학원서를 작성할 수 있다. 혹은 어쩔 수 없이 무작위로 그러한 학교에 배정된다면, 학교에 의견을 전달하거나 중점학교 교과 수강, 공동교육과정 수강 등으로 불리한 부분을 메꿀 수도 있을 것이다.

<교육과정 편제표 읽는 법 QR코드>

③ 프로토타입 진로설계

프로토타입(prototype) 진로설계는 정미라 외(2021)[2]에서 제안한 개념이다. 완전무결한 진로설계란 실질적으로 불가능에 가까우므로, 잠정적으로 어떠한 것을 일단 만들어두고 흠결을 고쳐가면서 개선하는 프로토타입(시제품)과 같은 진로설계를 해보자는 것이다. 시제품은 본래 공학 용어로서, 최종 제품 제작 이전에 설계의 타당성을 평가하기 위해 제작된 모형을 일컫는다. 통상 시제품을 통해 분석과 평가를 실시한 후, 이상이 없으면 최종 제품을 제작한다. 최근엔 이러한 개념을 IT 업계에서도 적용하여 새로운 시스템이나 소프트웨어의 설계 또는 성능, 구현 및 운용 가능성을 평가하거나 요구 사항을 보다 잘 이해하고 결정하기 위하여 전체적인 기능을 간략한 형태로 만든 초기 모델을 시제품이라고도 한다.

위에서 언급한 바와 같이 교사 스스로도 제도에 대한 이해를 더 해야 하는 마당이니 학생이 고교학점제와 2022 개정 교육과정에 처음부터 적응하기란 어려울 거라 보인다. 그러나 문제는 학교 현장에서 만나는 많은 학생과 학부모가 학생에게 꼭 맞는 '완벽한' 진로, 교과 선택, 또는 직업을 원한다는 것이다. 단언컨대 세상에 완벽한 진로란 없다고 봐도 무방하다. 지금 이 순간 학생의 진로와 직업을 지도하는 교사조차 본인의 진로와 직업에 만족하지 못할 수 있으며, 세상의 직업은 사라지고 새로 만들어지기를 거듭하는데다, 학생이 해야 할 과업은 진로탐색 외에도 해가 갈수록 점점 많아진다. 학령인구는 '인구절벽'이란 단어로 표현될 만큼 급감하고 있고, 도미노 폐교 위기가 현실화되며, 이에 점차 모든 학생을 위한 책임교육 체제로 가고 있는데 어찌 된 게 교육열은 떨어질 기미를 보이지 않고 있다. 학생 수가 적어질수록 학생이 행복한 교육이 이루어지면 좋을 텐데, 오히려 실패 없는 설계와 선택이라는 미명하에 학생을 원치 않는 방향으로 내몰거나 열린 구석 없이 너무 닫혀 있는 진로를 걷게 하는 일들이 발생한다.

이러한 맥락에서 학생의 핵심적인 역량 몇 가지를 기반으로 유연성 있는 프로토타입 진로설계를 실행하는 건 굉장히 고무적인 일이다. 핵심 역량은 웬만하

---

2 『고교학점제, 진로교육을 다시 디자인하다』 정미라 외, 맘에드림, 2021

면 잘 바뀌지 않으므로 그대로 두고, 그 역량을 살릴 수 있는 설계는 성기게 만들어 조금만 가지를 다르게 쳐나가도 변형할 수 있도록 하면 그만큼 불확실한 미래에 재빠르게 대응할 수 있는 이점을 얻게 된다. 학생의 계열 성향을 파악하고, 그걸 기준으로 삼되 선택 과목을 탄력적으로 구성하여 진로의 방향을 보다 다각적으로 할 수 있게 하면 학생은 스스로 부딪혀 나가면서 점차 자발적으로 본인에게 맞는 길을 모색해나갈 수 있게 될 것이다. 머릿속으로만 구상하던 것을 프로토타입으로 구현하여 그것으로 여러 실험을 해보아야만 비로소 완성된 제품을 시장에 내놓을 수 있게 되는 것처럼, 학생의 고교학점제 과목 선택도 우선 현재의 진로 목표와 관련되면서도 졸업 요건을 충족하는 수강 과목들로 초안을 잡은 후 체험 및 소통을 통하여 자신의 학습 능력과 부담 수준을 고려한 최적의 방안으로 맞추어 나가는 게 좋다. 학생에게 뚜렷한 본인만의 목표나 진로 방향이 없다면 계열을 고르는 작업부터 선행해야 할 것이다. 계열을 고르고 나서는 커리어넷이나 워크넷 학과정보 메뉴에서 대략적인 학과 정보와 인터뷰, 카드뉴스 등으로 정보를 수집하고, 입시가 피부로 다가오는 시기가 되면 한국대학교육협의회 및 한국전문대학교육협의회에서 운영하는 대입정보포털 어디가(https://www.adiga.kr/)에서 학과 정보 및 각 대학 요강을 찾아보는 걸 추천한다. 학생 본인이 진학을 원하는 대학을 몇 군데 골라서, 해당 대학의 이수 권장과목을 살펴보고 그걸 고등학교에서 이수할 수 있는지, 이수할 수 없다면 이수 가능한 공동교육과정이나 인근 협력 학교가 있는지 알아보아야 할 것이다.

아래는 생성형 AI를 활용하여 프로토타입 진로설계 초안을 만드는 방법이다.

차례	(1) 고교학점제와 진로 계획_ChatGPT
	(2) 설계 방향_Copilot과 Wrtn
	(3) 설계도_Copliot과 Wrtn

[1] 고교학점제와 진로 계획_ChatGPT

1) 활동 소개

앞서 알아본 고교학점제에 대응하여 고등학교에 입학할 예비 고등학생 또는 고등학교 신입생이 진로 계획을 세우는 방법에 대해 알아보려 한다.

2) 예제와 예시 답안

① 예제: 여기 고교학점제와 고등학교 생활에 관해 잘 알지 못하고, 마땅히 질문을 받아줄 상대도 찾지 못하는 중학교 3학년 학생이 있다고 하자. 학생은 고등학교에 진학하기 전에 본인이 할 수 있는 준비를 최대한 하고 싶은 열의로 가득 차 있다. 이제부터 이 학생을 위한 진로 계획을 ChatGPT를 이용해서 작성하여라.

- 고교학점제를 잘 모르는 중학생을 위한 상황 설정을 해보라.
- 상황 설정에 따른 프롬프트를 만들어보라.
- 프롬프트에 따라 진로 계획 초안을 작성해보라.

② 예시 답안

<고교학점제에 따른 진로 계획 초안의 예, ChatGPT>

입력 프롬프트
나는 진로 계획을 세우고 싶은 중학생이야. 그런데 나는 고교학점제에 대해서 잘 몰라. 내가 어떻게 해야 고교학점제에 맞추어 진로 계획을 세울 수 있을까?
ChatGPT 출력 결과

중학생으로서 고등학교 학점제를 이해하고 진로를 계획하는 것은 매우 현명한 일입니다. 고등학교 학점제를 잘 이해하면 자신이 원하는 진로에 맞는 과목을 선택하고, 더 나아가 대학이나 직업 세계로의 길을 잘 준비할 수 있습니다. 다음은 고등학교 학점제에 맞춰 진로를 계획하는 방법입니다:
1. 고등학교 학점제 이해하기
  • 필수 과목과 선택 과목: 고등학교 학점제는 필수 과목과 선택 과목으로 구성됩니다. 필수 과목은 모든 학생이 이수해야 하는 과목이고, 선택 과목은 자신의 진로와 흥미에 따라 선택할 수 있는 과목입니다.
  • 학점 취득: 각 과목을 이수하면 학점을 받게 되며, 졸업을 위해 일정 학점 이상을 취득해야 합니다.
2. 진로 목표 설정하기
  • 관심 분야 탐색: 다양한 분야를 탐색하고, 자신이 어떤 분야에 관심이 있는지 알아보세요. 예를 들어, 과학, 예술, 인문학, 기술 등 다양한 분야가 있습니다.
  • 장기 목표 설정: 대학 진학, 특정 직업, 창업 등 장기적인 목표를 설정해보세요.

3. 관련 과목 선택하기
   - 필수 과목 확인: 고등학교 졸업을 위해 반드시 이수해야 하는 필수 과목을 확인하세요. 이는 학교마다 다를 수 있으므로 학교 홈페이지나 학사 안내서를 참고하면 좋습니다.
   - 선택 과목 계획: 진로 목표에 맞는 선택 과목을 계획하세요. 예를 들어, 의사가 되고 싶다면 생물학, 화학 같은 과목을 선택하는 것이 좋습니다.
4. 학업과 활동의 균형 맞추기
   - 학업 성취: 좋은 학점을 받기 위해 꾸준히 공부하고, 필요하다면 학습 도움을 받으세요.
   - 교외 활동: 동아리 활동, 봉사 활동, 인턴십 등 교외 활동도 중요합니다. 이는 대학 입시나 직업 선택에 큰 도움이 될 수 있습니다.
5. 상담과 도움 받기
   - 학교 상담 교사: 학교의 진로 상담 교사와 상담하여 구체적인 조언을 받으세요. 상담 교사는 학점제와 진로 계획에 대해 잘 알고 있습니다.
   - 온라인 리소스 활용: 교육부 홈페이지나 고등학교 학점제 관련 웹사이트에서 정보를 찾아보세요. 또한, 관련 서적이나 동영상 강의도 유용할 수 있습니다.
6. 유연한 계획 세우기
   - 유연성 유지: 진로 계획은 유연하게 유지하세요. 새로운 흥미나 기회가 생길 수 있으므로 상황에 따라 계획을 조정하는 것이 중요합니다.
   - 목표 재평가: 주기적으로 목표와 계획을 재평가하여 필요한 조정을 하세요.

고등학교 학점제를 이해하고 진로를 계획하는 것은 체계적인 정보 수집과 자기 탐색이 필요합니다. 필수 과목과 선택 과목을 잘 이해하고, 자신의 관심 분야와 목표에 맞는 과목을 선택하며, 학업과 교외 활동의 균형을 맞추세요. 또한, 학교 상담 교사나 온라인 리소스를 활용하여 지속적으로 정보를 업데이트하고 계획을 유연하게 조정하는 것이 중요합니다.

[2] 설계 방향_Copilot

1) 활동 소개

진로 설계는 지속적인 자기 성찰과 정보 수집, 목표 설정, 실행 및 조정을 통해 이루어지는 동적인 과정이다. 이 과정을 통해 학생은 자신의 경력 목표를 명확히 하고, 이를 달성하기 위한 구체적인 계획을 세우며, 꾸준히 발전해 나갈 수 있다. 이를 위해서는 학생의 특성 파악 및 이해, 학생에게 어울리거나 학생이 관심을 갖는 직업 및 계열 정보 수집이 선행되어야 한다. 이후 필요한 교육이나 훈련, 목표 설정과 실행 계획 등을 세워보는 것을 통틀어 진로설계라 부른다. 프로토타입 진로설계 초안은 학생의 정보를 구체화하여 생성형 AI에 학습시킴으로써 얻어낼 수 있다. 이제부터 두 가지의 AI 도구를 이용하여 고등학교 학생의 초안 방향을 잡는

법을 설명한다. Wrtn은 위에서 살펴보았으므로 AI 도구 소개는 Copilot만 진행한다.

2) Copilot이란?

2020년대 초반, Microsoft의 Bing 검색 엔진에 기반한 대화형 AI 기능인 Bing Chat이 본격적으로 알려지고 사용되기 시작하였다. Bing Chat은 실시간 웹 연결로 말미암아 최신 정보를 제공할 수 있으며, 사용자의 특정 요구에 맞춘 답변을 상호 작용하듯 자연어로 생성하는 장점을 지니고 있다. Microsoft가 Open AI에 대규모 투자를 한 덕분에 Microsoft는 Open AI의 기술에 접근할 수 있게 되었고, 그러므로 Bing Chat 역시 Open AI의 GPT(Generative Pre-trained Transformer)를 기반으로 하고 있으며 사전 훈련된 방대한 데이터로 다양한 주제와 문맥을 이해하고 이에 대한 텍스트를 생성할 수 있다. 2023년 3월, Microsoft는 Bing Chat을 포함한 다양한 AI 도구들을 Microsoft Copilot으로 통합한다고 발표했다. 이 통합은 Bing Chat과 같은 개별 AI 기능을 하나의 통합된 AI 도구 세트로 묶어 사용자들에게 보다 일관되고 강력한 경험을 제공하기 위한 전략적 결정이었다. 따라서 현재 Bing Chat은 Microsoft Copilot의 일부로 간주되며, 같은 AI 엔진과 인터페이스를 공유한다.

① 가입 및 접속 방법

㉠ 포털 검색창에 Microsoft Copilot이란 단어를 넣어 검색한다.

㉡ Microsoft Edge를 열면 검색창 오른쪽이나 창 닫기(×) 버튼 아래 Copilot 버튼이 있다.

그림 2-3 • Microsoft Edge 첫 화면

② 사용 방법

㉠ 창 닫기(×) 버튼 아래의 푸른색 Copilot 버튼을 누르면 간단한 생성형
AI 대화가 가능하다. 과거 Bing Chat과 같은 느낌으로, 알고 싶은 것을
가볍게 확인할 때 사용하면 좋다.

그림 2-4 • Copilot 창 화면

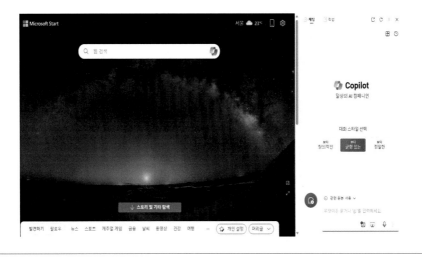

ⓒ 검색창 오른쪽의 무지개색 Copilot 버튼을 누르면 생성형 AI로 보다 복잡하고 전문적인 결과물을 만들어낼 수 있다. 텍스트뿐 아니라 이미지, 코드 생성까지도 가능하다.

그림 2-5 • Copilot 구동 화면

3) 예제와 예시 답안

① 예제: 지금부터 흥미는 홀랜드(Holland) 검사 결과 탐구형(I), 예술형(A), 적성 검사 결과 언어와 문제 해결력이 높고, 직업 가치관이 성취, 직업안정, 마음의 여유에 쏠려 있는 학생이 있다고 하자. 학생의 진로성숙도는 높은 편이며 학생이 원하는 계열과 학과는 인문사회계열, 지리학과이다. 학생은 장차 교육자나 교육 관련 관리자가 되기를 원한다. 그럼 이 학생의 프로토타입 진로설계를 Copilot을 이용해서 작성하여라.

• 프로토타입 진로설계를 위한 상황 설정을 해보라.

• 상황 설정에 따른 프롬프트를 만들어보라.

• 프롬프트에 따라 진로설계 초안을 작성해보라.

② 예시 답안

<프로토타입 진로설계를 위한 상황 설정의 예>

학생의 흥미	학생의 적성	학생의 가치관
탐구형, 예술형	언어, 문제해결력	성취, 직업안정, 마음의 여유
학생의 진로성숙도	원하는 계열과 학과	원하는 진로와 분야
높은 편	인문사회계열, 지리학과	교육자, 교육 관련 관리자

<진로설계 방향 초안의 예, Copilot과 Wrtn>

입력 프롬프트
내 흥미는 홀랜드(Holland) 검사 결과 탐구형(I), 예술형(A)이래. 나는 적성 검사 결과 언어와 문제해결력이 높고, 직업 생활에서 성취, 직업안정, 마음의 여유를 중요하게 여긴대. 내 진로성숙도는 높은 편이고 내가 원하는 계열과 학과는 인문사회계열, 지리학과야. 난 장차 교육자나 교육 관련 관리자가 되기를 원해. 나를 위한 진로설계를 해줄 수 있겠니?
Copilot 출력 결과

당연히 도와드리겠습니다! 교육 분야에서의 진로를 고려할 때, 교육자나 교육 관련 관리자로서의 역할을 원하시는 것이 좋아 보입니다. 여기 몇 가지 단계를 제안해 드리겠습니다:

• 교육 분야 탐색: 교육 분야에서 어떤 역할을 원하시는지 자세히 고민해 보세요. 교육자, 교육 관리자, 교육 기술 전문가 등 다양한 직업이 있습니다.

• 학력 및 경험: 교육 분야에서 필요한 학력과 경험을 살펴보세요. 교육 관련 학과를 공부하거나 교육 관련 경력을 쌓는 것이 도움이 될 수 있습니다.

• 전문성 개발: 교육 분야에서 성공하기 위해 필요한 기술과 지식을 개발하세요. 교육 기술, 교육 정책, 학습 이론 등을 공부하고 습득하세요.

• 커뮤니티 참여: 교육 관련 커뮤니티에 참여하고 네트워킹을 활발히 해보세요. 다른 교육 전문가들과 소통하며 지식을 공유하고 배울 수 있습니다.

• 진로 계획: 교육 분야에서의 진로를 위해 계획을 세워보세요. 어떤 분야에서 일하고 싶으며 어떤 교육 기관에서 활동하고 싶은지 명확히 정리해 보세요.

이러한 단계를 따라가시면 교육 분야에서의 진로를 더욱 명확하게 설정하실 수 있을 것입니다. 행운을 빕니다!

당신의 흥미와 적성, 그리고 원하는 직업 방향을 바탕으로 한 진로설계를 해드리겠습니다.

1. 진로 목표 설정

    당신은 탐구형(I)과 예술형(A) 성향을 가지고 있으며, 언어와 문제해결력이 높습니다. 또한, 직업 생활에서 성취, 직업안정, 마음의 여유를 중요시하고 있습니다. 이를 고려하면 교육자나 교육 관련 관리자 직업이 적합해 보입니다.

2. 학업 계획

- 학부 과정: 전공: 인문사회계열의 지리학과를 선택하셨으니, 이 전공을 통해 지리학적 지식을 쌓고 공간 분석, 사회적 현상 이해 등의 능력을 키우세요.
  부전공/복수전공: 교육학 또는 행정학을 함께 공부하는 것을 추천드립니다. 이는 교육 분야에서의 전문성과 관리자로서의 자질을 키우는 데 도움이 됩니다.
- 대학원 과정: 석사 과정: 교육학 석사(M.Ed) 또는 지리교육 석사 과정을 고려해 보세요. 이를 통해 교육 이론과 실제를 심도 있게 공부할 수 있습니다.
  박사 과정: 교육 행정 및 정책 박사 과정에 도전하면 교육 관련 관리자 역할을 수행하는 데 필요한 고급 지식과 연구 능력을 기를 수 있습니다.

3. 경력 개발

- 인턴십 및 실습: 교육 기관 인턴십: 학교 또는 교육 관련 기관에서 인턴십을 통해 실무 경험을 쌓으세요.
- 연구 보조: 대학의 연구 프로젝트에 참여하여 연구 능력을 배양하세요.
- 초중등 교육 경험: 교사 자격증 취득: 중등 교사 자격증을 취득하여 교사로서의 경험을 쌓고 교육 현장을 이해하세요.
- 교육 봉사: 교육 관련 봉사 활동에 참여하여 다양한 교육 환경을 경험하세요.

4. 네트워킹 및 추가 활동

- 학회 및 세미나 참석: 교육 관련 학회나 세미나에 참석하여 최신 교육 트렌드와 연구를 접하고, 전문가들과의 네트워킹을 구축하세요.
- 전문 자격증: 교육 행정 관련 전문 자격증을 취득하면 경력 개발에 큰 도움이 됩니다.

5. 직업 탐색 및 취업

- 교육자: 학교에서 교사로 경력을 시작하고, 점차 교육 과정 개발자나 교육 컨설턴트로 경력을 확장해 보세요.
- 교육 관리자: 교육청, 교육부 등의 공공기관에서 교육 정책 및 행정을 담당하는 직무로 진출해 보세요.

6. 지속적인 자기 개발

- 평생 교육: 지속적으로 새로운 교육 방법론과 기술을 배우고, 자기 개발을 위한 학습을 멈추지 마세요.
- 멘토링: 경력이 쌓이면 후배들에게 멘토링을 제공하며 자신의 경험을 공유하고 리더십을 발휘하세요.

이러한 계획이 당신의 흥미와 적성, 그리고 직업 목표에 맞는 진로를 설계하는 데 도움이 되기를 바랍니다.

[2] 설계도_Copilot과 Wrtn

① 예제: 위에서 제시된 학생이 진로 설계에 대한 기본 방향을 수립하였고 그 것을 간단하게 표로 나타내어 정리하기를 원한다고 가정하자. 프로토타입 진로 설계도를 Copilot과 Wrtn을 이용해서 작성하여라.

- 프로토타입 진로설계를 위한 상황 설정을 해보라.
- 상황 설정에 따른 프롬프트를 만들어보라.
- 프롬프트에 따라 설계도 초안을 작성해보라.

② 예시 답안

<상황 설정에 따른 설계도 초안의 예, Copilot>

입력 프롬프트	
위와 같은 내용을 표로 만들어줘.	

Copilot 출력 결과	

물론입니다! 아래는 귀하의 진로설계를 표로 정리한 내용입니다.

단계	내용
1	교육 분야 탐색
2	필요한 학력 및 경험 확인
3	전문성 개발
4	커뮤니티 참여
5	진로 계획

이 단계를 따라가시면 교육 분야에서의 진로를 더욱 명확하게 설정하실 수 있을 것입니다. 행운을 빕니다!

<상황 설정에 따른 설계도 초안의 예, Wrtn>

입력 프롬프트
위와 같은 내용을 표로 만들어줘.

Wrtn 출력 결과

물론, 아래에 내용을 표로 정리해 드리겠습니다.

구분	내용
진로 목표 설정	탐구형(I)과 예술형(A) 성향, 언어와 문제해결력, 성취, 직업안정, 마음의 여유 중시. 교육자나 교육 관련 관리자 직업 적합
학업 계획	
학부 과정	
전공	인문사회계열 지리학과. 공간 분석, 사회적 현상 이해 능력 키움
부전공/복수전공	교육학 또는 행정학. 전문성과 관리자로서의 자질 향상
대학원 과정	
석사 과정	교육학 석사(M.Ed) 또는 지리교육 석사. 교육 이론과 실제를 심도 있게 공부
박사 과정	교육 행정 및 정책 박사 과정. 고급 지식과 연구 능력 배양
경력 개발	
인턴십 및 실습	
교육 기관 인턴십	학교 또는 교육 관련 기관에서 실무 경험 쌓기
연구 보조	대학 연구 프로젝트 참여로 연구 능력 배양
초중등 교육 경험	
교사 자격증 취득	중등 교사 자격증 취득, 교사 경험 쌓기, 교육 현장 이해
교육 봉사	교육 관련 봉사 활동 참여, 다양한 교육 환경 경험
네트워킹 및 추가 활동	
학회 및 세미나 참석	교육 관련 학회나 세미나 참석, 최신 교육 트렌드와 연구 접하기, 전문가 네트워킹 구축
전문 자격증	교육 행정 관련 전문 자격증 취득
직업 탐색 및 취업	
교육자	교사로 경력 시작, 교육 과정 개발자나 교육 컨설턴트로 경력 확장
교육 관리자	교육청, 교육부 등 공공기관에서 교육 정책 및 행정 담당
지속적인 자기계발	
평생 교육	새로운 교육 방법론과 기술 학습, 자기 계발 위한 학습 지속
멘토링	후배 멘토링, 경험 공유, 리더십 발휘

이 표를 통해 계획을 체계적으로 정리하고 실천해 나가시면 좋겠습니다. 추가로 궁금한 사항이 있으시면 언제든지 말씀해 주세요!

MEMO

AI 교육, 무엇을
가르칠까

CHAPTER 03

AI 교육, 무엇을 가르칠까

1. 변화하는 현재

　1995년 12월, 교육인적자원부는 〈새 대학입학전형제도 시행 기본계획〉을 발표하였다. 해당 개편안은 기존의 전기, 후기 신입생 모집을 폐지하고 국가가 관할하는 정시와 대학이 자율적으로 결정하는 수시 모집으로 신입생 모집 방법을 이원화하였다. 1996년 입시부터 바로 적용된 본 이원화 제도는 세부 형태가 다소 달라졌을 뿐 지금까지도 명맥을 유지하고 있다. 따라서 여전히 대입의 기본은 수시와 정시로 나뉜다. 대학수학능력시험을 기준으로 그 전에 접수 전형이 이루어지는 걸 수시, 그 후에 접수 전형이 이루어지는 걸 정시라 보면 된다. 먼저 수시는 학생부 중심전형(학생부종합·학생부교과), 대학별 고사(인문·자연계열 논술고사), 특기자/실기고사 등으로 구성되어 있으며 4년제 대학 기준 총 6회 지원 가능하고, 수시 합격생은 정시 지원이 불가능하다. 정시는 보다 전형이 단순하여, 수능 성적만으로 대학에 입학 지원을 가, 나, 다군 총 3회까지 할 수 있고 필요한 경우 실기를 보면 된다.

　2000년대 초반까지만 해도 대입에서는 수시 20, 정시 80 정도의 비율로 학생들이 진학을 했지만 이후 수시 모집 비율은 꾸준히 상승하여 이미 2017년도부터는 수시 70, 정시 30 정도의 비율로 완전히 상황이 뒤집혔다. 한국대학교육협의회가 발표한 전국 195개교의 2026학년도 대학입학전형시행계획에서도 수시가 79.9%, 정시가 20.1%로서 앞으로도 대입에서는 수시가 강세일 전망이다. 이는 맨 처음부터 학생부 종합전형 위주의 입시를 주도하고, 입학사정관제가 도입되었을 때부터 수능에 부정적이었던 서울대학교의 영향이 크다. 여타 서울권 주요 대학들도 계속적으로 정시 확대를 반대하고 있으며, 그 까닭은 정시로 입학한 학생들의 대학과 전공에 대한 만족도 및 적응 의지가 수시로 입학한 학생들보다 현저히 낮다는 게 첫 손가락으로 꼽힌다. 진로나 적성을 고려하지 않고 수능 점수에 맞춰 진학을 했다보니 막상 학생 본인이 원하는 바를 대학에서 찾지 못하면 쉽게 중도 포기하거나 방향을 틀어 버린다는 것이다. 현재 대입의 가장 큰 이슈는 의대 증원으로, 교육부에서 발표한 2025학년도 의대 정원은 수시가 3,118명(67.6%), 정시가 1,492명(32.4%), 총합 4,610명으로서 전년도 대비 1,497명이 증가하였다. 치의학전문대학원 모집인원을 포함하여 전체 모집 인원을 4,695명으로 보기도 한다. 이과 지망생 성적의 최상위권을 차지하는 의대의 모집 정원이 파격적으로 늘어남에 따라, 재수생과 반수생이 늘어나고 2025학년도에는 의대를 포함한 이공 계열의 대학 경쟁률이 전반적으로 내려갈 것이라는 전망은 현실로 드러났다. 이공 계열 전공자의 취업 성공률이 날이 갈수록 높아지는 반면 인문 계열 전공자의 취업 성공률은 날이 갈수록 하락하여, 향후에도 기술 중심의 사회 기조가 유지되는 한 이과 쏠림 현상도 계속될 것으로 보인다.

❶ 2022 개정 교육과정

이러한 가운데 2022년 12월 22일, 교육부의 발표로 대한민국의 11번째 교육과정인 2022 개정 교육과정이 확정되었다. 본 교육과정은 마지막 전면 개정이었던 1997년 7차 교육과정 이래로 가장 교육계를 뒤흔들었다고 평가받는 교육과정으로서, 대선 후보가 전면 재검토하겠다는 공약을 내걸었다가 포기할 만큼 많은 이들의 우려와 불안을 안고 시행 준비 중이다. 2022 개정 교육과정은 그간 정해진 시간표에 따라 학생들이 같은 교사의 수업을 듣는, 아주 어릴 적부터 대학에 들어가기 직전까지 학생들이 해오던 그 모든 일상을 뒤집기 때문이다. 그러나 그렇다고 2015 개정 교육과정을 이어나가기엔 그 사이 코로나19 감염으로 인한 교육 매체 환경의 격변, 직업과 인구 구조의 변화, 저출산으로 인한 학생 수의 급감 등을 반영하기가 어려워, 현재로선 어찌됐든 시동이 걸린 2022 개정 교육과정을 교육 현장에 잘 맞추어나갈 수밖에 없어 보인다.

2022 개정 교육과정의 방향은 미래교육 탐색을 위해 OECD 주요국 및 비회원국이 참여한 제6차 IWG 회의에서 제안한 '학습 나침반(Learning Compass) 2030'을 기반으로 한다. 학습 나침반은 지식, 기능, 태도와 가치를 학생의 자기주도적 역량(Student Agency)으로 연결하여 개인과 사회의 안녕(Well-being)을 목표로 하는 개념 틀이다. 이에 따라 교육부에서 교육과정을 개정할 당시에도 미래사회가 요구하는 역량 함양이 가능하고, 학습자의 삶과 성장을 지원하며, 지역 및 학교 교육과정 자율성 확대 및 책임교육을 구현하는 쪽으로 가닥을 잡았다. 그러나 학생에게 그만큼의 학습 자기주도적 권한을 부여하고, '단 한 명도 놓치지 않는' 학생 맞춤형 교육을 실현하기에 아직 교사 1명당 학생 수는 너무 많은 상태이다. 2022 개정 교육과정은 교사 1명 당 학급의 학생 수를 10~15명으로 할 것을 권고하였으나, 2023년 기준으로 서울특별시의 학급 당 고등학생 수는 23명이며, 서초구 같은 경우 25.4명이다.[1] 날이 갈수록 도심과 외곽 지역은 학생 수가 떨어지는데, 내신 및 수능 성적을 유리하게 받고, 좋은 학습 분위기를 얻고자 하는 학생과 학부모로 말미암아 이른바 강남 3구(강남, 서초, 송파)의 학교들은 여전히 과밀이 따로 없다. 이에 학습의 보조교사로서 디지털 AI 교육 학습 환경 조성이 필요하다는 의견이 대두되었으며, 마침내 AI 디지털 교과서 전면 도입이라는 결과를 낳게 된 것이다.

그림 3-1 ● OECD 학습 나침반 2030

---

1 서울 열린데이터 광장, https://data.seoul.go.kr/dataList/542/S/2/datasetView.do

국가교육과정정보센터(https://www.ncic.re.kr/) 홈페이지를 방문하면 우리나라의 교육과정, 지역별 교육과정, 그리고 우리나라 포함 17개 국가에서 실시하고 있는 교육과정에 대한 정보를 제공받을 수 있다. 국가교육과정정보센터는 교육부와 한국교육과정평가원에서 공동 운영하는 정보 공유 시스템으로서, 2008년에 한국교육과정평가원에서 기초조사 연구를 한 것을 바탕으로 2009년 말에 본 시스템 NCIC를 구축한 이래 지속적으로 교육과정 데이터베이스를 시스템에 탑재하고 있다. 특히 2022 개정 교육과정에 대한 각계 각층의 관심이 지대한 관계로, 현재는 교육과정 총론 원문과 교과목별 각론 원문을 다운로드 받을 수 있게 따로 팝업창으로 띄워놓은 상태이다. 팝업창을 누르면 [교육과정 자료실]-[교육과정 원문 및 해설서] 메뉴로 이동한다. 원하는 폴더 옆의 +표시를 클릭하면 하위 폴더가 열린다. 간단한 내용 조회 정도는 홈페이지 화면상으로도 가능하며, 다운로드 버튼을 클릭하면 초중등학교 총론 또는 학교급별 별책의 원문을 다운로드 받을 수 있다.

그림 3-2 • 국가교육과정정보센터, 2022 개정 교육과정 원문 다운로드 받기

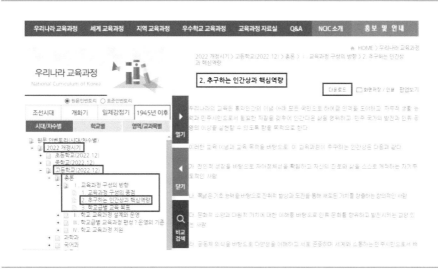

이상에서 보다시피 2022 개정 교육과정에서 추구하는 인간상은 자기주도적인 사람, 창의적인 사람, 교양 있는 사람, 더불어 사는 사람 네 가지로 설정하였다. 이에 따른 6대 핵심 역량은 자기관리, 지식정보처리, 창의적 사고, 심미적 감성, 협력적 소통, 공동체로 제시되어 있다. 역량을 함양하기 위한 선택 과목의 영역이 2022 개정 교육과정에서는 '융합 선택'이란 이름으로 하나 더 늘어났다. 고등학교 1학년 때 기본 소양을 갖추기 위해 듣는 과목들을 '공통 과목'이라 한다면, '선택 과목'은 다시 '일반 선택', '진로 선택', '융합 선택'으로 나뉜다. 일반 선택 과목은 주요 학습 내용을 다루므로 내신 성적이 산출되며, 진로 선택 과목은 심화 학습 및 진로 관련 내용을, 융합 선택 과목은 교과 안팎의 주제를 융합하고 체험, 응용하는 내용을 다룬다. 그리고 과목의 내용 체계는 지식·이해, 과정·기능, 가치·태도라는 세 가지의 범주로 나뉜다. 2015 개정 교육과정뿐 아니라 그 이전에도 특정 과목의 내용 체계로 설정되지 않았던 '가치·태도'가 2022 개정 교육과정에서는 학생이 갖추어야 할 역량과 연계되어 어엿한 하나의 범주로 포함되어 있다.

2 AIDT의 도입

상기와 같은 교육과정의 변화는 곧 '모든 학습자가 원하는 학습에 성공하는 것'이라는 완전학습(mastery learning)으로 그 목표가 이어지게 되었다. 기존의 강의식 수업을 혁신하는 맞춤형 수업은 수준에 따라 차별화(differentiation), 개인화(individualization), 개별화(person-alization)로 구분할 수 있다.[2] 이 세 가지는 순서대로 이루어지며, 셋 중의 최종 형태인 개별화는 개인 학습자가 자신만의 목표를 설정하고, 자신의 수준에 맞게 가장 적합한 학습 방법을 통하여 완전학습에 도달하는 것을 의미한다. 누구나 중요성과 가치를 알고 있지만 현실의 벽에 가로막혀 학교 현장에서 실현하지 못했던 맞춤형 수업을, 이제는 가능하게 해줄 거라며 야심차게 도입한 것이 바로 AIDT(Artificial Intelligence Digital Textbook), 즉 2025학년도부터 일부 교과(영어, 수학, 정보)에 들어오며, 2028

---

2 U.S. DOE, 2010.

년까지 사회, 역사, 과학 등에까지 확대할 계획이라는 AI 디지털 교과서이다. AIDT는 4차 산업혁명의 도래와 함께 소개된 최신 기술 가운데 빅데이터를 활용하는 점이 특징이다. 학습자의 학습 데이터를 축적하고, 분석하고, 이를 바탕으로 한 개인별 평가 등을 구현할 수 있는 시스템 구축이 AIDT의 기본이며, 이 과정에서 쌍방향 학습 지원이 이루어져야 한다. 학습자가 홀로 성취하기 힘든 학습 목표를 성취 가능토록 해주는 걸 스캐폴딩(Scaffolding)이라고 하는데, 기존의 교육 체제에서 교사가 해왔었고 1대 다수의 상황이라 모든 학습자에게 해주지 못했던 스캐폴딩을 AIDT에서는 AI 튜터가 실현시킨다는 것이다.

완전학습 이론에서는 학생 각자의 속도와 능력에 맞추어 교육을 제공하며, 모든 학생이 주어진 내용을 완벽하게 이해하고 습득할 수 있도록 지원해야 한다고 주장한다.[3] 이때 핵심은 학습에 필요한 시간(학습에 임하기까지 걸리는 시간)은 최소화하되, 학습에 사용되는 시간(개인별로 학습 목표를 달성하는 데까지 걸리는 시간)은 충분히 제공해야 학습 성과가 올라간다는 것이다. 이에 교육부는 완전학습을 표방하는 2022 개정 교육과정이 교육 현장에 잘 정착될 수 있게 AIDT를 개발하자는 제안을 하게 되었으며, 2023년 8월 30일 'AI 디지털 교과서 개발 지침'을 발표하였다. 교과서 개발 경험을 보유한 발행사와 신기술을 보유한 에듀테크 기업이 협업하여 AIDT를 제작하였으며, 심사에 합격한 AIDT는 현장적합성 검토를 통해 보급되어 학교 현장에 활용될 예정이다. AIDT는 학생 중심의 맞춤형 학습을 지원하는 데 목표를 둔 만큼 AI 튜터 기능을 최우선으로 탑재하고 있다. 즉 학습 데이터를 기반으로 학생의 강점 및 약점, 태도, 학습 습관 등을 분석한 뒤 학생의 능력과 목표를 고려하여 최적의 학습 경로를 추천하고 이에 따른 학습 콘텐츠를 제공하는 것이다. 아울러 수업 보조 역할을 충실히 이행할 수 있도록 학생별 학습 정보 및 학습 진도 모니터링 자료 등을 교사에게 제공하기도 한다. 학생 데이터 분석 결과를 시각화한 대시보드를 공유하여 교육 주체 간의 객관적인 소통을 활성화하는 것이다.

---

3 Benjamin S. Bloom, Learning For Mastery, UCLA, Evaluation Comment Vol. 1, 1968

이는 최근 교육부에서 강조하고 있는 HTHT(High Touch High Tech) 교육과도 일맥상통한다. 말하자면 인간인 교사가 첨단 기술을 적절하게 활용하여 학생에게 꼭 맞는 창의적 학습을 이끌어내는 교육이 HTHT인데, 이것이 과거 끊임없이 교육이 지향해야 할 바로 제시되었던 플립 러닝(Flipped Learning, 거꾸로 수업)을 토대로 하고 있어 실은 에듀테크라는 기술적 부분이 포함되었을 뿐 기본 개념 자체는 교사에게 익숙하다. 학습의 처음부터 끝까지 지식과 정보를 교사의 강의로만 접했던 과거의 방식에서 탈피하여, 학생이 학습의 주체가 되고 교사는 도우미 역할을 수행하기에 이를 '뒤집힌 수업'이라 부르는 것이다. 학생은 본 수업 이전에 교사가 제공한 자료로 자율적인 사전 학습을 완료하고, 본 수업에서는 학생이 스스로 또는 교사의 도움으로 문제 해결과 학습 활동을 수행하며, 본 수업 이후 학생이 개인에 따라 필요한 부분을 추가로 사후학습하는 것이 플립 러닝의 기초다. 예전에는 플립 러닝의 필요성을 중대하게 느끼고 영상 제작에 관심과 열의가 있는 일부 교사들만이 사전 자료 및 사후 자료를 직접 만들어 배포했기에 교육 저변으로 확대되는 데 한계가 있었는데, 지금은 AI과 빅데이터 기반의 지능형 튜터링 시스템(ITS, Intelligent Tutoring System)과 생성형 AI 등 각종 에듀테크를 이용하여 비교적 플립 러닝을 향한 접근이 용이해진 상태이다. 따라서 교육부에서는 2022 개정 교육과정의 기본인 학생의 자기주도적 역량을 키우고, 교사가 AIDT를 보조 교사처럼 활용하여 학습의 과정을 촉진한 끝에 학생의 완전학습을 이루어내기를 기대하고 있다.

③ 2028 대학 입시

2023년 12월 27일, 교육부장관의 브리핑으로 '미래 사회를 대비하는 2028 대학입시제도 개편 확정안'이 발표되었다. 이는 동년 10월 10일에 발표된 '2028 대학입시제도 시안'을 원칙적으로 유지한 내용이자, 2025학년도에 전면 시행되는 고교학점제와 2022 개정 교육과정 아래 고등학생 생활을 시작하는 학생들의 대입부터 직접적으로 관련되는 사항이다. 교육부의 목표는 첫째, 미래 인재 양성에 기여하면서 '공정'과 '안정'의 균형을 도모하는 것이다. 이는 대입의 핵심인 수능과 내신(학교생활기록부)이 공정성을 갖추도록 하겠다는 의지를 의미한다. 둘째, 통합적·융합적 교육을 유도하는 공정한 수능이다. 유불리 해소를 위해 선택과목제를 폐지하여, 국어, 수학, 탐구 영역에 선택과목을 없애고 동일한 기준과 내용으로 평가하는 통합형 수준으로 개편할 것임을 예고하였다. 아울러 국가교육위원회 의결 결과를 존중하여, 심화수학(미적분II와 기하)은 수능에 포함시키지 않기로 하였다. 셋째, 신뢰할 수 있고 교육 혁신에 발맞춰 선진화된 내신 평가이다. 이전까지 이어져 오던 9등급제 대신 전학년, 전과목을 5등급으로 절대평가하되 상대평가 결과를 병기하도록 하였다. 또한 서논술형 평가를 확대하여 교사의 평가 역량 강화를 뒷받침할 계획을 밝혔다. 이를 정리하면 아래 표와 같다.

[표 3-1] 2028학년도 수능 개편 확정안(요약), 교육부

영역		현행(~2027 수능)	개편안(2028 수능~)
국어		공통 + 2과목 중 택 1 • 공통: 독서, 문학 • 선택: 화법과 작문, 언어와 매체	공통 (화법과 언어, 독서와 작문, 문학)
수학		공통 + 3과목 중 택 1 • 공통: 수학 I , 수학 II • 선택: 확률과 통계, 미적분, 기하	공통 (대수, 미적분 I , 확률과 통계)
영어		공통 (영어 I , 영어 II)	공통 (영어 I , 영어 II)
한국사		공통 (한국사)	공통 (한국사)
탐구	사회·과학	17과목 중 최대 택 2 • 사회: 9과목 한국지리, 세계지리, 세계사, 동아시아사, 경제, 정치와 법, 사회·문화, 생활과 윤리, 윤리와 사상	• 사회: 공통 (통합사회)
		• 과학: 8과목 물리학 I , 화학 I , 생명과학 I , 지구과학 I , 물리학 II, 화학 II, 생명과학 II, 지구과학 II	• 과학: 공통 (통합과학)

직업	1과목: 5과목 중 택 1	• 직업: 공통
	2과목: 공통 + [1과목]	(성공적인 직업생활)
	• 공통: 성공적인 직업생활	
	• 선택: 농업 기초 기술, 공업 일반, 상업 경제, 수산·해운 산업 기초, 인간 발달	
제2외국어/한문	9과목 중 택 1	9과목 중 택 1
	• 제2외국어/한문: 9과목 독일어Ⅰ, 프랑스어Ⅰ, 스페인어Ⅰ, 중국어Ⅰ, 일본어Ⅰ, 러시아어Ⅰ, 아랍어Ⅰ, 베트남어Ⅰ, 한문Ⅰ	• 제2외국어/한문: 9과목 독일어, 프랑스어, 스페인어, 중국어, 일본어, 러시아어, 아랍어, 베트남어, 한문

이처럼 수능에 반영되는 과목이 선택에서 공통으로 변화한 것은 과목 선택에 따른 유불리를 해소하려는 의도이나, 가장 선택 과목이 세분화되어 있던 탐구 영역이 공통으로 바뀌면서 탐구 영역에 해당하는 과목 수업이 파행적으로 진행될 가능성이 포착된다. 사회와 과학의 경우 중학교에서 배웠던 내용이 공통 탐구 영역 범위의 대부분을 차지하기 때문이다. 그리고 내신 등급을 개편하여 5등급으로 산출하면, 아무리 상대평가 결과를 병기한다 하더라도 표준편차가 제공되지 않으므로 개설 과목만 보고도 지원자의 고등학교 종류를 바로 가늠할 수 있던 과거의 방식이 통용되지 않는다. 이렇게 되면 변별력이 이전보다 떨어지므로 수시 전형에 지원하는 학생들의 수능 최저 등급을 높일 수밖에 없고, 반대로 정시 전형에 지원하는 학생들의 내신과 면접 반영 비율을 높일 수밖에 없어 수능과 내신 두 가지를 모두 비중 있게 준비해야 할 거라는 전망이 우세하다. 더구나 계열 관계없이 공통으로 보는 과목이 늘어나 인문 계열이라도 정시로 의대에 진학할 수 있는 학생들이 생겨날 것이며, 오히려 이는 수시 전형과 특히 학생부종합전형의 비율을 늘릴 거라는 해석이 나오고 있다.

물론 이런 우려들에 관한 교육부의 답변은 분홍빛 일색이다. 내신이 5등급제로 바뀐다고 할지라도 전체 1등급을 받는 학생은 많지 않을 테니 변별력이 약화되지 않을 것이다, 그러므로 수시 전형에 있어 수능시험의 영향력도 높아지지 않을 것이다, 특수목적고에 따로 유리하지는 않을 것이다, 학교 교육에 집중해야 성공적인 진학이 가능할 테니 탐구 영역 수업이 파행으로 가지는 않을 것이다, 공통 과목 중심의 수능 개편안은 기존의 문제를 상당히 해소할 수 있을 것이다. 그러나 그렇게 따지면 기존의 대입 전형이 소개되었을 적 있었던 엄청난 반발에도 교육 부는 걱정 말라는 식이었고, 그 당시 지적되었던 선택 과목 유불리의 문제는 결국 일어났으며, 묘하게도 문해력이 그토록 떨어진다는 요즘 학생들의 학습량은 날이 갈수록 늘어만 간다.

위에서 2022 개정 교육과정과 2028 대학 입시에 관하여 이러저러 설명을 하였지만, 기실 교육 관련 공무원이나 현직 교사들조차도 복잡하게 구성되어 있는 총론과 각론을 완전히 이해하기란 쉽지 않다. 고등학교 교육과정을 예로 들었을 경우, 별책만 해도 2,207쪽에 달하는 방대한 분량이다. 그리고 설령 이해했다 하더라도 당장 2025학년도부터 이것을 반영했을 때 어떤 현상이 펼쳐질지 족집게처럼 맞출 순 없다. 하지만 과목별로 뭐가 어떻게 바뀌는지 키워드라도 알아두어야 향후 나타날 일들에 영리하게 대처할 수 있을 테니, 생성형 AI의 도움을 받아 이것을 요약해보도록 하겠다.

다음은 생성형 AI를 활용하여 관련 영상 요약을 하는 방법이다.

차례	(1) 유튜브 요약_Livewiki
	(2) 유튜브 요약_Glarity

(1) 유튜브 요약_Livewiki

1) 활동 소개

작금의 교육과정 및 대입 전형 변화에 얼마나 교육 관련 종사자들이 민감하게 대응하고 있는지 반증이라도 하듯, 동영상 공유 사이트에는 이에 대한 설명 영상이 넘쳐난다. 그러나 워낙 교육과정과 대입 개편안이 담고 있는 텍스트가 많고 이들이 가져올 후폭풍이 엄청날 거라 예상이 되다보니, 설명 영상들도 대체로 길고 복잡하며 어려운 용어들도 대거 사용하여 초심자에게는 무엇이 핵심인지 알아내기가 쉽지 않다. 따라서 설명 영상들의 키워드를 AI 툴을 이용해 알아내는 방법을 소개한다.

2) Livewiki란?

Corely는 디지털 혁신, 컨설팅, 기술 서비스를 전문으로 하는 프랑스 회사에서 제공하는 AI 도구로서, 유튜브 영상을 요약하고 핵심 내용을 빠르게 전달해준다. Corely의 유튜브 요약 기능은 주로 AI와 자연어처리(NLP) 기술을 활용한다. 특히 OpenAI의 GPT(Genera-tive Pre-trained Transformer)와 같은 모델을 사용하여 유튜브 동영상의 콘텐츠를 분석하고 간결한 결과물을 만든다. 이러한 모델은 비디오의 텍스트와 음성을 이해 및 처리하고, 주요 정보를 추출하고, 사용자를 위한 일관된 요약을 생성해낸다. 또한, Corely의 타임라인 기능을 활용하면 각 시간대별로 요약된 내용을 확인하고 해당 시간대로 이동하여 유튜브 내용을 바로 확인할 수 있다. 이 기능은 매우 편리하며, 방대한 내용 중에서도 원하는 정보를 빠르게 찾을 수 있다. 2023년 Corely는 시장 차별화, 부정적 이미지 제거, 새로운 전략 등을 위해 핵심 브랜드를 Livewiki라는 이름으로 재탄생시켰다.

① 가입 및 접속 방법

　㉠ 포털 검색창에 Livewiki란 단어를 넣거나 https://livewiki.com/ko로 들어간다.

　㉡ 구글 ID 연동이나 크롬 익스텐션 설치로 Livewiki 서비스 이용이 가능하다.

② 사용 방법

　㉠ 요약하고자 하는 영상의 url을 검색창에 넣고 요약하기 버튼을 누른다.

그림 3-3 • Livewiki 첫 화면

ⓛ 미리보기는 한 문장으로, 하이라이트는 키워드 중심으로 영상을 요약한
다. 그리고 타임라인의 경우 단락으로 내용을 정리하여 해당 내용을 조
회할 수 있는 영상 시간을 병기한다.

그림 3-4 • Livewiki 요약 화면

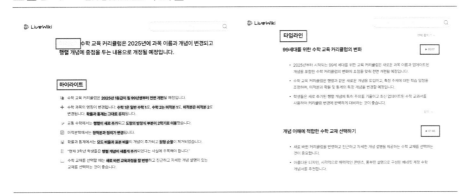

3) 예제와 예시 답안

① 예제: 지금부터 2022 개정 교육과정을 총정리한 공신력 있는 영상을 검색한 뒤, Livewiki를 이용하여 내용을 요약하여라.

- 동영상 공유 사이트에서 다양한 영상을 살펴보라.
- 정식 기관에서 제작한 공신력 있는 영상을 선택하여라.
- AI 도구 사용 방법에 따라 영상 요약을 실행해보라.

② 예시 답안

그림 3-5 • 2022 개정 교육과정 영상 요약의 예, Livewiki

(2) 유튜브 요약_Glarity

1) Glarity란?

Glarity는 유튜브, 구글, 트위터 등 다양한 플랫폼에서 콘텐츠를 요약하고 번역하기 위한 다양한 기능을 제공하는 AI 기반 서비스이다. ChatGPT, OpenAI, Claude, GPT-4 및 Google Gemini와 같은 기술을 활용하여 언어 간 읽기 및 쓰기 도우미 역할을 한다. Glarity는 Chrome, Edge, Safari, Firefox 및 Opera용 브라우저 확장 프로그램으로 제공되므로 다양한 워크플로우에 액세스하고 쉽게 통합할 수 있다. Glarity의 주요 기능은 다음과 같다.

- 요약: 유튜브 동영상, 구글 검색 결과, 트위터 스레드, PDF 및 모든 웹페이지를 요약할 수 있다. 이를 통해 사용자는 전체 내용을 읽거나 시청하지 않고도 핵심 내용을 빠르게 파악할 수 있다.

- 번역: Glarity는 90개 이상의 언어로 나란히 번역을 제공하여 원본 텍스트와 번역된 텍스트를 함께 표시하여 명확성과 이해를 향상시킨다.
- 작성 지원: 한 문장만 입력해도 응답이 생성되어 이메일 작성을 도와준다.
- 지능형 Q&A 및 채팅: 사용자는 ChatGPT와 상호 작용하는 것과 유사하게 현재 웹 페이지나 문서의 내용에 대해 질문하고 AI 생성 응답을 받을 수 있다.

① 가입 및 접속 방법

㉠ 포털 검색창에 Glarity란 단어를 넣거나 https://glarity.app/ko로 들어간다.

㉡ Chrome, Edge, Safari, Firefox 및 Opera에 익스텐션을 설치하여 서비스를 이용한다.

② 사용 방법

㉠ 이후 어떠한 영상을 익스텐션이 설치된 창으로 열면 자동으로 옆에 요약이 제공된다.

㉡ 기본값으로도 요약을 할 수 있고, 또 다른 강력한 AI인 Claude가 요약을 할 수도 있다.

그림 3-6 • Glarity 요약 화면

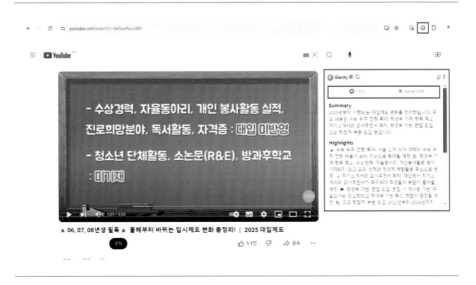

3) 예제와 예시 답안

① 예제: 지금부터 2028 대입 개편안을 총정리한 공신력 있는 영상을 검색한
뒤, Glarity를 이용하여 내용을 요약하여라.

• 동영상 공유 사이트에서 다양한 영상을 살펴보라.

• 정식 기관에서 제작한 공신력 있는 영상을 선택하여라.

• AI 도구 사용 방법에 따라 영상 요약을 실행해보라.

② 예시 답안

그림 3-7 • 2028 대입 개편안 영상 요약의 예, Glarity

2. 고등학생과 AI

1 AI 융합교육의 필요성

2025년 대한민국은 세계 최초로 AIDT(AI 디지털 교과서)를 학교 현장에 전

면 도입할 계획을 가지고 있다. 이는 교육 분야에 혁명적인 변화를 가져올 것으로 기대되는 한편 동시에 심각한 우려의 목소리도 제기되고 있다. 2024년 5월 28일 '교육부의 2025 AI 디지털 교과서 도입 유보에 관한 청원'이 온라인 국민청원 게시판에 올라왔다. 이 청원은 한 달 만에 5만 명 이상의 동의를 얻어 AIDT 도입에 대한 국민들의 높은 관심과 우려를 여실히 보여주었다.

청원의 주요 내용을 살펴보면 다음과 같다.

- 학부모, 교사, 교육 전문가들의 우려가 크지만, 교육부와 디지털 교육 업계는 도입을 추진 중이다.
- 이미 가정에서 스마트기기 사용으로 인한 문제가 심각하다.
- 스마트기기의 부작용에 대한 연구 결과가 많이 있음에도 불구하고 학교에서 사용을 확대하려는 것에 대한 의문이 있다.
- 디지털 교과서 도입에 대한 준비가 미흡하고, 효과도 불확실한 상황이다.
- 전 세계적으로 모든 교과서를 디지털화한 사례가 없다.
- 충분한 장비와 환경 구축 없이 도입할 경우 수업에 차질이 생길 것이다.
- 정부의 디지털 정책에 대한 진정성에 의문
- 교육부에 디지털 교과서의 도입 유보와 추가 연구, 검증을 요구한다.

AIDT 도입에 대한 비판적인 입장은 온라인 청원에만 그치지 않고 2024년 7월 12일 국회 교육위원회 회의에서도 많은 질문과 우려가 쏟아졌다. 여러 의원들이 AIDT 도입의 준비상황, 예상되는 문제점 등 날카로운 질문을 던졌고, 특히 AIDT 도입 과정의 투명성에 대한 의혹도 제기되었다. 이처럼 AIDT 도입을 둘러싼 논란이 가열되는 가운데 혁신적인 교육 도구가 우리 교육 현장에 제대로 적용될 수 있을지 걱정되는 상황이다. 그러나 이러한 우려에도 불구하고 AIDT 도입을 지지하는 입장도 존재한다. 코로나19 팬데믹 동안 경험한 온라인 수업의 가능성과 ChatGPT의 등장으로 인해 폭발적인 관심을 모은 AI 기술의 발전 등을 고려할 때 교육 분야에서의 디지털 혁신은 피할 수 없는 시대적 요구이다. 실제로 AI과 디지털 기술은 미래 산업의 핵심 동력으로 우리나라뿐 아니라 전 세계 많은 국가들이 AI 교육을 강조하고 있다. 2023년 5월 10일 교육정책네트워크 정보센터에서 발행된 AI 기반 맞춤형 교육을 위한 정책과 사례를 ChatGPT를 통해 요약하면 다음과 같다.

그림 3-8 • ChatGPT PDF 요약 화면

23년 5월_해외교육동향 기획기사_인공...
PDF

첨부 파일 내용을 요약해줘.

이 문서는 2023년 5월에 발간된 "해외교육동향 기획기사"로, 여러 국가에서 인공지능(AI) 기반 맞춤형 교육을 위한 정책과 사례를 다루고 있습니다. 주요 내용은 다음과 같습니다:

미국

- **인공지능 권리장전**: 2022년 10월, 미국은 '인공지능 권리장전(AI Bill of Rights)'을 발표하고, 책임감 있는 인공지능 시스템을 구축하기 위한 노력을 시작했습니다.
- **교육기술부(OET)**: 미국 교육부 산하 교육기술부는 K-12, 고등교육, 성인학습에서 인공지능 기반 교육 기술의 효과적이고 안전한 사용을 위한 정책을 개발하고 지원합니다.

영국

- **국가교육기술정책**: 영국은 교육 기술을 통해 학습의 질을 높이고, 맞춤형 교육을 제공하기 위해 다양한 프로그램을 운영 중입니다.
- **표준시험 연계**: 학습 플랫폼이 국가교육과정 및 표준시험과 잘 연계되어 있어 실질적인 도움을 줍니다.

독일

- **디지털 전략**: 독일의 교육 정책은 디지털 교육을 통해 맞춤형 학습을 제공하는 데 중점을 두고 있으며, 인공지능을 활용하여 학생들의 다양한 요구를 충족시키고 있습니다.

프랑스

- **디지털교육활동계획**: 유럽 연합의 기조를 따르며, 디지털 역량을 강화하기 위한 계획을 운영하고 있습니다.
- **디지털 주제연구팀(GTnum)**: 2017년부터 운영 중인 이 팀은 연구자와 교육전문가들이 참여하는 프로젝트로, 인공지능을 포함한 다양한 학습도구를 개발하고 있습니다.

일본

- **교육 디지털 전환**: 일본은 학교의 ICT 환경을 정비하고 AI 기술을 접목하여 학생들에게 맞춤형 교육을 제공하고자 합니다.

중국, 호주, 싱가포르

- 이들 국가에서도 각각 인공지능 기반 맞춤형 교육을 위한 다양한 정책과 사례들이 활발히 논의되고 있으며, 각국의 교육 환경에 맞는 전략들을 추진하고 있습니다.

이 문서는 각국의 사례를 통해 인공지능 기반 맞춤형 교육의 현재와 미래를 조망하고, 우리나라 교육 정책에 대한 시사점을 도출하고자 작성되었습니다.

AI를 활용한 맞춤형 교육에 대한 각 나라의 관심을 통해 알 수 있듯이 앞으로의 미래 교육에 있어 AI를 배제하고 기존의 방식만을 고수하는 것은 현실적으로 어려워 보인다. 이러한 맥락에서 많은 예산을 투입한 교실혁명 프로젝트가 성공적으로 실현된다면 교육 현장은 획기적인 변화를 기대할 수 있다.

결국 교육의 핵심 주체인 교사들의 역할 변화가 필수적이다. 전통적인 지식의 전달자로서의 역할이 아니라 학습 촉진자로서 역할을 수행해야 한다. 또한 비판적 사고와 창의성 개발의 안내자가 되어야 하고 감성적 지원자로서의 역할도 중요하다. AI가 개별 학생의 학습 데이터 분석을 통해 맞춤형 학습을 제공한다면 교사는 교감과 정서적 지원을 통해 학생들의 전인적 성장을 도와야 한다.

새로운 역할을 수행하기 위해 교사들은 적극적인 변화 의지와 함께 지속적인 전문성 개발이 필요하다. AI를 활용한 맞춤형 교육을 통해 학생들이 배운 내용을 삶에 적용할 수 있는 깊이 있는 학습이 이루어지는 교육 현장을 기대한다.

2 성장 마인드셋 확립

고등학교에 갓 입학한 학생들을 보면 새로운 학교의 분위기를 파악하기 위해 본 모습을 감춘 채 조용히 지내는 경우가 많다. 짧게는 1주, 길게는 2~3주까지 쉬는 시간에도 자리에 앉아 공부만 하는 모습을 보여준다. 그러나 시간이 지나면 학생들은 덩치만 조금 커진 중학생의 모습을 보인다. 새롭게 친구를 사귀고 즐거운 학교생활을 하는 한편 스스로 학습하는 자기주도 학습역량은 부족하다. 절대평가로 성취평가가 이루어지던 중학교 때와는 달리 고등학교에서는 상대평가로 이뤄진다. 그러다 보니 적당히 공부해서는 높은 성취도를 얻기 어렵다. 하지만 대부분의 학생들은 변화된 평가 방식을 이해하지 못하고 첫 정기고사 이후 큰 충격을 받고 혼란스러워한다. 중학교 때와는 사뭇 다른 자신의 성적을 보며 앞으로 어떻게 해야 하는지 상담하기 위해 상담 신청이 줄을 잇는다.

그렇다면 이렇게 흔들릴 수 있는 상황에서 학생들은 어떻게 해야 할까? 많은 대응 방식이 있겠지만 자신의 능력이 고정되었다는 생각을 버리고 성장 마인드셋을 통해 자신의 잠재력을 발휘하기 위해 노력해야 한다.

성장 마인드셋을 확립하기 위한 몇 가지 방법을 살펴보자.

(1) 도전을 받아들이기

성장 마인드셋을 가진 사람들은 도전을 기회로 받아들인다. 도전은 성장을 위한 중요한 요소로 새로운 과제에 직면했을 때, 실패에 대한 두려움을 버리고 그것을 배우고 성장할 기회로 여기는 자세가 필요하다.

(2) 노력의 중요성 인정하기

성장은 노력 없이는 불가능하다. 어떤 목표를 달성하기 위해 꾸준한 노력과 인내가 필요하고 성장 마인드셋을 가진 사람들은 자신의 노력이 결과를 만들어 낸다는 것을 알고 있으며 이를 즐길 줄 안다. 작은 성취라도 노력의 결과임을 이해하자.

(3) 피드백 수용하기

피드백은 우리 성장을 돕는 중요한 도구로 성장 마인드셋을 가진 사람들은 피드백을 긍정적으로 받아들인다. 비판을 두려워하지 말고 약점을 보완하고 강점을 강화하여 발전의 기회로 삼자.

(4) 고정관념 버리기

자신의 능력에 대한 고정된 생각을 버리고 새로운 가능성을 열어두자. 자신을 한계 짓는 고정관념에서 벗어나 무한한 가능성을 믿는 긍정적 사고가 필요하다.

(5) 자기 성찰과 성장

정기적으로 자기 성찰을 통해 자신의 성장 과정을 점검하라. 발전한 부분과 더 노력이 필요한 부분을 파악하고 새롭게 계획을 세워 실천하라. 우리의 삶을 긍정적으로 변화시키는 강력한 도구인 성장 마인드셋을 확립하여 제자리에 머물지 말고 스스로 성장하기 위해 끊임없이 노력해야 한다.

학생들을 지도하면서 가장 안타까운 부분은 한 학기가 지나면서 성적이 나오게 되면 자신의 생활을 돌아보고 반성하며 더 발전하려 노력하기보다 자신의 위치에 만족하고 스스로의 능력에 한계를 설정하여 점점 목표를 낮추는 모습들을 보인다는 점이다. 이런 경향은 학기가 지날수록 더욱 많은 학생들에게 나타난다. 세상에 정해진 것은 아무것도 없다. 포기하지 말고 자신의 진로를 위해 끊임없이 노력하길 바란다. 특히 성적은 지필고사 뿐 아니라 수행평가가 큰 비중을 차지한다. '2024학년도 중등 학생평가 내실화 계획'[4]을 요약하면 다음과 같다.

- 단위학교 과정중심 평가 내실화를 위해 수행평가 및 서·논술형 평가 비중을 확대하여 학기 단위 성적에 수행평가는 40% 이상, 서·논술형 평가는 20% 이상 반영을 권장한다.
- 학업성적관리의 공정성, 신뢰도 제고를 위해 학습평가계획을 수립하고 점검한다.
- 교원의 학생평가 역량 강화를 위해 교과별 학생평가지원단을 구축하고 성취기준 기반의 학생평가 연수 및 컨설팅을 실시한다.
- 수업과 연계한 학생평가 지원을 위해 성취기준 기반 학기 단위 평가 계획을 수립한다.

3. 나만의 역량 키우기

1 우선, 혼공 역량

학생이 갖추어야 할 여러 역량 중 고등학생으로서 가장 필요한 것은 무엇일까? 학업 역량, 자기 관리 역량, 의사소통 역량 등 많은 것들이 있을 수 있지만 중학생 때와 비교하여 조금 더 요구되는 역량은 자기주도학습 역량이다. 사춘기를 겪으며 이제 더 이상 다른 사람이 원하는 모습에 맞춰 행동하는 것에 불만을 가질 수 있고 아무리 도움이 되는 조언이라 할지라도 스스로 결정한 것이 아니라면 따르고 싶다는 생각이 안 들 것이다. 따라서 고등학생으로서 성숙한 자아를 갖추고 스스로를 성장시킬 수 있는 역량 중 자기 주도 학습 역량은 중요하다. 이것은 단순히 혼자 책상에 앉아 공부하는 것을 넘어, 학습의 전 과정을 스스로 계획하고

---

4   서울특별시교육청 교수학습·기초학력지원과

실행하며 성찰하는 능력을 의미한다. 혼자 공부하는 능력을 간단히 줄여 혼공 역량이라 할 수 있다.

혼공 역량을 키우기 위해서는 자신만의 학습 계획을 세우는 것이 중요하다. 장기 목표와 단기 목표를 구분하여 설정하고 이를 달성하기 위해 매일 계획을 세워 실행해야 한다. 자신만의 과목별 학습 방법도 갖추고 있어야 한다. 개인별 구체적인 실행에 있어서 차이는 있을 수 있지만, 공통적으로 필요한 요소들도 있기에 ChatGPT를 통해 확인해 보았다.

<자기주도학습에 필요한 요소의 예, ChatGPT>

입력 프롬프트
나는 고등학생이야. 자기주도학습을 통해 내 역량을 극대화시키고 싶어. 자기주도학습을 위해 필요한 요소를 알려줘.

ChatGPT 출력 결과
자기주도학습을 통해 자신의 역량을 극대화하려는 결심은 아주 훌륭합니다! 자기주도학습(Self-Directed Learning, SDL)은 스스로 목표를 설정하고 학습 계획을 세워 실행하며, 학습 과정을 평가하고 피드백을 통해 지속적으로 개선하는 학습 방법입니다. 자기주도학습을 위해 필요한 주요 요소는 다음과 같습니다: 1. 목표 설정 • 장기 목표와 단기 목표 설정: 장기적으로 달성하고 싶은 큰 목표를 세우고, 이를 달성하기 위해 필요한 단계별 단기 목표를 설정합니다. • 구체적이고 측정 가능한 목표: 목표는 구체적이고 측정 가능해야 합니다. 예를 들어, "수학 성적을 올리겠다"보다는 "이번 학기 수학 성적을 90점 이상으로 올리겠다"는 식으로 구체화합니다. 2. 계획 수립 • 학습 계획 작성: 일일, 주간, 월간 학습 계획을 세웁니다. 시간표를 만들어 어떤 과목을 언제 공부할지 계획합니다. • 우선순위 결정: 중요한 과목이나 과제를 먼저 학습하는 것을 우선으로 두고, 덜 중요한 것은 나중에 학습합니다. 3. 자기 관리 • 시간 관리: 효율적인 시간 관리는 자기주도학습의 핵심입니다. 시간을 잘 관리하기 위해 타이머나 일정 관리 앱을 사용할 수 있습니다. • 학습 환경 조성: 학습에 집중할 수 있는 조용하고 정돈된 공간을 마련합니다. 4. 자기 평가 • 정기적인 자기 평가: 주기적으로 자신의 학습 과정을 평가하고 목표 달성 여부를 점검합니다. 무엇이 잘 되었고, 무엇이 부족했는지 파악합니다. • 피드백 활용: 평가 결과를 바탕으로 피드백을 받아들여 학습 방법을 개선합니다.

5. 자원 활용
- 다양한 학습 자료 활용: 교과서, 참고서, 온라인 강의, 유튜브 강의, 학습 앱 등 다양한 학습 자료를 적극적으로 활용합니다.
- 멘토와 상담: 필요할 때 선생님이나 멘토에게 도움을 청하고 조언을 구합니다.
6. 동기 부여
- 내적 동기 부여: 학습에 대한 내적 동기를 유지하는 것이 중요합니다. 왜 공부를 해야 하는지, 공부를 통해 무엇을 이루고 싶은지 스스로에게 자주 상기시킵니다.
- 성취감 느끼기: 작은 목표를 달성했을 때 성취감을 느끼고 스스로에게 보상을 줍니다.
7. 문제 해결 능력
- 문제 해결 전략 개발: 학습 중 어려운 문제가 생겼을 때 문제를 해결할 수 있는 전략을 개발합니다. 예를 들어, 문제를 작은 부분으로 나누거나 다른 접근 방법을 시도하는 등의 방법을 사용할 수 있습니다.
- 자기 반성: 실패했을 때 그 이유를 분석하고, 같은 실수를 반복하지 않도록 개선책을 마련합니다.

이 요소들을 잘 활용하면 자기주도학습을 통해 자신의 역량을 극대화할 수 있을 것입니다. 꾸준히 실천하고, 성실하게 노력하는 것이 중요합니다.

2 과목별 세부능력 및 특기사항

학생의 객관적인 모습을 통해 교사가 주관적으로 평가하는 과목별 세부능력 및 특기사항(줄여서 통칭 과세특이라고 함)은 중요한 평가 요소이다.

앞서 살펴본 바와 같이 2022 개정 교육과정에서는 학생들의 성적이 9등급이 아닌 5등급으로 평가된다. 따라서 1등급, 2등급이라 하더라도 각각 기존의 1~2등급, 3~4등급 정도의 성적이기 때문에 우수한 학생을 변별하려는 노력이 필요하다. 우수한 학생을 선발하기 위해 각 대학에서 고심하고 있겠지만 성적 다음으로 학생의 우수성을 평가할 수 있는 부분은 과세특임에 틀림없다.

그렇다면 학생들은 과세특에 유의미한 활동을 기록하기 위해 어떤 노력을 해야 할까? 아래와 같이 ChatGPT로 정리해보았다.

<유의미한 과세특을 위한 노력의 예, ChatGPT>

입력 프롬프트
나는 성적이 중위권인 고등학생이야. 과목별 세부능력 및 특기사항에 유의미한 활동 기록을 위해 어떤 노력을 해야 할지 조언해 줄 수 있니?

과목별 세부능력 및 특기사항(일명 '과세특')에 유의미한 기록을 남기기 위해서는 각 과목에서의 학습 태도와 성과를 효과적으로 보여줄 수 있는 활동과 노력이 필요합니다. 중위권 성적을 가진 학생이라도 꾸준한 노력과 전략적인 접근으로 좋은 기록을 남길 수 있습니다. 다음은 과목별 세특을 위해 추천하는 방법들입니다:

1. 수업 참여 및 태도
  - 적극적인 수업 참여: 수업 시간에 집중하고 적극적으로 질문하거나 토론에 참여하는 모습을 보입니다. 수업에 대한 열정과 관심을 표현하는 것이 중요합니다.
  - 준비된 학습: 미리 예습을 하고 수업에 참여하면 수업 내용에 대해 깊이 있는 이해를 할 수 있으며, 더 나은 질문을 할 수 있습니다.

2. 과제 및 프로젝트
  - 성실한 과제 수행: 모든 과제를 성실하게 수행하고, 제출 시기를 엄수합니다. 과제를 통해 자신의 학습 내용을 잘 정리하고, 창의적으로 접근합니다.
  - 추가 자료 조사: 과제나 프로젝트를 할 때 교과서 외의 추가 자료를 조사하여 내용을 풍부하게 만듭니다. 교과서 외의 자료를 참고하면 더 깊이 있는 학습이 가능합니다.
  - 프로젝트 참여: 팀 프로젝트나 개인 프로젝트에 적극적으로 참여하고, 자신의 역할을 충실히 수행합니다. 프로젝트를 통해 협력과 리더십을 발휘할 수 있습니다.

3. 심화 학습
  - 심화 자료 활용: 교과서나 수업 내용 외에도 심화 학습 자료를 활용해 더 깊이 있는 지식을 쌓습니다. 예를 들어, 과학 과목에서는 실험 보고서 작성, 수학 과목에서는 심화 문제 풀이 등을 시도합니다.
  - 독서와 토론: 과목과 관련된 책을 읽고 독서록을 작성하거나 토론 모임에 참여합니다. 예를 들어, 문학 과목에서는 작품 분석 및 독후감 작성이 좋은 예입니다.

4. 발표와 토론
  - 발표 준비: 발표 과제가 주어졌을 때 철저히 준비하고, 자신 있게 발표합니다. 발표를 통해 자신이 공부한 내용을 다른 사람들에게 효과적으로 전달할 수 있는 능력을 키웁니다.
  - 토론 참여: 수업 중에 이루어지는 토론에 적극적으로 참여하고, 자신의 의견을 논리적으로 전개합니다. 토론을 통해 비판적 사고력과 의사소통 능력을 향상시킬 수 있습니다.

5. 교사와의 소통
  - 질문하기: 수업 시간 후나 자습 시간에 교사에게 질문하여 궁금한 점을 해결하고, 학습 내용을 더 깊이 이해합니다.
  - 피드백 반영: 교사로부터 받은 피드백을 적극적으로 반영하여 학습 태도와 성과를 개선합니다. 피드백을 통해 자신의 약점을 보완하고 강점을 강화할 수 있습니다.

6. 다양한 활동 참여
  - 동아리 활동: 학과 관련 동아리 활동에 참여하여 과목에 대한 흥미를 높이고, 관련된 지식을 확장합니다.
  - 교내외 대회 참여: 교내외 학과 관련 대회에 참가하여 성취를 쌓습니다. 예를 들어, 수학 경시대회, 과학 탐구 대회, 글쓰기 대회 등에 참여합니다.

7. 학습 기록 유지
- 학습 일지 작성: 매일 또는 매주 학습 일지를 작성하여 자신이 학습한 내용을 기록하고, 느낀 점과 배운 점을 정리합니다.
- 포트폴리오 만들기: 자신의 학습 성과와 활동을 포트폴리오로 정리합니다. 이를 통해 자신이 얼마나 발전했는지 한눈에 파악할 수 있습니다.

이러한 노력들을 통해 각 과목에서 유의미한 세특 기록을 남길 수 있습니다. 꾸준히 노력하고, 자신의 학습에 책임감을 가지며, 교사와 좋은 관계를 유지하는 것이 중요합니다.

어려움을 극복한 경험이나 새로운 깨달음을 얻은 순간들을 정리하세요.
- 교과 관련 체험 활동: 박물관 방문, 현장 학습 등 교과와 관련된 체험 활동에 참여하세요.

체험 후 소감이나 배운 점을 정리하여 제출하세요.
- 꾸준한 독서 활동: 교과와 관련된 쉬운 책부터 시작해 점차 수준을 높여가며 읽으세요.

독서 후 느낀 점이나 새롭게 알게 된 점을 정리하세요.

이러한 노력들을 통해 학업에 대한 열정과 성장 의지를 보여줄 수 있습니다. 중요한 것은 자신의 현재 위치에서 꾸준히 노력하고 발전하는 모습을 보여주는 것입니다. 이는 과목별 세부능력 특기사항에 의미 있게 기록될 수 있을 것입니다.
추가적인 조언이 필요하거나 특정 과목에 대한 구체적인 전략이 궁금하다면 말씀해 주세요.

<과세특을 위한 발표 주제 추천 예시, ChatGPT>

입력 프롬프트
나는 성적이 하위권인 고등학교 2학년 학생이야. 삼각함수와 관련된 주제로 발표를 하려고 해. 적절한 발표 주제를 추천해 줘.

ChatGPT 출력 결과
삼각함수는 수학에서 매우 중요한 주제 중 하나이며, 다양한 분야에 응용됩니다. 발표를 위해 흥미롭고 유익한 주제를 선택하면 좋습니다. 다음은 삼각함수와 관련된 적절한 발표 주제 몇 가지를 추천합니다:

1. 삼각함수의 기본 개념과 정의
- 주제: "삼각함수의 기초: 정의와 기본 성질"
- 내용: 삼각함수의 기본 정의(사인, 코사인, 탄젠트), 단위원에서의 해석, 삼각함수의 주요 성질과 관계(예: 피타고라스 정리, 상보각의 성질 등)
2. 삼각함수의 그래프와 특성
- 주제: "삼각함수의 그래프와 주기성"
- 내용: 사인, 코사인, 탄젠트 함수의 그래프를 그려보고, 주기성, 최대와 최소값, 변곡점 등에 대해 설명합니다.

3. 삼각함수의 실생활 응용
- 주제: "삼각함수의 실생활 응용 사례"
- 내용: 삼각함수가 실생활에서 어떻게 활용되는지 다양한 예를 통해 설명합니다. 예를 들어, 건축, 공학, 물리학, 음악, GPS 시스템 등에서의 활용 사례를 다룹니다.
4. 삼각함수와 파동
- 주제: "삼각함수와 파동의 관계"
- 내용: 삼각함수가 파동을 설명하는 데 어떻게 사용되는지, 특히 사인파와 코사인파의 개념, 진폭, 주기, 위상 등을 설명합니다.
5. 삼각형과 삼각함수
- 주제: "삼각형의 성질과 삼각함수"
- 내용: 삼각형의 내각과 삼각함수의 관계, 사인 법칙과 코사인 법칙 등을 다루고, 이를 통해 삼각형의 변과 각을 구하는 방법을 설명합니다.
6. 삼각함수의 역사
- 주제: "삼각함수의 역사와 발전"
- 내용: 삼각함수의 기원과 발전 과정, 주요 수학자들(예: 히파르코스, 푸리에)과 그들의 공헌, 삼각함수가 현대 수학과 과학에 미친 영향에 대해 설명합니다.
7. 삼각함수와 푸리에 변환
- 주제: "삼각함수와 푸리에 변환"
- 내용: 삼각함수가 푸리에 변환에서 어떻게 사용되는지, 푸리에 변환의 기본 개념과 응용, 특히 신호 처리와 이미지 처리 분야에서의 활용 사례를 다룹니다.
8. 삼각함수와 복소수
- 주제: "삼각함수와 복소수의 관계"
- 내용: 오일러 공식 $e^{ix} = \cos(x) + i \sin(x)$ e 을 통해 삼각함수와 복소수의 관계를 설명하고, 이를 이용한 다양한 수학적 응용을 소개합니다.
9. 삼각함수의 미적분
- 주제: "삼각함수의 미적분학적 성질"
- 내용: 삼각함수의 미분과 적분, 주요 정리들(예: 삼각함수의 미분과 적분 공식), 실생활 응용(예: 물리학에서의 운동 방정식) 등을 설명합니다.

이 중에서 자신이 흥미를 느끼고 잘 설명할 수 있을 것 같은 주제를 선택하면 좋습니다. 각 주제는 삼각함수의 다양한 측면을 다루고 있어, 발표를 통해 청중에게 삼각함수의 중요성과 흥미로움을 효과적으로 전달할 수 있을 것입니다.

4. 과세특을 위한 AI 에듀테크 활용 수업

1 AI로 만나는 수학

(1) math41.com의 활용 수업

1) math41.com이란?

수학 수업 후 학생들에게 간단히 숫자를 바꿔가며 반복적으로 연습할 수 있는 문제를 만들어 배포할 수 있는 사이트로 문제의 숫자를 랜덤으로 설정할 수 있고 그에 대한 풀이도 제공할 수 있다. 풀이를 자동으로 생성해 주는 것은 아니지만 변수 지정을 통해 원하는 범위 내에서 문제의 값을 변형할 수 있다. 수식을 표현하기 위해 LaTeX 문법을 알아야 하지만 생성형 AI의 도움을 받는다면 충분히 이용 가능하다.

① 가입이나 접속 방법: https://www.math41.com 사이트에 접속하여 회원가입한다.

그림 3-9 • math41.com 첫 화면

ⓖ 이메일 주소로 회원가입 후 오픈채팅방을 통해 인증 신청을 한다.

그림 3-10 • math41 오픈채팅방 화면

ⓛ 두 번째 [오픈프로필] math41_수학교사를 통해 사용 승인을 요청한다.

ⓒ 로그인을 통해 교사용 페이지에 접속할 수 있다.

② 사용 방법

ⓖ 왼쪽 메뉴에서 문제만들기 선택한다.

ⓛ 문제 템플릿 검색을 선택한다.

그림 3-11 • math41 교사용 페이지

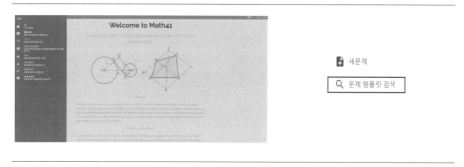

ⓒ 학년, 교과과정 분류 등을 통해 문제를 검색할 수 있다.

㉣ 문제를 선택하고 템플릿 열기 클릭한다.

③ 기본정보, 템플릿 구성, 문제 뷰어로 나누어 화면이 구성된다.

그림 3-12 • math4l 화면 구성

④ 템플릿에서 제공하고 있는 문제가 보이고 문제와 해답, 해설이 제공된다.

㉠ 변수 사용을 통해 문제와 보기가 자동 생성되고 답과 해설이 제공된다.

㉡ 선택지의 수를 지정할 수 있다.

㉢ 템플릿을 활용하면 문법을 모르더라도 적당히 수정해서 사용이 가능하다.

㉣ 처음 사용하는 경우 새 문제를 만들기보다 템플릿 문제를 수정하는 것이 문제를 만드는 데 도움이 된다.

⑤ 문제 만들기에서 새 문제를 선택한다.

㉠ 기본정보를 입력한 후 문제를 만들 때 OCR 기능을 이용할 수 있다.

㉡ 이미지 파일로 된 수학 문제를 손쉽게 편집 가능한 형식의 문제로 만들 수 있다.

㉢ LaTeX 문법을 알고 있는 경우 직접 입력이 가능하다.

㉣ 수식으로 이루어진 손글씨에 대한 인식률이 높다.

2) 예제와 예시 답안

그림 3-13 • math41 예제 화면

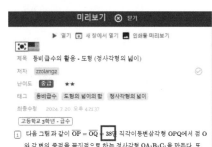

미리보기 ⊗ 닫기

▶ 열기 ⤢ 새 창에서 열기 🖼 인쇄물 미리보기

🇰🇷🇺🇸

제목 등비급수의 활용 - 도형 (정사각형의 넓이)

저자 zzolang2 ✓

난이도 중급 ★★

태그 등비급수 도형의 넓이의 합 정사각형의 넓이

최종수정 2024.7.20.오후 4:21:37

고등학교 3학년 - 급수

1 다음 그림과 같이 $\overline{OP} = \overline{OQ} = 38$인 직각이등변삼각형 OPQ에서 점 O 와 각 변의 중점을 꼭짓점으로 하는 정사각형 $OA_1B_1C_1$을 만든다. 또, 직각이등변삼각형 A_1PB_1에서 점 A_1과 각 변의 중점을 꼭짓점으로 하는 정사각형 $A_1A_2B_2C_2$를 만든다. 이와 같은 과정을 한없이 반복할 때, 이들 정사각형의 넓이의 합을 구하시오.

해답

⑤ $\dfrac{1444}{3}$

해설

정사각형의 한 변의 길이를 차례대로 a_1, a_2, a_3, …이라 하면

$$a_1 = 19, \ a_2 = \frac{19}{2}, \ a_3 = \frac{19}{4}, \ \cdots$$

정사각형의 넓이를 차례대로 S_1, S_2, S_3, …이라 하면

$S_1 = 19^2,$

$S_2 = 19^2 \cdot \dfrac{1}{4},$

$S_3 = 19^2 \cdot \left(\dfrac{1}{4}\right)^2,$

$S_4 = 19^2 \cdot \left(\dfrac{1}{4}\right)^3, \ \cdots$

그러므로 수열 $\{S_n\}$은 첫째항이 361이고 공비가 $\dfrac{1}{4}$인 등비수열을 이룬다.

따라서 구하는 정사각형의 넓이의 합은

$$S_1 + S_2 + S_3 + \cdots = \frac{361}{1 - \frac{1}{4}} = \frac{1444}{3}$$

① $\dfrac{1439}{3}$ ② 480 ③ $\dfrac{1441}{3}$ ④ 481 ✓⑤ $\dfrac{1444}{3}$

미리보기 ⊗ 닫기

▶ 열기 ⤢ 새 창에서 열기 🖼 인쇄물 미리보기

🇰🇷🇺🇸

제목 등비급수의 활용 - 도형 (정사각형의 넓이)

저자 zzolang2 ✓

난이도 중급 ★★

태그 등비급수 도형의 넓이의 합 정사각형의 넓이

최종수정 2024.7.20.오후 4:21:37

고등학교 3학년 - 급수

1 다음 그림과 같이 $\overline{OP} = \overline{OQ} = 19$인 직각이등변삼각형 OPQ에서 점 O 와 각 변의 중점을 꼭짓점으로 하는 정사각형 $OA_1B_1C_1$을 만든다. 또, 직각이등변삼각형 A_1PB_1에서 점 A_1과 각 변의 중점을 꼭짓점으로 하는 정사각형 $A_1A_2B_2C_2$를 만든다. 이와 같은 과정을 한없이 반복할 때, 이들 정사각형의 넓이의 합을 구하시오.

해답

① $\dfrac{361}{3}$

해설

정사각형의 한 변의 길이를 차례대로 a_1, a_2, a_3, …이라 하면

$$a_1 = \frac{19}{2}, \ a_2 = \frac{19}{4}, \ a_3 = \frac{19}{8}, \ \cdots$$

정사각형의 넓이를 차례대로 S_1, S_2, S_3, …이라 하면

$S_1 = \left(\dfrac{19}{2}\right)^2 = 19^2 \cdot \dfrac{1}{4},$

$S_2 = 19^2 \cdot \left(\dfrac{1}{4}\right)^2,$

$S_3 = 19^2 \cdot \left(\dfrac{1}{4}\right)^3, \ \cdots$

그러므로 수열 $\{S_n\}$은 첫째항이 $\dfrac{361}{4}$이고 공비가 $\dfrac{1}{4}$인 등비수열을 이룬다.

따라서 구하는 정사각형의 넓이의 합은

$$S_1 + S_2 + S_3 + \cdots = \frac{\frac{361}{4}}{1 - \frac{1}{4}} = \frac{361}{3}$$

✓① $\dfrac{361}{3}$ ② $\dfrac{364}{3}$ ③ $\dfrac{365}{3}$ ④ 122 ⑤ $\dfrac{367}{3}$

수식이 원하는 형태로 작성되지 않았다. ChatGPT를 이용하여 해결할 수 있다.

그림 3-14 • math41 수식 이미지 읽기

그림 3-15 • math41 수식 이미지 읽기 결과

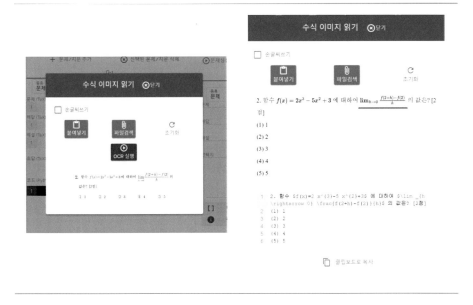

그림 3-16 • ChatGPT 수식 변경 답변

lim_h->0을 Latex로 표현하는 방법을 알려줘.

LaTeX에서 $\lim_{h \to 0}$를 표현하는 방법은 다음과 같습니다:

```latex
\lim_{h \to 0}
```

이 코드를 사용하면 수식 내에서 한계(리미트)를 나타낼 수 있습니다. 전체 예제를 보면:

```latex
\documentclass{article}
\usepackage{amsmath}

\begin{document}

\[
\lim_{h \to 0}
\]

\end{document}
```

위 코드를 사용하여 LaTeX 문서 내에서 $\lim_{h \to 0}$를 올바르게 표현할 수 있습니다.

h->0 이 lim 아래로 작성되면 좋겠어.

LaTeX에서 lim 표현 아래에 $h \to 0$을 쓰려면 수학 모드에서 아래와 같이 작성할 수 있습니다:

```latex
\documentclass{article}
\usepackage{amsmath}

\begin{document}

\[
\lim_{h \to 0}
\]

\end{document}
```

이렇게 작성하면 $\lim_{h \to 0}$이 수식 내에서 제대 ↓ 표현됩니다. 전체 예제를 보면 다음과 같습니다:

그림 3-17 • math4l 미리보기 화면

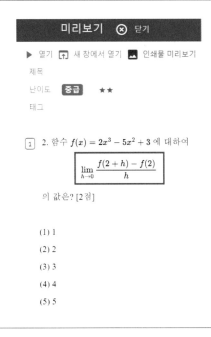

수식이 수정된 것을 확인할 수 있다.

[2] mathpix.com 활용 수업

1) mathpix.com이란?

유료 프로그램(무료로 사용이 가능하지만 변환할 수 있는 수식의 개수가 제한적)으로 이미지에 포함된 수학 수식을 LaTeX로 변환한다. 이미지뿐만 아니라 PDF, 손글씨로 쓴 수식까지 변환할 수 있으며 한글이 포함되지 않은 수식만 포함된 경우 변환 성능이 우수하다. 모바일에서도 이용 가능하다.

2) 예제와 예시 답안

그림 3-18 • mathpix 손으로 쓴 수식 인식

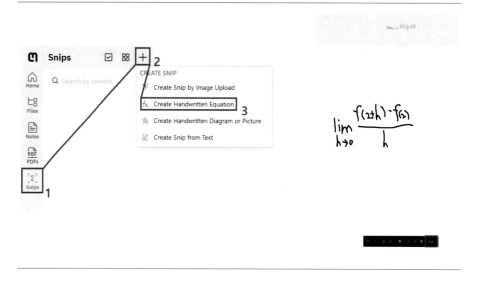

그림 3-19 • mathpix 수식으로 표현

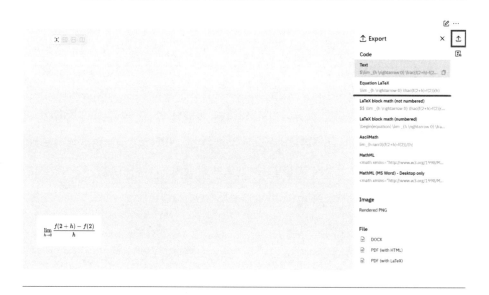

LaTeX로 변환된 것을 확인할 수 있다.

2 AI로 만나는 영어

(1) Papago와 Novel AI로 영어 소설 쓰기

인간은 새로운 언어를 배울 때 대개 비슷한 순서에 따라 배운다. 다만 원어민이 모국어를 학습하는 경우에는 듣고, 말하며, 읽고, 쓰는 순서를 거치는 반면 비원어민이 외국어를 학습하는 경우에는 듣고 읽는 것은 상대적으로 금방 할 수 있으나 말하고 쓰기까지에는 노력과 시간이 많이 걸린다. 그런데 두 가지 경우의 공통점이 있다면, 언어 학습은 듣기에서 시작하여 쓰기로 귀결된다는 것이다. 쓰기는 모든 영역별 학습이 총망라된 결과이자, 실질적으로 우리나라 학생들이 가장 어려워하는 부분 가운데 하나다. 언어를 배울 때 쓰기가 가장 어려운 이유는 우선 문자의 형태와 구조를 기억하고 정확하게 구사하는 것부터가 힘들기 때문이다. 우리가 살고 있는 동북아시아의 언어들을 예로 들어보려 한다. 중국어의 경우 한자의 간자체와 번자체를 성인조차 구별하기 어려워 어린 학생들은 아예 한자보다 알파벳을 먼저 배운다. 일본어 또한 한자의 약자체와 번자체, 히라가나와 가타카나를 각각 따로 배워야 한다.

어렵게 문자를 배웠다 하더라도 그 다음에는 상황과 맥락의 적절한 이해가 뒤따라야 한다. 천행으로 우리 고유의 소리글자 한글은 익혀 쓰는 행위 자체는 다른 문자에 비해 쉬운 편이나, 우리나라가 중국 또는 일본처럼 한자 문화권에 속했기에 전체 어휘 중 한자어가 절대 다수를 차지한다. 아울러 한국어의 단어와 문장을 올바르게 구사하기 위해서는 상황과 맥락을 정확하게 이해해야 한다. 이는 쓰기에서 매우 중요한 능력이지만, 비언어적인 요소가 많고 체계화되어 있지 않으며 해당 언어를 사용하는 국가의 역사와 문화까지 영향을 주기에 체득하기란 참으로 힘든 일이다. 더구나 언어의 문법 규칙은 어느 언어가 유난히 그렇다고 콕 집어 얘기할 필요도 없이 다들 복잡하고 다채롭다. 문법 탓에 영어 학습을 도중에 그만두는 세계인이 지구 상에 얼마나 차고 넘치는지는, 따로 언급하지 않아도 너무나 잘 알려져 있다. 언어 능력마저 개인차가 큰 탓에, 쓰기 능력이 향상되는 속도에도 개인차가 크게 나타난다. 따라서 모든 이들에게 동일하게 일반화된 쓰기 교육을 적용한다는 건 실은 어불성설이다.

1) 왜 쓰기를 배워야 하는가?

그럼에도 불구하고 영어 교육에서 여전히 쓰기를 강조해야 하는 까닭은 날이 갈수록 지속적으로 떨어지는 학생들의 문해력과 관계가 깊다. 쓰기 영역은 말하기, 듣기, 읽기에 비해 일상에서 실습할 기회가 상대적으로 적다. 그러므로 쓰기 숙련도를 향상시키려면 첫째도 실습, 둘째도 실습, 셋째도 실습이다. 하지만 정보화 사회의 도래와 함께 스마트폰, 태블릿 등 디지털 기기 사용 및 맞벌이 가정이 증가하면서 학생들의 독서 시간은 현저히 줄었고, 그에 따른 토론이나 쓰기 실습 시간은 당연히 더욱 줄어들었다. 위에서 기술한 바와 같이 언어 학습에서 쓰기 능력 향상을 위해서는 문자와 문법 학습, 맥락 이해 훈련, 체계적인 쓰기 연습 기회 제공 등이 필요하나, 이는 하루아침에 이루어질 수 있는 일들이 아니다. 빈곤한 경제적 배경과 좋지 않은 교육 환경에 처한 학생은 책, 도서관 및 기타 문해력 자원에 대한 접근성이 낮을 수 있고, 학생의 학습 능력에 개인차가 크듯 교사의 교수 능력에도 개인차가 클 수 있어 학생이 적절한 쓰기 훈련이나 자원을 교육 기관에서 받지 못하는 상황도 종종 벌어진다.

게다가 교육 현장에서도 읽기에 대한 애정과 비판적 사고 능력을 키우기보다는 시험에 대비한 수업, 영상 콘텐츠와 멀티미디어를 이용한 수업을 실시하면서 긴 호흡의 글을 읽고 쓰는 활동은 사양길에 접어들었다. 화면 읽기와 책 읽기는 뇌에서 서로 다른 경로를 통해 작용하는데, 짧고 화려하며 주제가 휙휙 바뀌는 화면을 많이 읽은 뇌일수록 정지된 장면이 오래 가는 책 읽기를 지루하게 느끼는 경향이 크다. 결과적으로 자극적인 콘텐츠에 길들여진 학생들은 읽기 자료가 매력이 덜하다고 여기거나 자신의 관심 분야와 관련성이 떨어지면 읽기 및 읽기 쓰기 능력 향상에 대한 동기를 아주 쉽게 잃는다. 사실 문해력 하락은 우리나라에서만 발생하는 현상이 아니라 전 세계적인 추세이다. 그런데 이를 자연스러운 상황이라 여겨 방치했다가는, 어린 학생일수록 부족한 문해력 탓에 성장 과정 내내 지속적으로 학습에 어려움을 겪게 된다. 한 번 부족해진 문해력은 학생의 자기 효능감에 영향을 미쳐 읽기나 쓰기 활동의 참여 동기를 낮추고, 나아가 회피로까지 이어진다. 그리고 읽고 쓰는 능력을 갖추지 못한 개인이 대부분인 사회는 국제 경쟁력을 잃을 수밖에 없다. 따라서 학교와 가정, 사회가 협력하여 학생들의 문해력 향상을 위한 다각도의 대책을 마련해야 할 것이다.

2) 영어 쓰기에 능숙해지려면?

거듭되는 말이지만 언어는 영역별 순서에 따라 학습되기 때문에, 쓰기 능력의 저하를 해결하려면 일단 듣기 능력부터 어느 정도 갖추어야 한다. 아기들도 말을 배우기 전에는 수천수만 시간을 듣고 또 들었다. 듣기 능력 향상을 위해 좋아하는 영화나 드라마, TV 프로그램을 하나만 골라보자. 고른 게 여러 가지라면 자칫 시간을 영어 학습이 아닌 미디어 감상에 쓰기 십상이므로 시작은 꼭 한 가지로 하길 권한다. 자막을 켜고 영어 대사를 듣고, 그 뒤엔 따라 말하면서 쓴다. 그림 그리듯이 쓰면 안 되고, 입 밖으로 대사를 똑같이 내뱉으면서 그 속도대로 쓰면서 표현력과 문장 구조에 대한 감각을 기른다. 영어 단어를 쓰는 것이 익숙해지면 다음은 읽기로 넘어간다. 가정과 교육 기관, 지역 도서관 등에는 무료로 읽을 수 있는 여러 장르의 영어 텍스트들이 있으며, 하다못해 웹사이트나 모바일 앱으로도 읽을 만한 글들은 넘쳐난다. 영어로 된 책, 신문, 잡지를 읽는 데 두려움을 가지지 말고, 어찌 됐든 읽기를 시작해야 한다. 무작정 고차원의 텍스트를 읽어야 할 필요는 없으니 학생 본인이 좋아하고 흥미를 가지는 장르의 텍스트를 자신의 수준에 맞추어 선택하면 된다. 어떤 언어로 되어 있든 본인이 좋아하는 분야의 글은 희한하게 눈에 잘 들어온다. 정신적으로 여유가 없고 스트레스를 받은 상황에서 글을 읽으려 하면 역효과만 날 뿐이다. 처음에는 취미생활 하듯이 즐겁게, 심심해서 뒤적거리는 듯이 넘겨보는 것만으로도 도움이 된다.

꾸준히 읽으며 모르는 단어의 뜻을 검색하고 손으로 단어를 직접 써보는 활동을 반복하면, 서서히 영어가 덜 낯설어지고 어느 순간 아무렇지 않게 영어로 된 글을 읽고 있는 본인을 발견하게 마련이다. 그리고 이 시점이 바로 쓰기 능력을 신장시키기 위해 '기술' 혹은 '도구'를 현명하게 사용할 때이다. 과거에는 학생이 읽기 능력을 갖춤과 동시에 매일 공책에 영어 일기를 쓰거나, 질문에 대한 답을 영어로 완성하여 교사에게 제출하고 교사는 어색한 표현을 수정하거나 글의 흐름 혹은 오류를 바로잡아 주었다. 물론 현재까지도 이 방식은 유효하나, 성격이 내향적이거나 완벽주의를 지녀 누군가에게 자신의 글을 보여주기 꺼리는 학생들이 최근에는 정말 많으며, 누군가에게 '보여주기 위한' 글을 쓴다는 것 자체가 학생들에게 스트레스 원인이 되어 자신의 생각과 느낌을 자유롭게 표현하는 행위를 저해할 수 있다. 영어 쓰기 능력 향상에 있어 피드백과 그로 인한 수정, 보완 연습은 필수 불가결한 요소인데 피드백 과정이 오히려 학생들로 하여금 쓰기를 싫어하게 만들어버리는 것이다. 이러한 문제점은 AI 도구의 사용으로 어느 정도 해소할 수 있다. 기술의 발전으로 인해 쓰기 능력이 저하되었다면서, 저하된 쓰기 능력을 기술의 발전으로 끌어올릴 수 있다는 상황이 아이러니하지만, 이는 엄연히 우리가 목도하고 있는 교육 현장의 현실이다.

3) 어떻게 영어 쓰기를 시킬 것인가?

기본적으로 언어는 무언가를 표현하고자 하는 인간의 욕구를 반영한다. 듣기와 읽기를 상대적으로 수동적인 활동 범주로 분류한다면, 말하기와 쓰기는 상대적으로 능동적인 활동 범주에 속한다고 볼 수 있다. 영어 실력 자체는 일천하여도 자신의 의사를 나타내고자 하는 의지가 강력한 학생들이 이후 놀랄 만큼 영어 구사력을 신장시키는 경우를 심심찮게 본다. 그들은 의사소통에 목적을 두고 있을 뿐 완벽한 영어를 구사해야 한다는 강박을 가지지 않은 덕분이다. 오히려 영어 실력 자체는 괜찮은데 자기 표현이 되질 않는 학생들이 훨씬 더 걱정이다. 그들은 틀릴 것이 두려워 영어로 말을 하려고도, 글을 쓰려고도 하지 않는다. 이러면 괜찮았던 실력은 점점 빛이 바래고 예전만큼도 못하게 된다. 운동을 꾸준히 하여야 몸에 근육이 붙는 것처럼, 언어 감각도 언어를 자꾸 써야 그만큼 늘기 때문이다. 따라서 초창기의 영어 쓰기는 학구적인 주제가 아니어도 좋으니 '내가 쓰고 싶은 것'을 선택하여 쓰는 걸 권한다. 그렇다고 한국어로도 글을 쓸 일이 별로 없는 고등학생들에게 느닷없이 영어로 된 글을 쓰라 하면 작업이 순조로울 리 만무하다.

이런 맥락에서 학생들이 헤매지 않고, 비교적 체계를 갖추어 즐거운 영어 쓰기를 할 수 있도록 AI 영어 소설 쓰기 활동을 제안한다.

영어로 소설을 쓰는 것은 원어민이 아닌 이들에게 여러 가지 교육적 이점을 선사한다. 이러한 이점은 언어적, 인지적, 문화적, 개인적 발전 측면에 걸쳐 있다. 첫째로 언어적 이점은 어휘력의 향상이다. 소설을 쓰면서 작가는 자의적으로 혹은 타의적으로 은어, 속어, 관용적 표현, 전문 용어를 포함한 광범위한 어휘에 노출되므로 어휘력이 향상될 수밖에 없다. 아울러 영어 문법과 문장 구조 또한 글을 쓰면서 작가의 머릿속에 내면화된다. 그리고 글 다듬기를 통해 철자법과 구두점을 점점 더 정확하게 사용하게 된다. 둘째로 인지적 이점은 비판적 사고이다. 소설 쓰기를 하며 이루어지는 플롯 개발, 캐릭터 생성, 갈등 해결 등의 작업에는 강력한 비판적 사고와 문제 해결 기술이 필요하다. 또한 작가는 소설을 위해 자기만의 세계와 시나리오 및 캐릭터를 창조하므로 상상력과 창의성을 동시에 갖추게 된다. 그리고 소설 내용의 일관성을 위해 캐릭터, 설정, 줄거리에 대한 세부 정보를 기억해야만 하므로 저절로 인지 조직 및 기억력 향상을 꾀할 수 있다.

셋째로 문화적 이점은 문화적 통찰력이다. 영어로 글을 쓰려면 영어권 문화를 탐구하는 행위가 선결적으로 이루어져야 하고, 이를 통해 문화적 뉘앙스, 사회적 규범 및 역사적 맥락에 대한 작가의 이해도는 자연스레 높아진다. 아울러 영어로 소설을 쓰는 작업은 문화 간의 의사소통이기도 하다. 작가의 존재는 독자의 존재를 필요로 하게 마련이다. 타인에게 자신의 이야기를 들려주고, 그에 대한 반응을 확인하면서 비영어권 문화에서 온 작가와 영어권 문화에서 온 독자는 서로를 알고, 아이디어와 감정을 전달하는 방식에 공통점과 차이점이 있음을 배운다. 이는 곧 작가와 독자가 영어 소설 쓰기와 읽기 작업으로 인해 함께 문화 간 의사소통 기술을 연마할 수 있음을 의미한다. 넷째로 개인적 이점은 스스로의 감정 표현을 통한 스트레스 해소와 자신감 증대이다. 소설 쓰기는 다양한 인물의 감정과 복잡한 심리적 상태를 탐색함으로써 감성 지능을 높이며, 특히 영어로 소설을 쓰면 조금씩 늘어나는 본인의 결과물을 눈으로 확인할 수 있어 영어 실력에 대한 학생의 자신감을 높이고 성취감을 가져다준다. 아울러 소설을 편집하고 수정하는 과정에서 세부 사항에 대한 주의와 반복적인 개선의 중요성을 배우기도 하며, 한 편의 소설을 완성하기 위해 시간 관리, 인내, 노력과 같은 자질을 더불어 키우기도 할 것이다. 말하자면 영어로 소설 쓰기는 비원어민 학생에게 매우 보람 있는 교육 활동이 될 뿐 아니라, 언어 학습 이상의 다양한 이점을 제공한다.

4) 영어 소설 쓰기의 실제 1 – 세계관과 캐릭터 구축(Papago)

① **활동 소개**: 소설에 있어 필수 불가결한 요소는 세계관과 캐릭터이다. 치밀한 세계관과 매력적인 캐릭터 설정은 독자를 금세 소설 속에 빠져들게 한다. 학생이 소설의 모든 설정을 혼자서 다 생각해낼 수도 있지만, 이미 하나의 작품으로 시중에 나와 있는 것의 컨셉만 따다가 소설의 형태로 변형해보는 것도 재미있다. 이를 스핀오프(Spin-off)라고 하는데, 주로 TV 드라마나 영화, 만화, 비디오 게임 분야에서 사용되는 용어이다. 기존의 작품이 구축해놓은 것을 따라가되 이야기의 초점이 다른 캐릭터의 시각에 맞추어져 있다거나, 소설이 아니었던 것을 소설로 바꾸는 등 장르를 다르게 하는 경우도 있다.

② **Papago(파파고)**: 네이버(NAVER)에서 제공하는 딥러닝 기반 AI 번역 서비스이다. 파파고는 한국어, 영어, 일본어, 중국어, 스페인어, 프랑스어, 베트남어, 태국어, 인도네시아어 등 여러 언어 간의 번역을 지원한다. 사용자가 입력한 텍스트, 사진 속 텍스트, 음성으로 입력된 내용 번역, 두 사용자가 서로 다른 언어로 대화할 때 실시간 번역 등을 제공하며, 웹사이트에서도 사용 가능하지만 모바일 앱으로 간편하게 쓸 수 있다는 장점을 지닌다. 최근 기록적인 엔저로 일본을 방문한 여행객들이 늘면서 엉뚱하게도 Papago 앱 이용이 역대급으로 늘어났다는 뉴스까지 나왔다. 2024년 내내 Papago 월간 활성 사용자 수(MAU)는 평균 800만 명을 훌쩍 넘는다고 한다.[5] 이는 그만큼 Papago가 다른 번역 서비스보다 더 편리하고 쓰기 좋은 앱이라는 걸 드러내는 증거라고 볼 수 있겠다.

---

5 출처: 헤럴드경제, 2024.07.07. https://news.heraldcorp.com/view.php?ud= 20240705050705

③ 예제와 예시 답안

    ⊙ 예제: 지금부터 학생이 좋아하는 글감이나 작품을 하나 골라 Papago 모바일 앱을 이용하여 소설의 세계관과 캐릭터를 구축해보라.

        • 웹사이트로는 뒤에 소개할 Novel AI를 쓸 예정이므로 가급적 모바일 앱을 이용하라.

        • 한글 텍스트를 작성한 뒤 번역하거나 음성으로 설명하여 번역을 실행해보라.

        • Papago가 생성해낸 결과물을 잘 읽어보고 오류가 있으면 수정해보라.

    ⓒ 예시 답안: Papago 모바일 앱을 '한국어 ⇔ 영어' 모드로 두고 소설의 세계관과 캐릭터를 정해 본인이 편한 대로 텍스트 또는 음성을 통하여 실시간 번역한다. 번역한 영문은 선택하여 클립보드 또는 본인과의 메신저 채팅창에 복사해 둔다. 스피커 모양의 버튼을 누르고 번역문 아래에 자동으로 뜨는 한글을 참고하여(단, AI가 생성해 낸 한글 발음은 꼭 맞지는 않다) 소리내어 읽어보면 영어 말하기 연습까지 되어 학습 효과가 더욱 좋다.

그림 3-20 • 영어로 번역한 소설 세계관과 캐릭터의 예, Papago

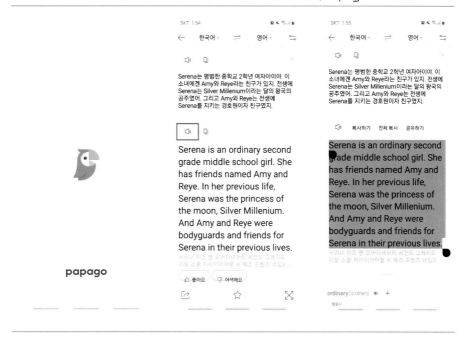

5) 영어 소설 쓰기의 실제 2 – 영어 소설 작성(Novel AI)

① **활동 소개**: 소설의 세계관과 캐릭터 설정을 대강 하여 영문으로 번역까지 마쳤다면, 그것을 토대로 본격적인 소설 쓰기 작업에 들어간다. 옆에 Papago가 실행되어 있는 휴대전화를 두고, 소설 쓰기 작업을 도와주는 Novel AI는 노트북이나 태블릿 등 다른 전자기기로 웹사이트를 열어 사용한다. 글쓰기 활동을 할 것이므로 키보드가 함께 구비되어 있는 전자기기를 추천한다.

② Novel AI: AI를 사용하여 사용자가 서면 콘텐츠를 생성할 수 있도록 돕는 구독 기반 플랫폼으로서, 미국의 AI 기업인 Anlatan, Inc.의 주력 제품이다. 영감 혹은 플롯 개발 지원이 필요하거나, AI의 도움으로 창의적인 글쓰기 또는 스토리텔링을 하려는 전문 작가 및 예비 작가 사이에서 인기가 있다. Novel AI는 스토리 프롬프트를 생성하고, 기존 스토리를 이어가고, 줄거리 개발을 도울 수 있다. 사용자가 간단한 개요나 문장 몇 개만 입력하면 AI가 그에 맞춘 텍스트를 자동으로 생성하여 아이디어를 확장한다. 유사한 여타 플랫폼보다 Novel AI의 인기가 높은 까닭은 생성된 콘텐츠에 대한 사용자의 제어권이 큰 덕분이다. 사용자는 AI의 창의성 수준을 조정할 수도 있고, 톤과 스타일 및 이야기 전개 속도도 조절할 수 있다. 아울러 설정, 캐릭터 및 지식에 대한 세부 정보를 생성하고 구성하는 데 도움이 되는 도구를 제공한다. 따라서 판타지나 SF와 같이 복잡한 세계관을 만들어내야 하는 장르의 작가들에게 특히 본 플랫폼이 적합하다고 할 수 있다. 로그인하지 않은 사용자의 경우, IP당 입력 횟수 제한이 있으며, 무료 회원은 최대 50회까지 입력할 수 있다. 고등학생의 영어 쓰기 학습은 무료 기능만으로도 충분하다.

③ **가입 및 접속 방법**

　㉠ 포털 검색창에 'novel AI'란 단어를 넣거나 https://novelai.net/으로 들어간다.

　㉡ 아래의 'Start Writing for Free(무료로 시작하기)'를 누른다.

그림 3-21 • Novel AI 첫 화면

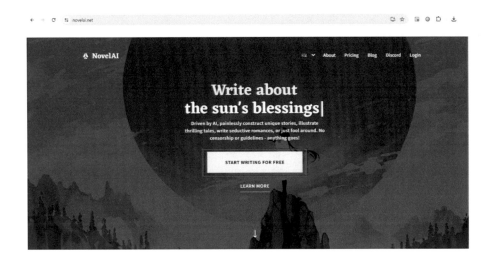

④ 사용 방법

㉠ 아래에서 'New Story'라고 된 부분을 클릭한다.

그림 3-22 • Novel AI 로그인 이후 메인 화면

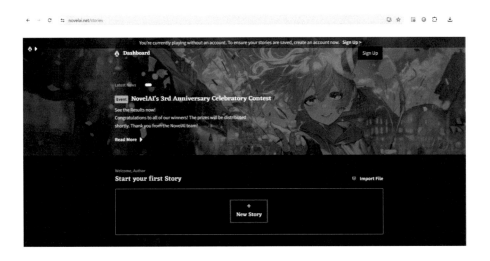

ⓒ AI가 작성하는 분량보다 학생 본인이 스스로 쓰는 분량이 늘어날 수 있
도록 가급적 설정 부분은 건드리지 않은 채 'Storyteller' 위주로 사용한
다. 처음에 입력하는 기본 설정은 노란색 글씨로, AI가 써낸 부분은 하얀
색 글씨로, 그 뒤에 사용자가 이어서 쓴 부분은 하늘색 글씨로 나타난다.

그림 3-23 • Novel AI 이야기 생성 화면

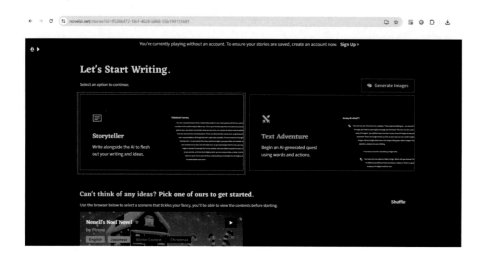

⑤ 예제와 예시 답안

㉠ 예제: 학생이 Papago 모바일 앱을 이용하여 구축해낸 소설의 세계관과
캐릭터를 가지고 NovelAI로 영어 소설을 작성해보라.

• Papago에서 미리 복사해 둔 번역 원문을 프롬프트 창에 넣어라.

• 하단의 Send 버튼을 눌러 AI가 뒷이야기를 잘 쓰는지 실행해보라.

• 생성물을 읽어보고 오류가 있으면 수정하거나 이야기의 방향을 고쳐
보라.

ⓒ 예시 답안

그림 3-24 • AI와 함께 쓴 영어 소설의 예, Novel AI

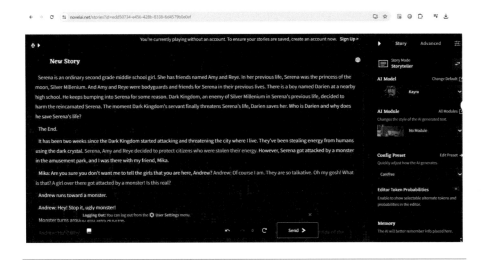

6) 영어 쓰기와 말하기 융합하기

이렇게 Novel AI를 이용하여 한 편의 영어 단편 소설쓰기를 마쳤다면 이를 대화형 스크립트로 바꿔서 영어 말하기까지 연습해보자. 영어 쓰기를 하는 과정에서 NovelAI를 활용하여 멋진 글을 만들었다면 이번에는 ChatGPT를 이용하여 소설을 다른 장르로 바꾸어 말로 내뱉는 영어를 훈련해보자. 언어의 기능을 통합하는 활동은 언어 학습자에 여러모로 큰 도움이 된다. 눈으로 읽어본 단어를 내가 직접 음성으로 내뱉으므로써 단어의 발음을 정확하게 익히고 연습할 수 있으며 단어가 쓰이는 맥락 그리고 같이 함께 쓰이는 단어들의 자연스러운 결합 (Collocation)을 체화시킬 수 있게 된다.

차례	① 글의 장르 바꾸기_ChatGPT
	② 대화 주고 받기_ChatGPT

① 글의 장르 바꾸기_ChatGPT

    ㉠ 활동 소개: 영어 소설을 대화문으로 바꿔보는 활동을 통해 영어의 문체과 대화체를 비교하며 공부해볼 수 있다. 소설에는 서술하고 묘사하는 표현이 비교적 많이 쓰이는 반면, 대화체에서는 보다 간결하고 직관적인 표현이 자주 쓰이게 된다. 같은 주제를 가진 두 가지 다른 장르의 영어를 함께 익힘으로서 학습자는 영어를 보다 재밌고 풍성하게 학습할 수 있다. 소설 속에 등장하는 캐릭터를 담화자로 설명하고 그들이 실제 나누었음직한 대화문을 ChatGPT를 이용해 만들어보자.

    ㉡ ChatGPT: Chat(대화), Generative(생성형), Pre-trained(사전 훈련된), Transformer(변환기)의 약자로, OpenAI가 개발한 첨단 대화형 언어 모델이다. 이 모델은 대규모의 데이터베이스를 기반으로 하여 다양한 패턴을 분석하고 학습한다. 이를 통해 ChatGPT는 인간의 대화와 매우 유사한 텍스트를 생성할 수 있는 능력을 갖추게 되었다. ChatGPT는 Naver나 Google과 같은 검색엔진과는 달리 데이터를 토대로 새로운 텍스트를 생성할 수 있다. 예를 들어, 사용자가 특정 주제에 대해 질문을 하면, ChatGPT는 학습된 지식을 바탕으로 그에 대한 상세하고 유익한 정보를 제공한다. 단, 훈련된 데이터의 편향성 및 부정확성에 대한 이슈가 있으니 비판적 사고를 하고 결과물을 검토할 필요가 있다.

    프롬프트) Transform the given English novel into dialogue form. The speakers are Amy and Serena.
    (이때 대화문이 자신의 수준보다 어렵거나 쉽다면 대화문의 수준을 조정할 수 있다.)

© 결과물 예시

Serena: Amy, do you remember how we met on that playground swing in third grade?

Amy: Of course, Serena. You pushed me higher and higher until we both squealed with laughter. It's amazing how far we've come since then.

Serena: Now, at twenty-three, living together in this small apartment, I feel like we can accomplish anything together.

Amy: You've always been the dreamer, Serena, with your head in the clouds. I'm just glad I can help make your wild ideas a reality.

Serena: Speaking of wild ideas, I have the best idea ever! We should start our own café.

Amy: A café? That's actually a fantastic idea. But do you know how much work that would take?

Serena: I know it won't be easy, but with you by my side, I know we can do it. Imagine a place where people come to share their stories, their dreams, and their friendship. A place that feels like home.

Amy: Alright, let's do it. We'll call it 'The Cozy Corner'.

(Over the next few months, their apartment is transformed into a whirlwind of activity.)

Amy: I've found the perfect location and negotiated the lease. How's the design coming along?

Serena: It's coming together beautifully. The space feels warm and welcoming, just like we envisioned.

언어 수준을 조정하기 위해서는 CEFR 레벨을 참고하길 바란다. ChatGPT의 입력창에 다음과 같이 프롬프트를 써서 원하는 수준에 맞게 텍스트 레벨을 조정할 수 있다.

프롬프트) Rewrite the dialogue to be understandable for an A1 English learner.

Serena: Amy, do you remember the playground swing in third grade?

Amy: Yes, Serena. You pushed me very high, and we laughed a lot. We have come a long way.

Serena: Now, we are twenty- three and living together. We can do anything together.

Amy: You always have big dreams, Serena. I help to make them real.

Serena: I have a great idea! Let's start a café.

Amy: A café? That is a good idea. But it is a lot of work.

Serena: I know. But with you, we can do it. A place for people to share stories, dreams, and friendship. A place like home.

Amy: Okay, let's do it. We can call it 'The Cozy Corner.'

(Months later...)

Amy: I found a good place for the cafe. How is the design?

Serena: It looks nice and welcoming, just like we wanted.

② 대화 주고 받기_ChatGPT

㉠ 위 작업을 통해 자신의 수준에 맞는 대화문이 완성되었다면 이제 ChatGPT와 함께 대화연습을 해보자. ChatGPT에게 역할을 부여하고 나의 영어 말하기 연습 파트너로 활용하는 것이다.

프롬프트) Now let's practice this dialogue. I will be Amy, and you will be Serena. *Follow the exact dialogue above.

[참고] 프롬프트에 * 이하 문구를 넣은 이유는 ChatGPT가 때로는 대화문의 일부를 마음대로 바꿔서 대화를 유도하기도 하기 때문이다. * 이하 문구를 프롬프트에 넣음으로써 ChatGPT가 주어진 대화문을 그대로 말하도록 유도한다.

ⓛ 결과물 예시

Sure, let's practice. I'll start.

_____

Serena: "Amy, do you remember the playground swing in third grade?"

Yes, Serena. You pushed me very high, and we laughed a lot. We have come a long way

Serena: "Now, we are twenty-three and living together. We can do anything together."

You always have big dreams, Serena. I help to make them real

Serena: "I have a great idea! Let's start a café."

◁) ⧉ ⟲ ⃔

위와 같이 ChatGPT와 위 대화문을 무제한 연습할 수 있다. 이때 팁은 크롬 확장 프로그램 'Voice Control for ChatGPT'를 깔아서 데스크탑용 ChatGPT 와 음성 대화를 나누거나, 모바일 ChatGPT 앱의 음성 기능을 사용하는 것이다. 위와 같은 활동을 통해 영어를 보다 즐겁고 효율적으로 공부하는 학습자가 되길 바란다.

3 AI로 만나는 프로젝트 수업

프로젝트 수업이란 교사가 주도하는 교육이 아닌 학생이 능동적으로 주제를 깊게 탐구하거나 실제 문제를 해결하는 것을 강조한 학습법이다. 이러한 프로젝트 수업은 학생의 문제 해결 역량, 협력적 소통 역량, 창의적 사고 역량 등 2022 개정 교육과정에서 강조하는 다양한 역량을 향상할 수 있다. 하지만, 프로젝트 수업을 계획하고 진행하는 데에는 상당한 시간과 노력이 소요된다는 단점이 있다. 특히, 프로젝트 수업은 긴 호흡으로 진행되고, 학생 산출물 제작 등 많은 시간이 소요되어 정해진 교육과정을 마무리해야 하는 실제 교육 현장에서 진행하기 어렵다. 이러한 문제점 때문에 많은 선생님들이 프로젝트 수업을 진행하는 데 부담감을 느끼고, 실제 수업 진행까지 이어지지 않는다.

그러나 최근 AI 기술의 발달로 인해 과거에는 많은 시간과 노력이 필요했던 프로젝트 수업을 보다 쉽고 간편하게 진행할 수 있게 되었다.

지금부터는 사회, 미술, 음악 교과를 융합하여 사회 문제 해결을 위한 프로젝트 수업을 설명하고자 한다. 빅카인즈 AI, 투닝, Suno, 걸어본과 같은 AI 코스웨어를 통해 학생들은 사회 문제를 분석하고, 그에 대한 해결 방안을 모색하여 문제 해결을 위한 캠페인 활동까지 이어지는 과정에 참여하게 된다.

수업의 흐름은 다음과 같다.

차례	(1) 사회 문제 파악_빅카인즈 AI
	(2) 스토리텔링 콘텐츠 제작_투닝
	(3) 캠페인송 제작_ChatGPT와 Suno
	(4) 캠페인 공유 및 확산_걸어본

[1] 사회 문제 파악_빅카인즈 AI

빅카인즈는 종합일간지, 경제지, 지역일간지, 방송사 등을 포함한 국내 최대의 뉴스 데이터베이스에 빅데이터 분석 기술을 접목하여 뉴스 분석 서비스를 제공하는 플랫폼이다. 누구나 무료로 이용할 수 있으며 오늘의 이슈, 오늘의 키워드, AI를 이용한 맞춤 뉴스 추천 등의 기능을 제공한다.

빅카인즈 AI를 활용하여 현재 사회에서 발생하고 있는 다양한 문제 및 문제 해결을 위해 시행되고 있는 정책을 뉴스 데이터 기반으로 분석한다. 이를 통해 학생들은 사회 문제의 심각성과 원인을 이해하고, 해결 방안에 대한 논의의 기초를 마련할 수 있다.

1) 가입 및 접속 방법

포털사이트 검색창에 '빅카인즈'를 검색하고 사이트에 접속한다. 빅카인즈의 AI 기능인 [빅카인즈 AI]를 사용하려면 회원가입 및 로그인이 필요하다. 회원가입은 네이버 계정, 카카오 계정, 메일 등의 방법으로 간편하게 진행할 수 있다. 회원가입 후 로그인을 하여 사이트를 이용하자.

2) 빅카인즈 AI로 사회 문제 및 사회 문제 해결을 위한 정책 확인하기

빅카인즈 메인 페이지에서 [AI] 아이콘을 클릭한다.

그림 3-25 • 빅카인즈 메인 화면[6]

Chat GPT, Wrtn, Gemini 등 다른 생성형 AI와 비슷한 형태의 UI를 확인할 수 있다. 하단 검색창에 프롬프트를 입력하여 AI 서비스를 사용할 수 있다.

---

6 https://www.bigkinds.or.kr/

그림 3-26 • 빅카인즈 AI 메인 화면[7]

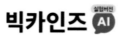

빅카인즈 AI는 Chat GPT-3.5를 기반으로 하기에 프롬프트 입력 양식을 잘 지키지 않는 경우 답변의 질이 떨어질 수 있다. 양질의 답변을 받기 위해 '빅카인즈 사용자 매뉴얼'에서 제시하는 질문 형식은 [시점]+[목표]+[형식]+[스타일]+[지시어]이다. 예시는 다음과 같다.

구분	질문구성
시점	2024년
목표	대한민국 국민이 느끼는 사회 문제 종류
형식	포인트별
스타일	상세하게
지시어	작성해 줘
질문	2024년 대한민국 국민이 느끼는 사회 문제 종류를 포인트별로 상세하게 알려줘.

이제 위 양식을 따라 하단 검색창에 프롬프트를 입력하여 사회 문제와 사회 문제 해결을 위한 연도별 정책 변화를 살펴보자.

먼저, 대한민국 국민이 생각하는 사회 문제에 관한 질문이다.

---

7 https://www.bigkinds.or.kr/bigkindsAi/home.do

그림 3-27 • 빅카인즈 AI 시연: 대한민국 사회 문제

 2024년 대한민국 국민이 느끼는 사회 문제 종류를 포인트별로 상세하게 알려줘.

빅카인즈 AI는 인공지능을 기반으로 하므로 부정확한 정보를 제공할 수 있습니다.
답변은 한국언론진흥재단의 공식의견이 아니며 정확한 정보는 출처로 함께 제공되는 기사를 통해 확인하실 수 있습니다.

 2024년 대한민국 국민이 느끼는 사회 문제를 포인트별로 알려드리겠습니다.

1. **저출산과 고령화**

   - 2024년에는 저출산과 고령화가 대한민국의 경쟁력을 떨어뜨리는 주요 문제로 지목되고 있습니다.
     전자신문

   - 정부는 이 문제를 해결하기 위해 막대한 예산을 투입하고 있지만 뚜렷한 성과를 거두지 못하고 있습니다. 전자신문

2. **경제의 양극화와 저성장**

   - LG경제연구원의 '2024년 거시경제 전망' 보고서에 따르면, 2024년에는 세계 경제가 L자형 장기 저성장에 진입할 것으로 전망되며, 이는 대한민국 경제에도 어둡게 전망되고 있습니다. 전자신문

3. **지방 소멸과 청년 인구의 유출**

   - 시도지사 정책콘퍼런스에서는 인구감소 문제와 청년 인구의 유출로 인한 지방 소멸의 위기가 더욱 심화되고 있다는 우려가 표명되었습니다. 전북도민일보

   - 이를 해결하기 위해 청년층의 결혼과 육아를 지원하고, 주거와 일자리 지원을 강화하는 방안이 제시되었습니다. 전북도민일보

4. **외교 · 안보 · 통일의 미래**

   - 대한민국 외교 · 안보 · 통일의 미래에 대한 정책 토론대회에서는 국민의 눈높이에서 외교 · 안보 · 통일 정책에 대한 국민적 이해도를 높이고, 대한민국의 미래 비전에 관한 다양한 지혜를 수렴하고자 하는 노력이 이뤄지고 있습니다. 서울경제

이렇게 2024년에는 저출산과 고령화, 경제의 양극화와 저성장, 지방 소멸과 청년 인구의 유출, 그리고 외교 · 안보 · 통일의 미래 등 다양한 사회 문제에 대한 관심과 대응이 진행되고 있습니다.

같은 양식으로 사회 문제 해결을 위한 정부 정책에 대해 질문한다.

그림 3-28 • 빅카인즈 AI 시연: 정부의 주요 정책

 2015년부터 2024년까지 기후문제 해결을 위한 정부의 주요 정책을 포인트별로 상세하게 작성해 줘.

> 빅카인즈 AI는 인공지능을 기반으로 하므로 부정확한 정보를 제공할 수 있습니다.
> 답변은 한국언론진흥재단의 공식의견이 아니며 정확한 정보는 출처로 함께 제공되는 기사를 통해 확인하실 수 있습니다.

 2015년부터 2024년까지 기후문제 해결을 위한 정부의 주요 정책을 포인트별로 상세히 알려드리겠습니다.

1. 2017년에는 신정부가 기후변화 대응과 저탄소 녹색 에너지 체제로의 전환을 목표로 하여, 원전과 석탄발전의 비중을 줄이고 2030년까지 신재생에너지를 30%까지 늘리는 정책 방향을 제시했습니다. `세계일보`

2. 2023년에는 기후환경에너지 신산업 육성을 줄이고, 기후재난 대응 예산을 증대하는 방향으로 예산안을 발표했습니다. 이에 따라 온실가스를 많이 배출해서 생기는 기후재난에 대응하는 '홍수 방지 사업'과 '녹색산업' 분야 예산이 크게 늘었습니다. `경향신문`

3. 2023년에는 기업 스케일업을 위한 융자보증 등 기후금융을 확대하고, 기후테크 산업 인증을 통해 5대 금융그룹의 투자 유치를 지원하는 등 기후테크 산업을 활성화하기 위한 정책을 추진했습니다. `서울경제`

4. 2018년에는 국가 기후변화 적응 거버넌스와 적응 전문기관의 역할, 참여형 적응 방안을 중심으로 논의하여 기후변화 적응 정책을 추진하고 있습니다. `아주경제`

이렇게 2015년부터 2024년까지 정부는 기후문제 해결을 위해 다양한 정책을 시행하고 있습니다.

빅카인즈 AI가 생성한 답변 아래의 키워드를 클릭하면 키워드 연관 관계도를 확인할 수 있다. 키워드 연관 관계도 및 연관 기사를 활용하여 사회 문제 해결을 위한 캠페인 내용을 구상한다.

그림 3-29 • 빅카인즈 키워드 분석 및 키워드 연관 관계도

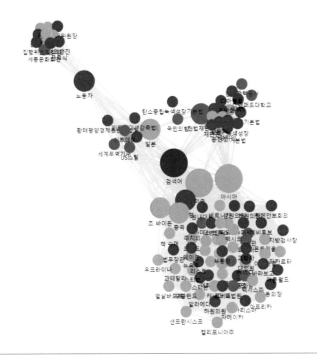

3) 빅카인즈 AI 활용 시 유의점

빅카인즈 AI는 온라인상의 정보가 아닌 뉴스 기사를 바탕으로 답변을 생성하기에 일반적인 생성형 AI와 비교하였을 때 한계점이 있다. 뉴스 기사 데이터에 포함되어 있지 않은 질문의 경우, 질문의 범위가 넓거나 긴 경우 답변의 품질이 떨어진다. 수리적 계산 및 통합된 데이터 답변을 요구하는 경우도 답변의 품질이 떨어진다. 또한, 이전 질문과 답변에 이어서 대화가 불가능하다.

[2] 스토리텔링 콘텐츠 제작_투닝

투닝은 이미지 생성, 웹툰 제작, 포스터 제작 등 다양한 콘텐츠 제작이 가능한 플랫폼이다. (2)에서는 투닝을 이용하여 사회 문제 해결을 위한 스토리텔링 콘텐츠를 제작하는 활동을 진행한다. 학생들은 자신이 제안한 사회 문제 해결을 위한 캠페인 활동을 진행하며, 사회 문제를 더욱 깊게 탐구하며 사회 문제 해결에 참여할 수 있다.

투닝은 교사 인증을 하면 pro버전을 무료로 사용할 수 있으니 꼭 교사 인증을 하고 사용하길 바란다. 미리캔버스, 캔바, 망고보드 등 다른 콘텐츠 제작 플랫폼과 다른 투닝의 특장점은 생성형 AI를 활용한 스토리텔링 콘텐츠 제작이다. 투닝은 스토리텔링 콘텐츠 제작을 위한 텍스트, 이미지 기반 생성형 AI 기능을 제공한다.

1) 가입 및 접속 방법

포털사이트 검색창에 '투닝'을 검색하여 사이트에 접속한다. 투닝에 회원가입이 되어 있지 않다면 오른쪽 위의 [회원가입]을 클릭하여 회원가입을 진행한다. 투닝의 회원가입은 구글 계정, 카카오 계정, 페이스북 계정, 메일 등의 방법으로 간편하게 진행할 수 있다. 투닝은 회원가입을 해야 이용할 수 있으며, 무료 요금제로는 제한된 기능을 제공한다. 무료 요금제를 이용하더라도 이용 횟수의 차이가 있을 뿐 대부분의 기능을 사용할 수 있다.

2) 투닝으로 스토리텔링 콘텐츠 제작하기

투닝 메인 페이지의 상단 메뉴 중 [투닝 에디터]를 선택 후 [제작하기]를 클릭한다.

그림 3-30 • 투닝 메인 화면[8]

스토리텔링 콘텐츠를 AI로 누구나 쉽게

투닝 에디터

---

8 https://tooning.io/

아래 사진은 투닝의 작업 화면이다. 미리캔버스, 캔바 등 다른 콘텐츠 제작 플랫폼과 비슷한 UI이다. 각 탭의 기능은 다음과 같다.

그림 3-31 • 투닝 에디터 메인 화면

① 페이지 크기 조절
② 템플릿 및 디자인 요소 통합 검색
③ 템플릿, 텍스트, 캐릭터 등 디자인 요소
④ 공유
⑤ 다운로드
⑥ 페이지 추가

투닝은 스토리텔링 콘텐츠 제작에 특화된 플랫폼으로 다양한 캐릭터를 커스터마이징할 수 있다. 사용자는 캐릭터의 표정, 동작, 의상, 머리 스타일 등을 직접 설정할 수 있다.

그림 3-32 • 투닝 에디터 캐릭터 디자인

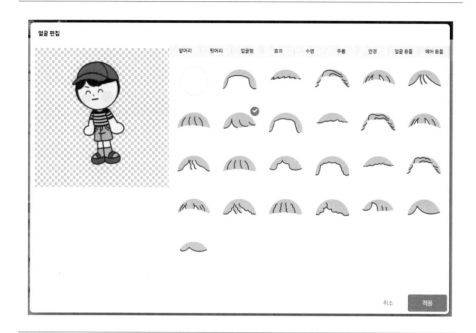

원하는 템플릿과 디자인 요소를 활용하여 사회 문제 해결을 위한 스토리텔링 콘텐츠를 제작하자.

그림 3-33 • 투닝으로 제작한 콘텐츠의 예

생성형 AI는 이전에 없던 새로운 콘텐츠를 생성하는 AI이다. 이러한 생성형 AI는 자신이 모르는 내용을 찾아 알려주는 역할을 넘어 새로운 창작물을 만들기까지 한다.

Chat GPT는 대화형 생성형 AI 중 하나로, 질문에 대한 유용한 답변을 제공해주는 플랫폼이다. 2025년 1월 기준, 무료로 이용하면 ChatGPT-4o mini를 사용할 수 있으며, ChatGPT-4o는 제한적으로 이용할 수 있다. ChatGPT-4o는 텍스트 외에도 이미지, pdf 등 다른 확장자로 프롬프트를 입력할 수 있는 멀티모달 기능을 제공한다.

Suno는 사용자가 입력한 가사와 곡의 분위기에 맞춰 음악을 생성하는 생성형 AI이다. 음악에 대한 전문 지식이 없더라도 원하는 분위기, 주제, 장르 등을 프롬프트로 입력하면 음악을 생성해준다.

(3)에서는 ChatGPT를 활용하여 가사를 작사하고 Suno를 활용하여 음악으로 완성하며, 앞서 분석한 사회 문제를 해결하기 위한 캠페인송을 만들어 본다.

1) ChatGPT를 활용하여 캠페인송 작사하기

포탈사이트 검색창에 'ChatGPT'를 검색한 후 사이트에 접속한다. ChatGPT는 회원가입 및 로그인을 완료해야 이용할 수 있다. 구글 계정, 마이크로소프트 계정, 애플 계정으로 회원가입을 할 수 있다. 회원가입을 완료했다면 로그인을 한다.

ChatGPT를 처음 사용하는 사람은 답변의 질이 떨어져 실망하는 경우가 많은데, 이는 ChatGPT를 제대로 사용하는 방법을 알지 못하기 때문이다. ChatGPT는 질문이 정교할수록 답변의 질이 올라가고, 같은 대화창 안에서의 대화 내용을 기억하는 특성을 가지고 있다. 이러한 특성을 이용하여 ChatGPT 답변의 질을 올리는 방법은 다음과 같다.

1. 자세하게 질문해라. ChatGPT가 '어떤 인물인지', '어떤 배경에 있는지', '무엇을 해야 하는지'를 명확하게 알려준다.	

1. 자세하게 질문해라.
ChatGPT가 '어떤 인물인지', '어떤 배경에 있는지', '무엇을 해야 하는지'를 명확하게 알려준다.

2. 예시를 알려 줘라.
구체적인 사례, 예시를 들어 질문하면 더욱 정교한 답변을 준다.

3. 답변 스타일을 설정해라.
'강렬하게', '논문 형식으로', '세련된 문체로'와 같이 답변 스타일을 설정하면 이에 걸맞는 답변을 제공한다.

4. 다시 물어라.
ChatGPT는 같은 대화창 안에서의 대화 내용을 기억하고 있다. 이전 답변에서 부족하거나 아쉬운 부분이나, 자신이 더 초점을 맞추고 싶은 부분에 대하여 다시 질문한다.

위의 방법으로 사회 문제 해결을 위한 캠페인송의 가사를 작사해보자. 아래는 ChatGPT에 입력한 프롬프트와 답변이다.

[프롬프트]	'환경 문제 해결'을 위한 캠페인송의 가사를 작사해 줘. '친환경 제품 사용', '대중교통 이용', '육류 소비 감소'라는 내용이 들어가게 적어줘. 가사의 길이는 2분 정도 길이의 노래에 맞게 작사해 줘. 밝고 희망찬 분위기의 가사로 적어줘.
[ChatGPT]	Verse 1 푸른 하늘, 맑은 바다, 우리가 지켜요 작은 실천 하나가, 큰 변화를 만들죠 친환경 제품으로, 지구를 아껴요 함께하는 우리, 밝은 미래를 위해 Chorus 사랑해요, 우리 모두 함께 깨끗한 세상을 위해 작은 발걸음이 큰 변화를 만들어 밝은 미래를 함께해요 Verse 2 대중교통 이용하며, 공기를 맑게 해요 자전거 타고 걷는 길, 건강도 지켜요 육류 소비 줄이며, 지구를 아껴요 함께하는 우리, 밝은 미래를 위해 Chorus 사랑해요, 우리 모두 함께 깨끗한 세상을 위해 작은 발걸음이 큰 변화를 만들어 밝은 미래를 함께해요 ... [이하 생략]

가사를 확인하고 수정해야 할 부분을 수정하여 가사를 완성한다.

[프롬프트]	환경 오염으로 인하여 미래 세대에게 피해가 갈 수 있다는 내용이 들어갔으면 좋겠어.
[ChatGPT]	Verse 1 푸른 하늘, 맑은 바다, 우리가 지켜요 작은 실천 하나가, 큰 변화를 만들죠 친환경 제품으로, 지구를 아껴요 미래 아이들에게, 깨끗한 세상 물려줘요 Chorus 사랑해요, 우리 모두 함께 깨끗한 세상을 위해 작은 발걸음이 큰 변화를 만들어 밝은 미래를 함께해요 Verse 2 대중교통 이용하며, 공기를 맑게 해요 자전거 타고 걷는 길, 건강도 지켜요 육류 소비 줄이며, 지구를 아껴요 미래 세대를 위해, 우리가 지금 할 수 있는 것 Chorus 사랑해요, 우리 모두 함께 깨끗한 세상을 위해 작은 발걸음이 큰 변화를 만들어 밝은 미래를 함께해요 ... [이하 생략]

2) Suno를 활용하여 캠페인송 완성하기

포털사이트 검색창에 'Suno'를 검색하여 사이트에 접속한다. 왼쪽 하단의 [Sign In]을 클릭하여 회원가입 및 로그인을 한다. 회원가입은 구글 계정, 디스코드 계정, 마이크로소프트 계정, 애플 계정, 전화번호를 이용하여 진행할 수 있다.

그림 3-34 • SUNO 메인 화면[9]

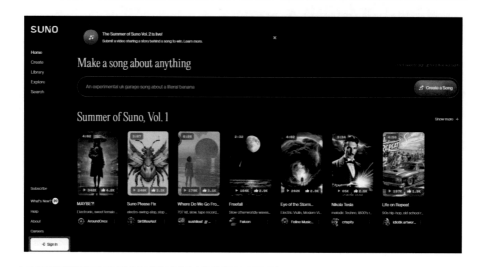

사이트가 영어로 되어 있어 어려움을 느낀다면 크롬으로 접속 후 오른쪽 상단에서 번역 기능을 사용할 수 있다. 오역된 부분이 많으니 영어로 사용하길 추천한다. 사이트 왼쪽의 [Create]를 클릭한다.

그림 3-35 • SUNO 메인 화면 번역, 곡 제작 1

---

9 https://suno.com/

다음 창을 통해 음악을 생성할 수 있다. [Custom]이 활성화되어 있지 않으면 다음 [Song description]에 프롬프트를 입력하여 간단하게 음악을 생성할 수 있다. [Custom]이 활성화되면 가사, 곡의 분위기 등 더욱 세부적으로 설정하여 음악을 생성할 수 있다. [Instrumental]을 활성화하면 가사가 없는 음악이 생성되며, [Upload Audio]를 클릭하면 오디오 파일을 업로드하여 음악을 생성할 수 있다.

그림 3-36 • SUNO 곡 제작 2

[Custom] 모드에서는 가사, 음악 스타일 등 더욱 세부적인 프롬프트를 입력하여 음악을 생성할 수 있다. 앞서 ChatGPT로 만든 가사를 입력하고, 원하는 음악 스타일, 곡 제목을 입력한다. 입력이 완료되면 아래의 [Create]를 클릭하여 곡을 생성한다. 곡은 한 번에 2곡씩 생성된다. 오른쪽에서 완성된 곡을 확인할 수 있다.

그림 3-37 • SUNO 곡 제작 3

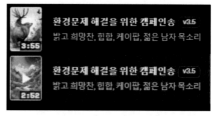

완성된 곡의 길이를 조절하려면 [Extend]를 클릭하면 된다. 왼쪽 프롬프트 입력창 아래에서 시간을 설정하여 곡의 길이를 조절할 수 있다. 원하는 곡의 길이를 설정 후 하단의 [Extend]를 클릭하면 곡의 길이가 변경된다.

그림 3-38 • SUNO 곡 길이 변경

화면 오른쪽의 점 3개를 클릭하여 다운로드 및 세부 사항 수정을 할 수 있다.

그림 3-39 • SUNO 곡 편집 및 다운로드

메타버스는 학생들의 높은 흥미도와 다양한 활동을 할 수 있는 플랫폼이다. 하지만 비용, 교사 역량, 사전 준비 등 높은 접근성 때문에 많은 선생님들이 부담을 느끼는 플랫폼이다. 걸어본은 이러한 높은 접근성을 해결한 메타버스 플랫폼이다.

걸어본은 다른 메타버스 플랫폼에 비해 할 수 있는 활동은 적지만, 학생 작품 전시 측면에서는 탁월한 성능을 발휘한다. 특히 무료 요금제를 이용하더라도 많은 양의 작품 전시, 댓글, 공감, 방명록 등 전시·감상·공유 활동에 필요한 거의 모든 기능을 사용할 수 있다는 장점이 있다.

(4)에서는 (2), (3)에서 만든 사회 문제 해결을 위한 스토리텔링 콘텐츠와 캠페인송을 걸어본 메타버스 공간에 전시하여 공유 및 확산하는 활동을 진행하고자 한다.

1) 가입 및 접속 방법

검색창에 '걸어본'을 검색해 사이트에 접속한다. 걸어본은 회원가입 및 로그인을 해야 이용할 수 있다. 로그인이 되지 않은 상태에서 오른쪽 상단의 [전시회 생성하기]를 클릭하면 로그인 및 회원가입 페이지가 나온다. 카카오, 구글, 메일을 이용하여 회원가입이 가능하다. 회원가입을 완료했다면 로그인을 한 후 메인 페이지에서 다시 [전시회 생성하기]를 클릭한다. 오른쪽 상단의 [+ 새 전시 생성하기]를 클릭하여 '전시공간 선택', '전시정보 입력'을 진행한다. 이때 유의할 점은 각 갤러리의 최대 작품 수이다. 각 갤러리에 전시할 수 있는 최대 작품 수를 잘 확인하여 갤러리를 선택하자.

그림 3-40 • 걸어본 전시회 생성 1[10]

P.Ark B Dark   최대 전시 가능 작품 수 30   Cafe Labelles Heidi   최대 전시 가능 작품 수 30
167 m²   263 m²

전시 공간 화면에서 좌측에 있는 이미지, 비디오, 오디오, 문자열을 선택해 컴퓨터에 저장되어 있는 파일을 업로드한다. 파일을 업로드할 때 작품명, 작가, 상세 설명, 사이즈, 액자 타입 등을 설정한다.

그림 3-41 • 걸어본 전시회 생성 2

설치된 작품 수 0 / 30   설치된 모델 수 0 / 80

---

10   https://platform.onthewall.io/exhibition

그림 3-42 • 걸어본 작품 입로드

업로드 후 수정을 하려면 [EDIT]을 클릭한다. 설치를 할 경우에는 [INSTALL]을 클릭한 후 벽을 클릭하여 설치를 한다. 설치한 작품을 화살표 방향으로 마우스를 이동하여 위치를 이동할 수 있다.

그림 3-43 • 걸어본 작품 설치

메타버스 전시공간을 완성했다면, 오른쪽 상단에서 [저장하기], [미리보기]로 점검할 수 있다. 점검까지 완료되었다면 [출판하기]를 눌러 전시회를 생성한다. 생성한 전시회는 링크로 다른 사람에게 공유할 수 있다.

그림 3-44 • 걸어본 전시회 생성 3

저장하기　미리보기　출판하기

교과 학습
스마트하게
관리하기

교과 학습 스마트하게 관리하기

눈부시게 빠른 속도로 발전하는 기술에 사회가 급격하게 변화하고 있다. 이러한 변화의 흐름에 교육도 예외는 아니다. 과거에는 상상만 하던 교육 시스템들이 이제 우리 눈앞에 현실이 되어가고 있다. 교육부도 이러한 사회 변화에 발맞춰 AI 디지털 교과서 도입, 디지털 튜터 지원, 학생 1인당 1디바이스 보급 등 공교육에 최신 기술을 접목하려는 다양한 정책을 펼치고 있다.

CHAPTER 04에서는 자기주도적 교과학습을 위한 다양한 AI 코스웨어를 소개하고자 한다. AI 코스웨어(AI courseware)는 AI(인공지능), Course(교육과정), Software(소프트웨어)의 합성어로 교과학습을 위한 AI 플랫폼을 뜻한다. AI 코스웨어의 사용으로 이전에는 비싼 사교육을 이용하거나, 상상만으로 가능했던 개별 맞춤형 교육, 실시간 피드백 및 맞춤형 자료 제공 등이 현실로 이루어지게 되었다. 컴퓨터 사용이 일반화되면서 컴퓨터를 이용한 교육훈련 프로그램과 컴퓨터를 교육적으로 활용하려는 여러 움직임이 일어났고, 컴퓨터를 통해 이루어지는 교육훈련 프로그램과 데이터를 통틀어 점차 코스웨어라고 일컫게 된 것이다. 초기의 교육용 코스웨어는 텍스트 중심의 단순한 그래픽디자인을 결합해 정적인 자료를 제시하는 수준에 머물렀다. 그러나 2000년 이후에는 각종 그래픽과 동영상은 물론, 고음질의 음향까지 첨가해 수요자들의 주의를 끌 수 있는 수준으로 향상되었다. 사실 2000년 초반에는 내용 수정이 어렵고, 제작하는 데 많은 비용이 들어 교육현장에서 실제로 활용하기 어렵다는 단점 탓에 코스웨어 사용은 부분적으로 이루어졌을 뿐이었다. 그러나 이후로도 기술 개발은 계속 진행 중이었고, 특히 2020년 초 코로나19의 전 세계적 감염병 유행으로 인해 대대적으로 온라인 수업이 실시되면서 설치가 필요 없고 시간과 장소에 구애받지 않는 웹 형식의 코스웨어, 휴대전화로도 간편하게 이용할 수 있는 앱 형식의 코스웨어들이 대거 쏟아져 나오게 되었다.

코스웨어는 교수력이나 학습력을 증진시키기 위하여 학습자의 인지-정보 처리 과정에 따른 최적의 수업 처방을 실행토록 한다. 최적의 수업처방이란, 교수-학습이론에 근거하여 수업의 과정을 정교화시켜주고, 학습자의 학습특성을 고려하여 학습 내용 및 학습 사태를 적응적으로 처방·제시하여 주는 것이다. 기술의 발달과 함께 코스웨어는 현재 다양한 형식으로 다양한 교육 수준과 환경에서 사용되고 있는데, 공통적인 몇 가지 주요 측면은 다음과 같다.

- 디지털 콘텐츠: 교과서나 교재, 대화형 수업, 비디오, 시뮬레이션 및 멀티미디어 프레젠테이션이 포함된다.
- 대화형 요소: 많은 코스웨어 플랫폼에는 학생들의 참여를 유도하고 학습을 향상시키기 위해 퀴즈, 게임 및 대화형 연습이 통합되어 있다.
- 개인화: 적응형 학습 기술은 개별 학생의 학습 스타일, 속도 및 성과에 맞게 콘텐츠를 맞춤화한다.
- 접근성: 텍스트 음성 변환, 조정 가능한 텍스트 크기, 화면 판독기와 같은 기능을 통해 장애가 있는 학생이 디지털 형식에 더 쉽게 접근할 수 있다.

1. 코스웨어의 유형

코스웨어 유형도 크게 다섯 가지로 나눌 수 있다. 그 첫 번째는 LMS(학습 관리 시스템)로서, 교육 과정을 제공, 추적 및 관리하는 플랫폼이다. 보통 학습자의 데이터를 한눈에 보여주는 대시보드를 보유하고 있으면 우리는 LMS라고 쉽게 인식한다. 현재 교육 현장에서 많이 사용하고 있는 과제 생성, 배포, 채점을 위한 Google 클래스룸, Microsoft 팀즈, 클래스팅 외에도 Instructure의 Canvas, Blackboard, Moodle, 수학, 과학, 비즈니스와 같은 과목에서 개인화된 학습 경험을 제공하는 Pearson MyLab 및 Mastering과 같은 교육 업체 제공 플랫폼이 있다. 다재로운 주제의 무료 교육 프로그램 및 실습 자료를 제공하는 비영리 기관 Khan Academy 같은 플랫폼 또한 이에 속한다고 하겠다. 두 번째로 교육용 앱이 있다. 이는 모바일 접근성이 뛰어나며 간편하나, 단순한 작업만이 가능하고 보다 심도 있는 학습 작업이나 결과물 제출은 노트북을 이용해야 가능한 경우가 대부분이다. 앞서 소개한 LMS도 동명의 교육용 앱을 제작하여 시중에 내놓기도 하여, Google 클래스룸이나 클래스팅 등은 학생들이 휴대전화로 언제 어디서든 과제를 확인하고 제출할 수 있다. 앱이 웹 프로그램보다 가능한 활동에 조금 더 제약이 있다보니, 주로 일부 영역에 특화되어 있는 경우가 많다. 새로운 언어 학습 과정을 게임화하는 언어 학습 앱 Duolingo, Speak, EBS에서 개발한 AI 펭톡, 또는 Khan Academy에서 제공하는 수학 연습 앱 등을 예로 들 수 있다.

　세 번째로 온라인 강좌를 제공하는 코스웨어가 있다. 이는 코스웨어의 시작과 그 역사를 같이 하는 유구한 방식인데, 대학과 기업이 공동 운영하는 edX, Coursera, Udemy, IT 및 프로그래밍, 데이터 과학 등에 특화된 Udacity 등을 같은 범주로 놓을 수 있겠다. 또한 각 대학에서 자체적으로 혹은 정부나 기업의 투자를 받아 개발한 유수의 온라인 수강 시스템 역시 이에 해당한다고 볼 수 있겠다. 네 번째인 게임 기반 학습 소프트웨어의 역사도 온라인 강좌 못지 않게 오래되었다. 놀이와 상호 작용을 통해 특정 과목이나 기술을 가르치도록 설계된 교육용 게임은 1990년대 초 윈도우의 등장 그 이전에도 있었다. 간단한 코딩으로 반복적인 학습을 가능케 한 단순한 퍼즐, 언어 학습, 퀴즈, 수학 및 논리 게임부터, 롤플레잉이나 어드벤처, 역사 및 문화게임, 과학 및 자연 탐험 게임, 협업 멀티플레이어 게임, 교육 시뮬레이션에 이르기까지 교육용 게임의 종류는 여러 가지이다. 마지막 유형의 코스웨어는 전자 교과서이다. 대화형 요소와 멀티미디어 리소스가 포함된 교과서의 디지털 버전으로서, 출판사에서 허락하는 한 학생들은 모든 교과의 교과서를 디지털 버전으로 만날 수 있다. 교과의 특성상 원어민의 발음과 듣기, 말하기 활동이 필요한 영어과에서 전자교과서의 존재는 수업 그 자체라 할 만큼 활용도가 높다. 고사 때마다, 방학을 사이에 두고, 혹은 수시로 무거운 서책형 교과서를 학생들이 짊어지고 다니는 일을 방지하기 위해 교육 현장에서 서책형 교과서의 비중을 줄여보자는 시도는 과거부터 줄곧 있던 것이었다.

2. 코스웨어 사용의 이점과 과제

코로나19 감염병 유행으로 인한 전면 온라인 수업은 코스웨어의 기술적 발전과 수요 증대를 급격하게 가속화시켰다. 그 당시 온라인 수업을 실시했던 교사도, 수강했던 학생도 모두 교육 콘텐츠를 제공하고 소비하는 방식에 있어 가히 엄청난 변화를 겪었다고 할 수 있다. 코스웨어의 사용으로 말미암아 학생들은 자신만의 속도와 일정에 따라 유연하게 학습하는 것이 가능해졌으며, 웹사이트 또는 앱으로 접근 가능한 클라우드 기반 코스웨어는 전 세계에서 많은 이들이 동시다발적으로 접속을 해도 별탈 없이 안정적으로 작동하였다. 실재적인 예시와 멀티미디어 요소는 온라인 학습을 더욱 매력적이고 즐겁게 만들어 주었고 오프라인 학습이 주지 못하는 종류의 흥미를 북돋울 수 있었다. 또한 코스웨어에 내장되어 있는 학습 내용 예습, 복습 퀴즈와 반복적인 연습은 학생이 실행할 때마다 즉각적인 피드백을 주어 학습의 진행 상황과 개선이 필요한 영역을 이해하는 데 도움을 주었다. 이는 학생에게만 도움을 준 것이 아니라 여러 명의 학생들을 동시에 관리해야 하는 교사에게도 대시보드 등을 통하여 직관적이고 객관적인 학습 상황 분석을 가능케 하였다.

코로나19 감염 유행 시기에 코스웨어를 이용하여 온라인 수업을 진행했을 때 가장 고무적이라고 생각했던 점은, 온라인 수업이 내향적인 성향을 가졌거나 사교적이지 못한 성격을 가져 늘 교실에서 겉돌던 학생들의 참여를 비약적으로 늘렸다는 것이었다. 아주 간단한 일상의 대화조차도 눈을 마주치고 하지 못하던 학생들이 온라인으로 질문을 하고, 과제 내용에 답글을 달거나 개성을 표현한 작품을 제출하는 모습은 감동적이었다. 그러나 온라인 수업의 가장 안타깝고 아쉬웠던 점은 자기주도학습 습관이 잘 잡혀 있는 학생과 그렇지 않은 학생 사이의 격차를 온라인 수업이 걷잡을 수 없게 벌려놨다는 사실이다. 건강한 생활 습관이 잡혀 있지 않거나, 학습 동기가 워낙 낮거나, 기기 및 인터넷 접속이 원활하지 않을 경우 주변의 도움을 청할 수 없는 학생들에게는 온라인 수업 시간은 그저 딴짓을 하거나 잠을 자는 시간일 뿐이었다. 물론 오프라인 수업 시간에도 의미 없이 시간을 보내는 학생들이 있었지만, 최소한 그때는 그것을 저지하거나 그들에게 좋은 영향을 주는 교사 또는 또래가 있었으니 말이다. 더구나 코스웨어를 효과적으로 사용하려면 필연적으로 사용의 주체인 교사가 도구 사용에 능숙해야 하는데, 준비되지 않은 상태에서 절대 다수의 교사가 갑작스럽게 코스웨어 사용에 뛰어들다 보니 개인에 따른 적응 속도의 차이가 많이 났고, 그에 따른 교육의 질도 편차가 클 수밖에 없었다. 디지털 콘텐츠의 품질도 천차만별인 데다 교육방송 온라인 사이트 서버가 마비되고, 급작스럽게 전국적으로 화상회의가 중단되는 등 기술적인 혼란도 계속되었다. 코로나19 감염 시기에 맞닥뜨렸던 상위 문제들과 이점은 고스란히 앞으로의 코스웨어가 보다 발전시키거나 개선해 나가야 할 과제가 되었다.

3. 코스웨어 사용의 실제

1 EBS 단추를 이용한 맞춤형 수능 대비

대한민국 고등학생들의 최대 관심사는 대학 입시이다. 대학 입시를 위해 필요한 수능 및 학교 내신 성적은 매우 중요하기에 많은 수험생들이 막대한 금액을 사교육에 투자한다. 통계청의 '초·중·고 사교육비 조사'에 따르면 2023년 고등학생 1인당 월평균 사교육비는 49만 1천 원이다. 2023년 초·중·고 사교육비 총액은 27조 1천억 원으로 전년 26조 원에 비해 4.5% 증가하였다.

수험생들은 자신에게 맞는 학습 방식 찾기, 양질의 강의, 개별 맞춤 학습, 실시간 피드백 등을 이유로 사교육에 많은 투자를 한다. 하지만 이번 절에서 소개할

AI 코스웨어를 이용한다면 양질의 강의, 개별 맞춤 학습, 실시간 피드백 등 비싼 사교육이 제공하는 서비스를 무료로 이용할 수 있다.

EBS 단추는 빅데이터 및 AI 기술을 활용하여 개인별 학습 형태와 수준에 맞는 맞춤형 학습 콘텐츠를 제공하는 플랫폼이다. 무료로 사용할 수 있으며, 초등학교 1학년부터 고등학교 3학년까지 전학년, 전과목에 대하여 서비스를 제공한다.

EBS 단추의 주요 기능 및 장점은 다음과 같다.

- 학습 수준 및 강점/약점 분석: 과거 시험 성적, 모의고사 결과, 문제 풀이 기록 등을 기반으로 AI를 통해 자신의 학습 수준 및 강점/약점을 정밀하게 분석한다. 단순히 틀린 문제만 분석하는 것이 아니라, 맞힌 문제에서도 개선 가능성을 찾아내어 정보를 제공한다.
- 맞춤형 문제 추천: 학습 수준, 강점/약점, 학습 진행 상황에 맞춰 최적의 문제를 추천한다. 틀린 문제 유형, 빈약한 학습 영역을 집중적으로 보완할 수 있도록 맞춤형 문제를 제공한다.
- 실시간 피드백: 문제를 풀면서 실시간으로 정답 여부를 확인하고, 틀린 문제에 대한 개선 방향을 제시한다. 즉각적인 피드백을 통해 오류를 즉시 개선하고 정답률을 높일 수 있도록 돕는다.
- 수능 데이터 기반 문제 선정: 과거 수능 데이터를 기반으로 출제 가능성이 높은 문제를 선정하여 학습 효과를 극대화한다. 실제 수능 시험과 유사한 문제 유형을 통해 실전력을 키울 수 있도록 돕는다.

차례	(1) EBS 단추 가입 및 학습 수준 설정
	(2) 'AI 문제 추천'으로 맞춤형 학습
	(3) 수학 MAP으로 취약 영역 파악
	(4) '나만의 시험지 만들기'와 '시험지 리그'로 실전 연습

1) 가입 및 접속 방법

포털사이트 검색창에 'EBS AI'를 검색하여 사이트에 접속한다. EBS 단추라고 검색하면 사이트가 나오지 않으니 'EBS AI'를 검색하도록 하자. 사이트 접속하여 [고등학생] → [바로가기]를 클릭한다.

그림 4-1 • EBS 단추 메인화면[1]

사이트 좌측 상단의 [로그인]을 클릭하여 로그인한다. 로그인을 하지 않으면 EBS 단추를 이용할 수 없으니 EBS 회원가입이 되어 있지 않다면 회원가입부터 진행한다. 네이버, 카카오, 페이스북 등 다양한 방법으로 회원가입이 가능하다. 회원가입을 완료했다면 로그인한다.

2) 학년 및 학습 수준 설정하기

최초 로그인 시 학년 및 학습 수준을 설정해야 한다. 좌측 상단의 [학년/수준 설정]을 클릭한다.

---

1 https://ai.ebs.co.kr/

그림 4-2 • EBS 단추 학습현황

[모의고사 성적 불러오기], [학습지표 직접 입력하기] 중 본인에게 맞는 방법으로 학년/수준 설정을 완료한다.

그림 4-3 • EBS 단추 학년 및 학습지표 확인

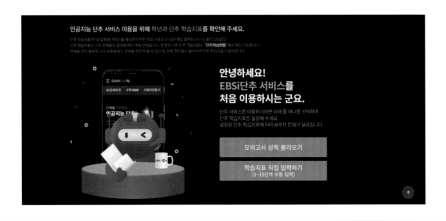

[모의고사 성적 불러오기]는 EBSi 고교 강의 풀서비스에서 채점한 모의고사 성적이 있는 경우만 서비스를 이용할 수 있다. 풀서비스에서 채점한 기록이 없다면 우측 하단의 [풀서비스 메뉴 이동하기] 클릭 후 모의고사 기록을 입력할 수 있다.

그림 4-4 • EBS 단수 학년 및 학습 수준 설정

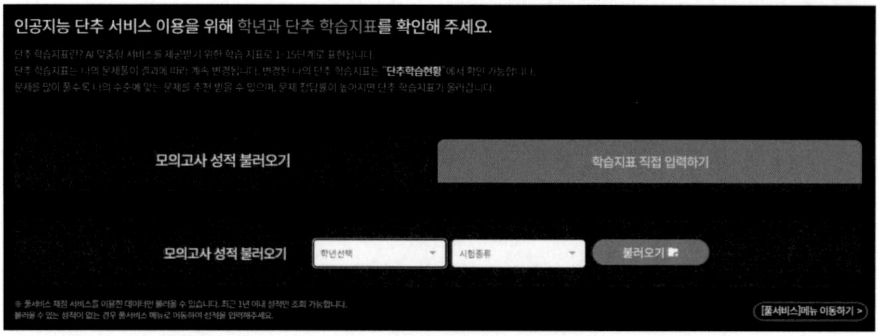

인공지능 단추 서비스 이용을 위해 학년과 단추 학습지표를 확인해 주세요.

단추 학습지표란? AI 맞춤형 서비스 등 제공받기 위한 학습 지표로 1~15단계로 표현됩니다.
단추 학습지표는 나의 문제풀이 흐름에 따라 계속 변경됩니다. 나의 단추 학습지표는 **단추학습현황**에서 확인 가능합니다.
문제를 많이 풀수록 나의 수준에 맞는 문제로 추천 받을 수 있으며, 문제 정답률이 높아지면 단추 학습지표가 올라갑니다.

모의고사 성적 불러오기	학습지표 직접 입력하기

| 모의고사 성적 불러오기 | 학년선택 ▾ | 시험종류 ▾ | 불러오기 ▤ |

※ 통서비스 채점 서비스를 이용한 대상자만 불러올 수 있습니다. 최근 3년 이내 성적만 조회 가능합니다.
불러올 수 있는 성적이 없는 경우 통서비스 메뉴로 이동하여 신적을 입력해주세요.   **[통서비스]메뉴 이동하기 >**

[학습지표 직접 입력하기]는 '화법과 작문', '미적분', '생활과 윤리' 등 과목별 선택과목 선택 후 1~15 중 자신의 수준을 입력하여 학습 지표를 설정한다. 이때 숫자가 작을수록 높은 수준을 뜻한다.

그림 4-5 • EBS 단추 과목별 학습지표

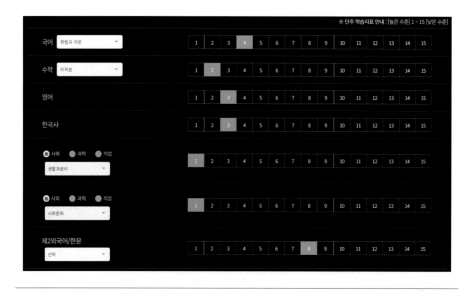

[모의고사 성적 불러오기]를 통한 학년/수준 설정은 [학습지표 직접 입력하기]보다 더욱 정확한 학습 진단이 가능하고, EBS 단추 알고리즘에 취약 유형, 취약 단원 등 본인의 기본 학습 정보를 제공하기에 더욱 추천하는 방법이다.

[2] 'AI 문제 추천'으로 맞춤형 학습

EBS 단추 회원가입 및 학습 수준을 설정을 완료하였으면, 이제 본격적으로 개별 맞춤 학습을 할 차례이다. EBS 단추는 자신의 학습 현황을 분석하여 맞춤형 학습 콘텐츠를 제공한다.

메인 페이지 상단에서 [AI 문제 추천]을 선택 후 문제를 풀 과목을 선택한다.

그림 4-6 • EBS 단추 AI 문제 추천 1

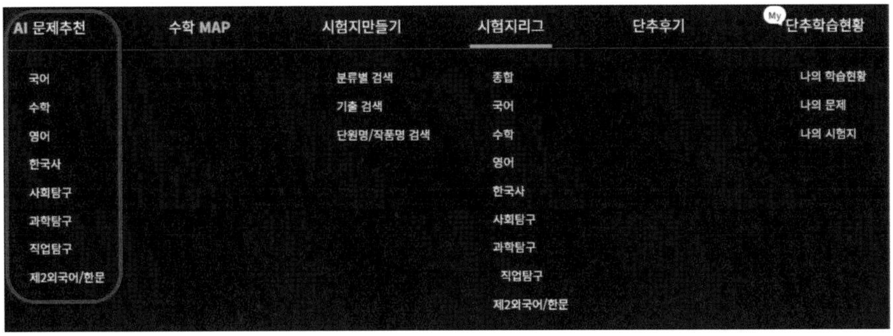

[객관식], [주관식] 등 문제 형태, [과목], [대분류], [중분류]를 선택 후 하단의 [분류 추가+]를 클릭하여 풀 문제를 선택한다. 풀 문제 선택이 완료되었으면 하단의 [추천 문제 풀기], [추천 문제 연속풀기] 중 원하는 방식을 선택하여 문제를 푼다. [추천 문제 풀기]는 문제를 풀 때마다 채점을 한 후 이어서 풀 문제의 난이도를 설정할 수 있으며, [추천 문제 연속풀기]는 추천문제를 본인이 원하는 만큼 푼 후 채점하는 방식이다.

그림 4-7 • EBS 난추 추천 문제 유형 선택

문제를 푼 후에는 정답, 해설, 해설강의를 확인할 수 있다.

그림 4-8 • EBS 단추 AI 추천 문제의 예

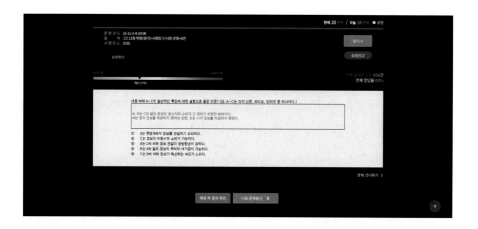

그림 4-9 • EBS 단추 AI 추천 문제 채점

문제 풀이를 모두 마치면 푼 문제 중 오답률이 가장 높은 단원의 개념강의가 추천된다.

그림 4-10 • EBS 단추 AI 문제풀이 결과

문제를 풀게 되면 자신이 부족한 단원을 확인할 수 있다. 자신이 학습하지 않은 단원은 부족한 단원으로 잡히지 않는다는 것을 유의하도록 하자.

그림 4-11 • EBS 단추 AI 대시보드

[3] 수학 MAP으로 취약 영역 파악

수학은 영역의 위계성이 가장 뚜렷한 과목으로 자신의 학습 수준을 확인하여 취약한 영역과 부족한 선수 학습을 파악하기에 가장 적합한 과목이다. 따라서 AI가 가장 잘 활약할 수 있는 교과이다. EBS 단추는 수학 과목에 한하여 수학 MAP으로 상세한 학습 데이터를 제공한다. 메인 페이지에서 상단의 [수학 MAP]을 클릭한다.

그림 4-12 • EBS 단추 수학 MAP[2]

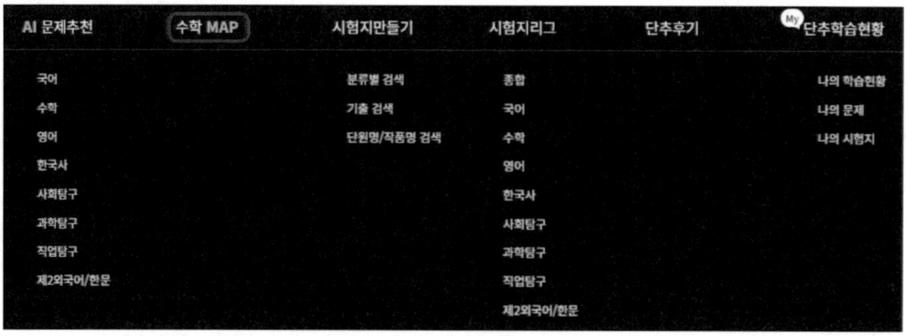

---

2 https://ai.ebs.co.kr/ebs/ai/mathMap/mathMapMain.ebs

수학 MAP에서는 문제 풀이 이력 분석을 통해 수학 영역 25개의 단원의 버블 차트를 제공한다. 문제를 많이 푼 단원은 원의 크기가 상대적으로 크게 나오며, 예상 정답률이 낮은 단원은 빨간색으로 표시된다. 버블차트 하단에는 나의 취약 단원과 예상 정답률, 취약 단원 강의 추천을 확인할 수 있다.

그림 4-13 • EBS 단추 수학 MAP 버블차트, 취약 단원

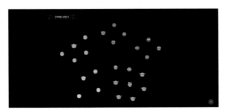

버블 차트의 원을 클릭하면 해당 단원의 풀이이력 상세 페이지로 이동한다. 단원의 중분류, 소분류별 정답률 및 예상 정답률을 확인할 수 있고, 선수 학습 단원명을 클릭하면 해당 단원의 개념강의 시청이나 문제 풀이가 가능하다.

그림 4-14 • EBS 단추 수학 MAP 풀이이력, 해설

[4] '나만의 시험지 만들기'와 '시험지 리그'로 실전 연습

EBS 단추는 다양한 문제를 조합하여 시험지를 만들고 공유할 수 있는 기능을 제공한다. 메인 페이지 상단에서 [시험지 만들기]를 클릭한다.

그림 4-15 • EBS 단추 시험지 만들기[3]

먼저, [분류별 검색], [기출 검색], [단원명/작품명 검색] 중 검색 방법을 설정한다. [분류별 검색]과 [기출 검색]은 과목별, 영역별로 검색이 가능하며, [단원명/작품명 검색]에서는 국어 작품을 다루는 문제를 검색할 수 있다. 문제의 상세 정보와 미리보기를 통해 원하는 문제를 선택하여 시험지를 만들 수 있다.

그림 4-16 • EBS 단추 시험지 검색창

---

3 https://ai.ebs.co.kr/ebs/ai/xipa/ItemSearchMain.ebs

시험지 이름과 설명을 작성 후, 시험지 만들기 버튼을 클릭하면 시험지가 생성되며 [my 단추학습현황] → [나의 시험지] 메뉴에서 시험지를 확인, 응시할 수 있다. [나의 시험지] 메뉴에서 만든 시험지의 오른쪽 [공유하기]를 눌러 만든 시험지를 다른 사람과 공유할 수 있다. 제목, 공유대상, 난이도, 학교 설정, 설명, 해시태그를 작성하여 공유하면 [시험지리그]에서 공유한 시험지를 확인할 수 있다.

그림 4-17 • EBS 단추 나의 시험지 확인

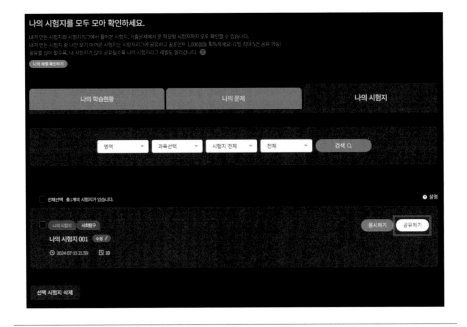

그림 4-18 • EBS 단추 나의 시험지 공유하기

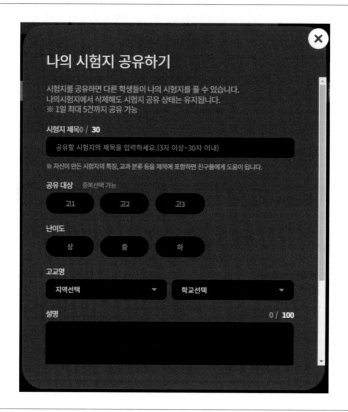

상단 메뉴의 [시험지리그]에서 인기 시험지 및 다른 사람들이 공유한 시험지를 확인할 수 있다.

그림 4-19 • EBS 단추 인기 시험지 TOP 5

2 '칸 아카데미'를 활용한 자기주도적 학습

칸 아카데미는 2008년 살만 칸(Salman Khan)에 의해 설립된 무료 온라인 교육 플랫폼이다. 칸 아카데미는 설립자 살만 칸이 자신의 친척에게 수학을 가르치기 위해 영상을 유튜브에 올리는 것으로 시작되었다고 한다. 살만 칸의 유튜브 채널에 업로드된 영상을 보고 많은 학생들이 수학을 배우기 시작하며 그의 유튜브 채널은 빠르게 인기를 얻게 되었다. 이후, 살만 칸은 칸 아카데미를 비영리 교육 기관으로 공식 설립하였고, 여러 기관의 지원을 받게 되었다.

2014년 네이버 커넥트재단이 칸 아카데미의 공식 파트너사가 되었고, 번역 및 한국 교육과정에 맞춘 재조직을 진행하였다. 현재 칸 아카데미의 공식 한국어 버전 사이트에서는 한국 교육과정 수학, 프로그래밍, 일반 수학 등의 콘텐츠를 한국어로 번역해 제공하고 있다. 단, 한국 교육과정 수학에는 '기하와 벡터' 영역의 학습 콘텐츠는 제공하지 않으나, 사이트 상난에서 검색을 동해 일부분 학습이 가능하다.

칸 아카데미의 주요 특징은 다음과 같다.

- 다양한 과목 제공: 칸 아카데미는 한국어 버전 사이트에서 수학, 프로그래밍, 일반 수학 등의 학습 콘텐츠를 제공하며, 영문 사이트에서 과학, 역사, 경제, 미술사, Digital SAT 등 더욱 다양한 교육 콘텐츠를 제공한다. 학생들은 자신이 관심 있는 주제를 선택하여 주도적으로 학습할 수 있다.

- 개별 맞춤 학습: 칸 아카데미는 학생마다 학습 속도와 이해도가 다르다는 차이를 고려하여, 각 학생이 자신의 속도에 맞춰 학습할 수 있도록 한다. 필요한 부분을 반복해서 학습할 수 있으며, 학생들은 원하는 만큼 시간을 투자할 수 있다.

- 세분화된 강의 영상: 칸 아카데미의 주요 학습 자료는 5~10분 내외의 짧고 이해하기 쉬운 강의 영상이다. 각 영상 강의는 세분화된 특정 주제에 대하여 설명하며, 시각적 자료와 함께 설명하여 학생들이 쉽게 이해할 수 있도록 돕는다.

- 연습 문제와 즉각적인 피드백: 학습 후에는 다양한 연습 문제를 통해 이해도를 확인할 수 있다. 문제를 풀고 나면 즉각적으로 정답과 해설을 제공하며, 어떤 부분에서 실수를 했는지 스스로 확인할 수 있다. 이를 통해 학생들은 자신의 학습을 스스로 점검하고 개선할 수 있다. 또한, 완료된 학습은 학습 이해 정도를 시각적으로 제공하여 자신의 학습 이해도를 즉각적으로 파악할 수 있다.

- 배지 시스템과 에너지 포인트: 칸 아카데미는 학생의 학습 동기 촉진을 위하여 배지 시스템과 에너지 포인트를 제공한다. 학생이 특정 과목이나 주제에 대한 학습 목표에 달성할 때마다 배지를 얻고, 이는 학생이 자신의 학습 목표 도달률을 시각적으로 확인할 수 있게 해준다. 다양한 배지 종류가 있으며, 배지를 얻는 방법도 연습 문제를 일정 수 이상 풀었을 때, 연습 문제를 빠르게 풀었을 때, 특정 시간 이상 학습했을 때 등 다양하다. 에너지 포인트는 강의 영상 시청, 문제 풀이 등을 통해 얻을 수 있다. 에너지 포인트를 통해 새로운 배지 획득 및 자신의 아바타 설정이 가능하다.

(1) 칸 아카데미 접속 및 가입하기

포털사이트 검색창에 '칸 아카데미'를 검색한 후 사이트에 접속한다. 칸 아카데미의 한국어 버전 사이트 이름은 '칸 아카데미 한국'이다. 사이트에 접속 후, 오른쪽 상단의 회원가입을 눌러 회원가입을 진행한다. 회원가입은 '학습자', '선생님', '학부모'로 설정하여 회원가입을 진행할 수 있으며, '선생님'으로 회원가입을 할 경우 학생들의 학습 이력을 확인하고 관리할 수 있다. 회원가입은 구글 계정, 페이스북 계정, 애플 계정, 메일의 방법으로 진행할 수 있다. 자신의 상황에 맞게 회원가입을 진행하도록 하자.

(2) 선생님으로 가입한 경우

로그인 후 메인 페이지의 [클래스 만들기]를 클릭하여 클래스를 개설한다. 구글 클래스룸이 개설되어 있다면 구글 클래스룸에 개설된 클래스를 불러올 수 있다.

그림 4-20 • 칸 아카데미 클래스 개설[4]

---

4 https://ko.khanacademy.org/teacher/dashboard

클래스에서 학습할 코스를 설정한 뒤, 학생들을 추가하면 기초 작업은 끝이 난다.

그림 4-21 • 칸 아카데미 코스 추가

메인 페이지에서 클래스를 클릭하면 대시보드를 확인할 수 있다. 대시보드에서는 과제 배정, 학생 학습 이력 관리 및 확인 등이 가능하다.

그림 4-22 • 칸 아카데미 과제 부여

(3) 학생으로 가입한 경우

로그인 후 메인 페이지에서 학습할 코스를 설정한다. 학습할 코스 설정을 완료하면 자신이 학습해야 할 코스를 확인할 수 있다. [시작]을 클릭하여 학습을 진행한다.

그림 4-23 • 칸 아카데미 학습 코스 확인

다음 사진은 칸 아카데미의 학습창이다. ①에서는 현재 학습하고 있는 코스와 다른 코스로 이동이 가능하다. ②에서는 현재 자신의 학습 수준 및 마스터리 포인트를 확인할 수 있다. ③에서는 세부 영역별 학습 콘텐츠 확인 및 학습이 가능하다.

그림 4-24 • 칸 아카데미 학습 창

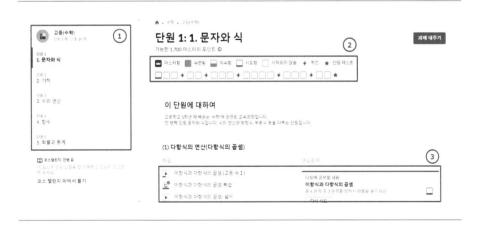

메인 페이지 상단에서는 자신의 아바타, 에너지 포인트, 배시를 확인할 수 있다. 에너지 포인트는 강의 영상 시청 및 문제 풀이를 통해 얻을 수 있으며, 배지는 특정 학습 활동을 통해 얻을 수 있다.

사용자 별명 왼쪽의 아바타를 클릭하면 아바타 변경 및 스타일 설정이 가능하다. 특정 아바타 및 스타일은 해금 조건이 있다.

그림 4-25 • 칸 아카데미 프로필 설정

그림 4-26 • 칸 아카데미 프로필 아바타

(4) 칸 아카데미 영문 사이트에서 학습하기

칸 아카데미 영문 사이트에서는 더욱 다양한 과목을 학습할 수 있다. 사이트 주소를 [https://ko.khanacademy.org]에서 [https://khanacademy.org]로 변경한다. 영문 사이트로 바뀐 것을 확인할 수 있다.

그림 4-27 • 칸 아카데미 영문 메인 화면

그림 4-28 • 칸 아카데미 학습 콘텐츠

MATH: PRE-K - 8TH GRADE

Pre-K through grade 2
(Khan Kids)
Early math review
2nd grade
3rd grade
4th grade
5th grade
6th grade
7th grade
8th grade
See all Math

MATH: GET READY COURSES

Get ready for 3rd grade
Get ready for 4th grade
Get ready for 5th grade
Get ready for 6th grade
Get ready for 7th grade
Get ready for 8th grade
Get ready for Algebra 1
Get ready for Geometry
Get ready for Algebra 2
Get ready for Precalculus

MATH: HIGH SCHOOL & COLLEGE

Algebra 1
Geometry
Algebra 2
Trigonometry
Precalculus
High school statistics
Statistics & probability
AP®/College Calculus AB
AP®/College Calculus BC
AP®/College Statistics
Multivariable calculus
Differential equations
Linear algebra
See all Math

TEST PREP

Digital SAT `NEW`
LSAT

SCIENCE

Middle school biology
Middle school Earth and
space science
Middle school physics
High school biology `NEW`
High school chemistry `NEW`
High school physics `NEW`
Hands-on science `NEW`
activities
AP®/College Biology
AP®/College Chemistry
AP®/College Environmental
Science
AP®/College Physics 1
See all Science

COMPUTING

Intro to CS - Python `NEW`
Computer programming
AP®/College Computer
Science Principles
See all Computing

ARTS & HUMANITIES

US history
AP®/College US History
US government and civics
AP®/College US
Government & Politics
World History Project -
Origins to the Present
World History Project -
1750 to the Present
World history
AP®/College World `NEW`
History
Climate project `NEW`
Art history
AP®/College Art History
See all Arts & Humanities

ECONOMICS

Macroeconomics
AP®/College
Macroeconomics
Microeconomics
AP®/College
Microeconomics
See all Economics

READING & LANGUAGE ARTS

Up to 2nd grade(Khan Kids)
2nd grade
3rd grade
4th grade
5th grade
6th grade reading and `NEW`
vocabulary
7th grade reading and `NEW`
vocab
8th grade reading and `NEW`
vocab
9th grade reading and `NEW`
vocabulary
10th grade reading and `NEW`
vocabulary
Grammar
See all Reading & Language
Arts

LIFE SKILLS

Social & emotional learning
(Khan Kids)
Khanmigo for students `NEW`
AI for education `NEW`
Financial literacy `NEW`
Internet safety
Social media literacy
Growth mindset
College admissions
Careers
Personal finance
See all Life Skills

PARTNER COURSES

Ancient Art
Asian Art
Biodiversity
Music
NASA
Natural History
New Zealand - Natural &
cultural history
NOVA Labs
Philosophy

상단의 [Courses]를 클릭하면 한국어 버전 사이트일 때보다 훨씬 더 많은 학습 콘텐츠를 확인할 수 있다. 선생님, 학습자 모두 한국어 버전 사이트와 똑같은 방법으로 이용할 수 있다. 수학, 프로그래밍뿐만 아니라 물리, 지구과학, 생물학 등 과학 분야, 미술사, 사회·정서 학습, 경제 등 다양한 분야의 학습 콘텐츠를 제공한다. 미국 대학 지원 시 필요한 시험인 Digital SAT도 학습이 가능하다. 영어가 유창하지 않은 학생은 유튜브 및 크롬의 자동 번역 기능을 이용하여 학습할 수 있지만, 번역의 질이 낮기에 추천하지 않는다.

3 Wordvice를 활용한 자기주도적 학습

상기했다시피 코스웨어는 그간 영미권에서 많이 개발되었고, 그중에서도 비원어민으로서 영어를 학습하려는 이들을 대상으로 한 코스웨어는 압도적으로 많다. 시중에 영어 코스웨어는 수없이 나와 있고, 최근 들어 교육청과 MOU를 맺어 눈부신 약진을 보여주는 Zero X-Flow의 1hour도 아주 좋은 코스웨어지만 1hour를 비롯하여 일정 수준 이상의 기능을 갖춘 교육 업체 개발 코스웨어는 유료라는 점이 다소 아쉽다. 따라서 여기서는 무료로 지금 당장이라도 사용이 가능한 기능을 몇 가지 갖춘 Wordvice를 중점적으로 소개해보도록 하겠다. 현재 Wordvice에서는 베이직 서비스로 AI 영문법 검사(Light and Standard 모드)와 AI 패러프레이징(Fluent and Academic 모드), AI 텍스트 요약, AI 번역이 가능하다. 다만 한 번에 입력 가능한 최대 단어 입력 수가 500단어, 월간 단어가 5,000단어로 제한되어 있다.

차례	(1) 영작문 문법 검사_Wordvice
	(2) 영작문 편집_Wordvice

[1] 영작문 문법 검사_Wordvice

1) 활동 소개

대입 전형이 바뀌면서 서·논술형 평가의 중요성은 날이 갈수록 높아지고 있다. 그리고 사실 학생이 영어를 제대로 배웠는가를 가장 적나라하게 드러내는 부분은 글쓰기이다. 서·논술형으로 이루어지는 수행평가나 영어 논술을 보아야 하는 학생, 혹은 해외의 대학으로 유학을 가고 싶어하는 학생에게 있어 영어 글쓰기 실력 향상은 필수이다. 본인이 영어로 힘겹게 써낸 글을 굳이 누군가에게 검사나 첨삭 받으러 들고 가지 않아도, Wordvice를 이용하여 문법 검사를 간단하게 할 수 있으니 같이 한번 실행해보도록 하자.

2) Wordvice란?

Wordvice는 여러 언어로 전 세계 고객에게 서비스를 제공하는 글로벌 기업이며 대한민국의 스타트업이다. 다양한 클라이언트와 문서 유형에 맞는 안정적인 편집 서비스로 잘 알려져 있으며, 학술, 비즈니스, 개인 문서를 중심으로 한 전문적인 편집 및 교정 작업을 위해 각 분야의 고급 학위와 폭넓은 경험을 갖춘 전문 편집자로 구성된 팀을 구축하고 있다. 이 편집자들은 언어 및 주제 분야의 전문 지식을 바탕으로 선정되었다고 한다. 이에 따라 연구논문, 박사학위논문, 학술지 기사, 기타 학술 문서까지도 편집할 수 있으며 학술 문서의 문법, 구문, 구두점, 스타일, 명확성, 일관성 및 학업 표준 준수를 향상시킨다. 편집 서비스 외에도 Wordvice는 글쓰기 팁, 웹 세미나, 글쓰기와 편집의 다양한 측면에 관한 기사 등 다양한 리소스를 제공하여 고객의 글쓰기 능력 향상을 돕고 있다.

3) 가입 및 접속 방법

① 포털 검색창에 Wordvice란 단어를 넣거나 https://wordvice.ai/ko로 들어간다.

② 구글 ID를 연동하면 Wordvice 서비스 이용이 가능하다. 무료로 시작하기를 누른다.

그림 4-29 • Wordvice 첫 화면

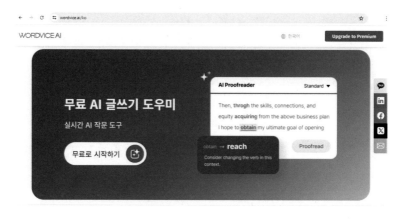

4) 사용 방법

① 왼쪽 아이콘들에 커서를 갖다 대면 제공하는 기능이 자동으로 한꺼번에 뜬다.

② 용도에 따라 AI 문법 검사, 패러프레이징, 번역기, 텍스트 요약기 중 하나를 선택한다. 간단한 문법 검사는 카카오 챗봇 이용만으로도 가능하다 (https://pf.kakao.com/_bxcdAG). 단, AI 표절 검사, AI 검사기는 유료 프리미엄 플랜으로 전환해야만 사용할 수 있다.

그림 4-30 • Wordvice 로그인 후 화면

5) 예제와 예시 답안

① 예제: 지금부터 학생이 쓴 500단어 이내의 영작문을 Wordvice를 이용하여 문법이 어색한 부분이 있는지 판독하여라.

- 학생이 자신만의 경험을 녹여내 작성한 글이 맞는지 우선 읽어보라.
- Wordvice에서 제공하는 AI 검사기로 간단하게 판독을 실행해보라.
- AI 문법 검사기가 알려준 오류를 맞게 수정해보라.

② 예시 답안: 공란에 영작문을 복사해서 붙여넣기 하거나 파일을 업로드한 뒤 '교정하기' 버튼을 누르면 다음과 같이 즉각적으로 문법 판독을 한다. 파란색으로 표시된 부분은 표현이 어색하거나 더 나은 표현으로 개선할 수 있는 경우에 해당하고, 빨간색으로 표시된 부분은 문법 오류를 의미한다.

그림 4-31 • AI 검사기로 판독한 영작문의 예, Wordvice

화면 오른편에 뜬 각각의 항목을 클릭하면 개선된 표현을 AI가 제시해주고, '수락' 버튼을 누르면 즉시 왼쪽 글에서 해당되는 부분이 개선된 표현으로 변환된다. '무시' 버튼을 누르게 되면 그 부분은 AI가 고치지 않고 지나간다.

그림 4-32 • Wordvice 오류 수정

(2) 영작문 편집_Wordvice

1) 활동 소개

본 장에서는 영어 코스웨어로 Wordvice를 소개하고 있지만 사실 서비스하는 언어는 영어 외에도 한국어, 중국어, 일본어, 독일어, 프랑스어 등 총 11개이다. 이렇게 다양한 언어로 Wordvice에서는 자기소개서나 학업계획서 등의 입학 서류뿐 아니라 논문 등의 학술 문서, 보고서, 제안서, 프레젠테이션, 이메일 등의 비즈니스 문서, 에세이, 편지, 창작 프로젝트 등 다양한 개인 문서에 대한 편집 기능을 제공한다. 여기서는 고등학생의 수준에 맞추어 영작문 편집 활동만 가볍게 해보도록 하겠다.

2) 예제와 예시 답안

① 예제: 지금부터 학생이 쓴 500단어 이내의 영작문을 Wordvice를 이용하여 글의 흐름과 가독성을 향상시키고 어휘, 스타일, 어조를 편집해보라.

- 학생이 작성한 글에 사용된 어휘나 어조가 적절한지 우선 읽어보라.
- Wordvice에서 제공하는 AI 편집기로 패러프레이징을 실행해보라.
- AI 편집기가 다시 쓴 부분과 원문을 비교 분석하고 수정해보라.

② 예시 답안: 공란에 영작문을 복사해서 붙여넣기하거나 파일을 업로드한 뒤 'paraphrase' 버튼을 누르면 아래와 같이 즉각적으로 오른편에 새로 쓴 글이 뜬다. 기본 모드는 fluent이나, 상황에 따라 academic 모드를 선택할 수도 있다. 새로 쓴 글이 길면 화면에서 다 보이지 않을 수 있으므로, 반드시 하단에 있는 복사 버튼을 누르고 다른 곳에 붙여넣기를 해야 내용을 전부 볼 수 있다.

그림 4-33 • AI 편집기로 다시 쓴 영작문의 예, Wordvice

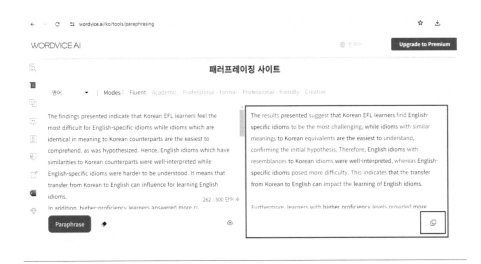

4. 목적에 맞는 AI 도구 선택하기

1 문서 요약하기

차례	(1) 가이드북 요약_Chat PDF
	(2) 공문 내용 요약_Monica AI
	(3) 뉴스 기사 요약_Perplexity

(1) 가이드북 요약_Chat PDF

1) 활동 소개 – 가이드북 요약하기

2) Chat PDF란?

로그인을 하지 않아도 무료 사용이 가능하며, 어떤 PDF 파일이라도 업로드하면 학습한 뒤, 학습한 내용을 바탕으로 요약도 해주고 채팅을 통해 질문하고 답변해주는 사이트이다. 업로드 시간이 짧기 때문에 사용하기 간편하고, 질문을 하면 쪽수에 대한 정보를 알려주기 때문에 직접 비교해가며 자세한 내용을 확인할 수 있다.

① 가입이나 접속 방법: https://www.chatpdf.com/ 사이트에 접속하고, GPT에게 학습 시킬 PDF 자료를 업로드한다.

그림 4-34 • Chat PDF 첫 화면과 파일 업로드

② 사용 방법

　　㉠ PDF 내용을 요약하게 한다.

　　㉡ PDF 관련 내용을 질문한다.

　　㉢ 참조 페이지 출처 확인한다.

　　　• PDF를 재해석하여 답변하기 때문에 간혹 답변에도 오류가 있을 수 있다.

　　　• 답변에 참조 페이지 보기 기능이 있기 때문에 참조 페이지 버튼을 클릭한다.

　　　• 출처를 확인하며 원본과 비교할 수 있다.

③ 무료 버전 주의사항: 무료 버전 사용 시 용량 제한이 있다. 페이지는 140p 이하, 업로드 용량은 10MB 이하, 업로드 PDF 개수는 3개 이하이며 질문 개수는 50개 이하만 가능하다.

3) 예제와 예시 답안: Chat PDF로 행사 가이드를 요약해보라.

그림 4-35 • PDF 업로드 후 화면 예시

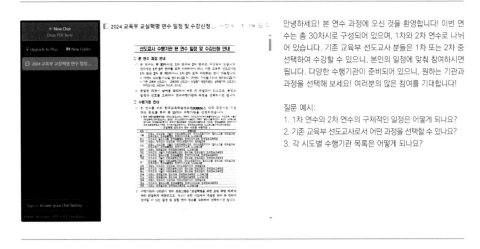

그림 4-36 • 요약 예시 화면

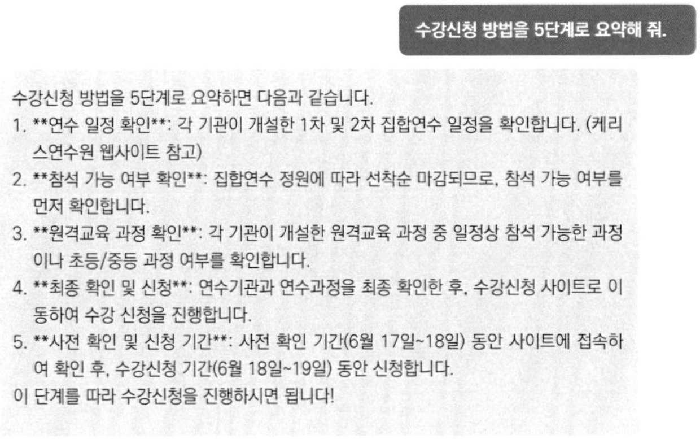

그림 4-37 • 프롬프트 질문과 답 화면

각 시도별 수행기관 목록은 어떻게 되나요?

각 시도별 수행기관 목록은 다음과 같습니다.
○ **서울**: 네패스, 비상교육, 서울대 미래교육혁신센터, 아이스크림미디어, 엘리스그룹, 테크빌교육, 한국교원대, 한국능률협회, 한국미디어교육, SLI교육그룹.
○ **부산**: 대구교대, 엘리스그룹, 한국능률협회, 한국미디어교육, 한국정보교육학회.
○ **충북**: 대구교대, 서울대 미래교육혁신센터, 창비교육, 한국교원대, 한국정보교육학회.
○ **충남**: 대구교대, 서울대 미래교육혁신센터, 창비교육, 한국교원대, 한국정보교육학회.
○ **전북**: 네패스, 테크빌교육, 창비교육, 한국정보교육학회, SLI교육그룹.
○ **전남**: 네패스, 테크빌교육, 창비교육, 한국정보교육학회, SLI교육그룹.
○ **경북**: 네패스, 대구교대, 비상교육, 아이스크림미디어, 테크빌교육.
○ **경남**: 대구교대, 엘리스그룹, 한국능률협회, 한국미디어교육, 한국정보교육학회.
○ **제주**: 네패스, 테크빌교육, 한국정보교육학회, SLI교육그룹.
각 시도에서 개설된 연수 중 편리한 일정과 장소를 고려하여 선택하시면 됩니다!

1차 연수와 2차 연수의 구체적인 일정은 어떻게 되나요?

1차 연수와 2차 연수의 구체적인 일정은 다음과 같습니다.
○ **1차 연수**: 2024년 6월 24일(월) ~ 7월 14일(일)
▪ 구성: 원격 8시간 + 집합 7시간
○ **2차 연수**: 2024년 7월 15일(월) ~ 7월 31일(수)
▪ 구성: 원격 8시간 + 집합 7시간 [T6].
이 일정을 참고하여 참여하시면 됩니다!

그림 4-38 • 참고 출처 화면

Ⅰ 연수 수강신청 (신청 주소: http://leader.keris.kr/)
○ 사전확인 기간 : '24. 6. 17.(월) 09:00 ~ 6. 18.(화) 16:00
※ 원활한 수강 신청을 위해 반드시 사전에 사이트 접속 및 연수 일정 확인

접속ID: 합격학교 선도교사 공모 시 입력한 이메일 주소
초기PW: 합격학교 선도교사 공모 시 입력한 휴대전화 번호 뒤 4자리 두 번 반복(총8자리)
※ 최초 접속 후 비밀번호 변경
예) 휴대전화 번호(010-1234-5678)의 경우 초기 PW는 56785678

○ 수강신청 기간 : '24. 6. 18.(화) 17:00 ~ 6. 19.(수) 17:00

Ⅱ 연수수행기관 선택 및 수강신청을 위한 Tip
○ 연수생은 자신이 속한 시도에서 개설된 연수만 수강신청 가능합니다(타 지역 신청 불가). 또한 1차 연수와 2차 연수 모두 동일한 수행기관으로 수강신청하여야 합니다.
○ 집합연수 정원에 따라 수행기관별 연수 신청이 선착순 마감되므로 집합연수 참석 가능 여부를 먼저 확인하는 것이 중요합니다.
각 기관이 개설한 1차 집합연수와 2차 집합연수 일정을 먼저 확인하신 후, 각각 1회씩 모두 참석 가능한 연수 기관을 찾습니다.
※ 연수 일정 안내: 케리스연수원(https://educator.keris.or.kr/)-[공지사항]
○ 그 다음 해당 기관들이 개설한 원격교육 과정 중 일정상 참석 가능한 과정이나 초등/중등과정 여부 등을 확인합니다.
○ 연수기관과 연수과정을 최종 확인하신 후, 수강신청 사이트로 가서 수강 신청합니다.
※ [붙임] 교실혁명 선도교사 수강신청 매뉴얼 참조

수강신청 방법을 5단계로 요약해줘

수강신청 방법을 5단계로 요약하면 다음과 같습니다:

1. **연수 일정 확인**: 각 기관이 개설한 1차 및 2차 집합연수 일정을 확인합니다. (케리스연수원 웹사이트 참고)
2. **참석 가능 여부 확인**: 집합연수 정원에 따라 선착순 마감되므로, 참석 가능 여부를 먼저 확인합니다.
3. **원격교육 과정 확인**: 각 기관이 개설한 원격교육 과정 중 일정상 참석 가능한 과정이나 초등/중등 과정 여부를 확인합니다.
4. **최종 확인 및 신청**: 연수기관과 연수과정을 최종 확인한 후, 수강신청 사이트로 이동하여 수강 신청을 진행합니다.
5. **사전 확인 및 신청 기간**: 사전 확인 기간(6월 17일~~18일) 동안 사이트에 접속하여 확인 후, 수강신청 기간(6월 18일~~19일) 동안 신청합니다. 2, 2.

이 단계를 따라 수강신청을 진행하시면 됩니다!

[2] 공문 내용 요약_Monica AI

1) 활동 소개 – 장문의 공문 내용 요약하기

2) Monica AI란?

ChatGPT API에서 제공하는 고급 AI를 사용하여 채팅 메시지를 이해하고 응답하며 제공된 템플릿을 기반으로 문구를 생성하고 GPT-4o, Claude 3, Gemini Pro 1.5, Llama 3 70B 등의 고급 모델을 탑재하고 있다. 단순화 대화뿐만 아니라 예술 창작, 스마트 검색 요약, 개요 작성, 카피라이팅, 웹페이지 번역, PDF 요약, 웹브라우징 기능도 제공한다.

특히 Monica-AI 보조 크롬 확장 프로그램(챗GPT, 유튜브 영상 요약 기능 포함)은 챗GPT 기능을 제공하는 크롬 확장 프로그램으로 웹브라우저의 사이드바 형태로 적용되어, 어느 웹페이지에서나 손쉽게 사용 가능하다.

- ChatPDF: PDF를 업로드하고 내용을 더 잘 이해하기 위해 PDF와 채팅
- 이미지와 채팅: 이미지를 업로드하여 GPT-4V를 사용하여 질문
- 웹페이지 요약: 전체 웹페이지를 읽지 않고도 요약 정리
- YouTube 요약: 전체 비디오를 보지 않고도 내용 요약

---

① 가입이나 접속 방법

　㉠ 크롬의 웹스토어에서 Monica를 검색하여 Chrome에 추가하고 로그인한다.

그림 4-39 • Monica 크롬 웹스토어 화면

ⓛ 왼쪽 메뉴에서 '읽기' 또는 중앙에 '파일 읽기'를 클릭한다.

ⓒ PDF 파일을 업로드하면 아래와 같은 화면이 뜨고, 프롬프트 창에 질문 사항을 입력한다.

그림 4-40 • Monica 구동 화면

3) 예제와 예시 답안

Monica로 공문서를 요약해보라.

① 프롬프트 창에 '위 자료를 500자로 요약해 줘!'라고 입력한다.

그림 4-41 • Monica 프롬프트

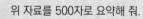

위 자료를 500자로 요약해 줘.

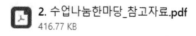

2. 수업나눔한마당_참고자료.pdf
416.77 KB

② Monica가 요약해준 답변 내용 결과 화면이다.

그림 4-42 • Monica 답변 요약 화면

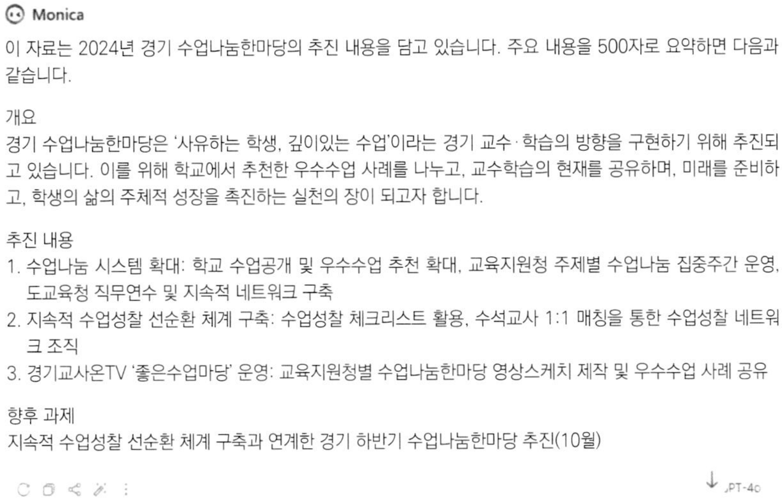
Monica

이 자료는 2024년 경기 수업나눔한마당의 추진 내용을 담고 있습니다. 주요 내용을 500자로 요약하면 다음과 같습니다.

개요

경기 수업나눔한마당은 '사유하는 학생, 깊이있는 수업'이라는 경기 교수·학습의 방향을 구현하기 위해 추진되고 있습니다. 이를 위해 학교에서 추천한 우수수업 사례를 나누고, 교수학습의 현재를 공유하며, 미래를 준비하고, 학생의 삶의 주체적 성장을 촉진하는 실천의 장이 되고자 합니다.

추진 내용

1. 수업나눔 시스템 확대: 학교 수업공개 및 우수수업 추천 확대, 교육지원청 주제별 수업나눔 집중주간 운영, 도교육청 직무연수 및 지속적 네트워크 구축
2. 지속적 수업성찰 선순환 체계 구축: 수업성찰 체크리스트 활용, 수석교사 1:1 매칭을 통한 수업성찰 네트워크 조직
3. 경기교사온TV '좋은수업마당' 운영: 교육지원청별 수업나눔한마당 영상스케치 제작 및 우수수업 사례 공유

향후 과제

지속적 수업성찰 선순환 체계 구축과 연계한 경기 하반기 수업나눔한마당 추진(10월)

③ PDF 내용에서 궁금한 것은 프롬프트 창에 질문하면 이를 바탕으로 답변해 준다.

(3) 뉴스 기사 요약_Perplexity

1) 활동 소개 - 뉴스 기사 요약하기

2) Perplexity(퍼플렉시티)란?

Perplexity는 자연어 예측 텍스트를 사용하여 질문에 답변하는 AI 검색엔진 업체로 2022년에 출시되었다. 무료모델은 자체 언어모델인 Sonar 8B 기반으로 동작하며 유료모델인 pro는 GPT-4. Claude 3, Sonar 70B 모델을 이용할 수 있다. 쿼리를 던지면 조건을 물어보고 웹을 검색해 요약해 보여준다. 웹사이트에서 무료로 접속 가능하고 Focus 탭을 활용하여 각 포커싱 별로 전문적인 답변을 얻을 수 있어서 보다 디테일한 자료 수집이 가능하다. 링크와 함께 최신 정보의 검색 결과를 손쉽게 얻을 수 있고 링크를 제공하면 내용을 학습, 요약하는 작업도 가능하다. 특히 실시간 정보 색임 치 분석을 통해 최신 업데이트와 속보에 즉각적

으로 접근할 수 있고, 긴 텍스트를 간결한 요약으로 정리하여 시간과 노력을 절약할 수 있다. 또한 모든 결과에 대한 출처를 제공하기 때문에 학습 자료에 대한 신뢰성을 확인할 수 있다. 단, 무료는 하루에 5번의 프로를 검색하지만 유료인 경우 600번의 pro 검색과 무제한 파일 업로드 및 분석이 가능하다.

① 가입 및 접속 방법

　㉠ 구글 검색창에 'Perplexity'를 입력하고 사이트에 접속한 후, 계정 로그인하거나 이메일 주소를 이용하여 직접 가입한다.

　㉡ 중앙 하단에 언어 설정이 '영어'인 경우, 'Korean(한국어)'로 변경한다.

그림 4-43 • Perplexity 언어 설정 화면

② 사용 방법

　㉠ 프롬프트 창 하단에 '첨부'에서 PDF 파일을 업로드한다.

그림 4-44 • Perplexity PDF 업로드 화면

ⓛ 프롬프트창에 '문서 내용을 1,000자로 요약해 줘.'라고 입력하면 아래와 같은 결과가 나온다.

그림 4-45 • Perplexity 답변 요약 화면

✳ 답변

이 문서는 2027학년도 대학입학전형기본사항에 대한 내용을 담고 있습니다. 주요 내용은 다음과 같습니다.

1. 대학입학전형기본사항의 수립 근거와 준수 사항을 설명합니다. 한국대학교육협의회(대교협)가 고등교육법과 시행령에 근거하여 이를 수립하고 공표합니다.

2. 교육부장관은 입학연도 4년 전까지 대학입학 관련 주요 사항을 공표해야 합니다. 여기에는 수능 기본방향, 대학 지원 횟수 등이 포함됩니다.

3. 대교협은 입학연도 2년 전 학년도 개시 6개월 전까지 대학입학전형기본사항을 수립·공표해야 합니다.

4. 각 대학은 입학연도 전 학년도 개시 10개월 전까지 대학입학전형시행계획을 수립·공표해야 합니다.

5. 공표된 대학입학전형기본사항과 대학입학전형시행계획은 원칙적으로 변경할 수 없으나, 법령 개정 등 특별한 사유가 있는 경우 변경 가능합니다.

6. 대학입학전형위원회가 구성되어 대학입학전형기본사항 수립과 대학입학전형시행계획 협의·조정을 담당합니다.

7. 모든 대학은 대학입학전형기본사항을 준수해야 하며, 미준수 시 제재를 받을 수 있습니다.

8. 문서는 총칙, 전형별 기본사항, 전형요소, 2027학년도 대학입학전형 등의 섹션으로 구성되어 있으며, 각 섹션에서 세부 내용을 다룹니다.

ⓒ 필요에 따라 특정 기능을 선택하거나 'AII' 기능을 사용해 검색한다.[5]

그림 4-46 • 특정 기능 사용 화면

이전에 없던 방식으로 검색하세요

---

5 https://hyunicecream.tistory.com/61

3) 예제와 예시 답안: Perplexity로 고교학점제 관련 뉴스를 요약해보라.

퍼플렉시티는 질문에 대해 출처 사이트를 모두 제시한 뒤에 답변을 정리해서 보여주고 있다. 우측에는 관련 이미지, 동영상까지 같이 검색되므로 학습지용 수업 자료를 검색할 때 뉴스 기사 원문뿐만 아니라 관련 동영상 정보까지 얻을 수 있어서 교사에게 매우 유용하게 제공되고 있다.

입력 프롬프트(1차)
• 너는 뉴스를 찾아주고 정리하는 전문가야. 나는 고교학점제와 관련해서 오늘을 기준으로 3개월간의 뉴스를 찾고 있어. 아래 조건을 모두 만족하는 최신 뉴스를 정리해 줘. • 자연스러운 한국어로 출력해 주고 뉴스는 한국 언론사에서 내용을 찾아줘. • 아래 형식으로 정리해 줘(발행날짜, 언론사, 제목, 내용 요약). • 오늘 날짜를 중심으로 최신 뉴스가 상위에 노출될 수 있게 역순으로 정렬해 줘.

Perplexity 출력 결과(1차)

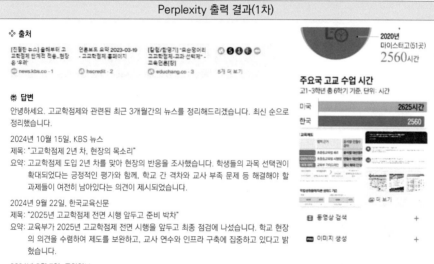

출처

[친절한 뉴스] 올해부터 고교학점제 단계적 적용…현장은 '우려'
news.kbs.co · 1

언론보도 요약 2023-03-19 - 고교학점제 홈페이지
hscredit · 2

[칼럼/할영기] "모순덩어리 고교학점제-교과 선택제" - 교육언론[창]
educhang.co · 3

5개 더 보기

답변

안녕하세요. 고교학점제와 관련된 최근 3개월간의 뉴스를 정리해드리겠습니다. 최신 순으로 정리했습니다.

2024년 10월 15일, KBS 뉴스
제목: "고교학점제 2년 차, 현장의 목소리"
요약: 고교학점제 도입 2년 차를 맞아 현장의 반응을 조사했습니다. 학생들의 과목 선택권이 확대되었다는 긍정적인 평가와 함께, 학교 간 격차와 교사 부족 문제 등 해결해야 할 과제들이 여전히 남아있다는 의견이 제시되었습니다.

2024년 9월 22일, 한국교육신문
제목: "2025년 고교학점제 전면 시행 앞두고 준비 박차"
요약: 교육부가 2025년 고교학점제 전면 시행을 앞두고 최종 점검에 나섰습니다. 학교 현장의 의견을 수렴하여 제도를 보완하고, 교사 연수와 인프라 구축에 집중하고 있다고 밝혔습니다.

2024년 8월 7일, 중앙일보
제목: "고교학점제 시행 1년, 학생 만족도 상승"
요약: 고교학점제 시행 1년을 맞아 실시한 설문조사 결과, 학생들의 만족도가 전반적으로 상승한 것으로 나타났습니다. 특히 진로에 맞는 과목 선택이 가능해졌다는 점에서 긍정적인 평가가 많았습니다.

2024년 7월 19일, 동아일보
제목: "고교학점제 안착 위한 대학입시 제도 개선 논의 본격화"
요약: 교육부와 대학들이 고교학점제의 안정적인 정착을 위해 대학입시 제도 개선 방안을 논의하기 시작했습니다. 학생부 기재 방식 변경과 수능 과목 구조 조정 등이 주요 의제로 다뤄지고 있습니다.

이상으로 고교학점제 관련 최근 3개월간의 주요 뉴스를 정리해드렸습니다.

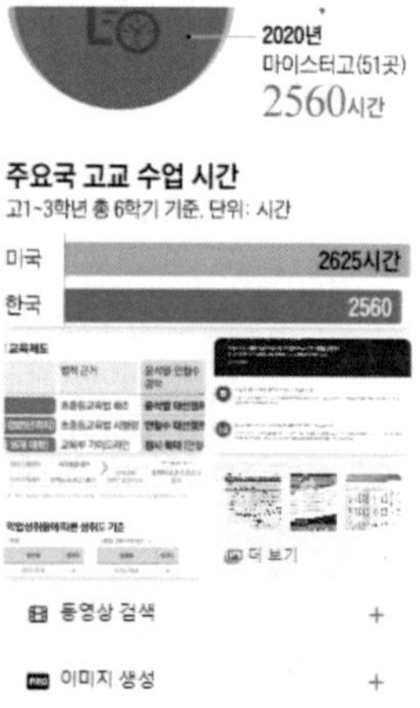

입력 프롬프트(2차)
고교학점제 시행으로 성적 변동 추이는 어떻게 되나요?

✿ 답변

고교학점제가 전면 시행된 지 얼마 되지 않아 장기적인 성적 변동 추이를 분석하기는 아직 이르지만, 현재까지 나타난 몇 가지 특징들을 정리해드리겠습니다.

성적 평가 방식의 변화
고교학점제 도입으로 성적 평가 방식이 크게 바뀌었습니다.
• 기존의 상대평가 방식인 석차등급제에서 절대평가 방식인 성취평가제로 전환되었습니다.
• 진로선택 과목에 대해 우선적으로 성취평가제가 적용되었고, 2025년부터는 일반선택 과목까지 확대 적용될 예정입니다.

학생들의 반응
• 학생들은 자신의 진로와 적성에 맞는 과목을 선택할 수 있게 되어 수업 참여도가 전반적으로 높아졌다는 평가가 있습니다.
• 교사들과의 소통도 더 원활해져 수업 분위기가 좋아졌다는 의견도 있습니다.

과제와 우려사항
그러나 아직 보완해야 할 점들도 있습니다.
• 교사 한 명이 여러 과목을 담당하게 되면서 업무 가중과 수업의 질 저하에 대한 우려가 있습니다.
• 학생들의 잦은 이동수업과 공강 시간 발생으로 인한 학생 지도의 어려움이 제기되고 있습니다.

현재로서는 고교학점제가 학생들의 성적에 미치는 장기적인 영향을 정확히 판단하기 어렵습니다. 제도가 안정화되고 더 많은 데이터가 축적된 후에야 정확한 성적 변동 추이를 분석할 수 있을 것으로 보입니다.

고교학점제가 학생들의 진로선택에 미친 영향은 무엇인가요?

✿ 답변

고교학점제는 학생들의 진로 선택에 상당한 영향을 미칠 것으로 예상됩니다. 주요 영향과 특징은 다음과 같습니다.

진로 탐색 기회 확대
• 학생들은 다양한 과목을 선택하여 수강할 수 있게 되어, 자신의 적성과 흥미를 더 폭넓게 탐색할 수 있습니다.
• 진로 수업과 선택 과목이 풍성하게 확대되어 학생들이 다양한 분야를 경험할 수 있습니다.

자기 주도적 학습 강화
• 학생들이 스스로 과목을 선택하고 학습 계획을 세우는 과정에서 자기 주도적 학습 능력이 향상될 수 있습니다.
• 이는 급변하는 직업 세계에 대비하여 학생들의 진로 개척 능력을 키우는 데 도움이 될 것으로 기대됩니다.

진로 결정의 유연성
• 고등학교 1학년 때의 진로 희망과 3학년 때의 희망이 다를 수 있으므로, 학년별로 과목 선택을 조정할 수 있는 유연성이 제공됩니다.
• 다만, 과목 선택의 실수로 인한 불이익을 최소화하기 위한 지원 체계가 필요할 것입니다.

대학 입시와의 연계
• 학생들이 자신의 진로와 관련된 과목을 선택적으로 이수함으로써, 대학 입시 준비와 진로 탐색을 동시에 할 수 있는 기회가 제공됩니다.
• 그러나 입시 위주의 과목 선택이 이루어질 수 있다는 우려도 있습니다.

진로 교육 강화
• 학교는 학생들이 올바른 진로 선택을 할 수 있도록 더 체계적인 진로 교육과 상담을 제공해야 할 것입니다.
• 공동 교육 과정을 통해 다른 학교의 학생들과 함께 수업을 들을 수 있어, 더 다양한 진로 탐색 기회가 생길 수 있습니다.

고교학점제는 학생들에게 진로 선택의 자유와 책임을 동시에 부여합니다. 이 제도가 성공적으로 정착되기 위해서는 학생들의 진로 탐색을 지원하는 체계적인 시스템과 전문적인 진로 지도가 필수적일 것입니다.

② 웹페이지 요약하기

차례	(1) 페이지 요약_Monica AI
	(2) 뉴스 요약_WebPilot

(1) 페이지 요약_Monica AI

1) 활동 소개 - 홍보 페이지 요약하기

가입은 앞 부분 'PDF 요약하기'에 안내되어 있으므로 생략하고, 긴 내용의 웹페이지를 다 읽을 시간이 없을 때 빠르게 요약해 주는 기능이 있어 소개하고자 한다.

2) 사용 방법

① Monica 로그인 화면의 왼쪽 메뉴 '읽기'를 클릭하고, 중앙에서 '링크와 채팅하기' 칸에 요약하고 싶은 웹페이지 주소를 붙여넣기한다.

② 오른쪽 파란색 버튼 '읽기'를 누르면 웹페이지를 요약해 준다.

③ 프롬프트 창에 질문을 추가로 계속할 수 있고, 참고 출처를 확인할 때는 문장 끝의 파란색 글씨를 클릭하면 된다.

3) 예제와 예시 답안

Monica AI로 홍보 웹페이지를 요약해보라.

그림 4-47 • Monica 읽기 화면

그림 4-48 • Monica 답변 화면

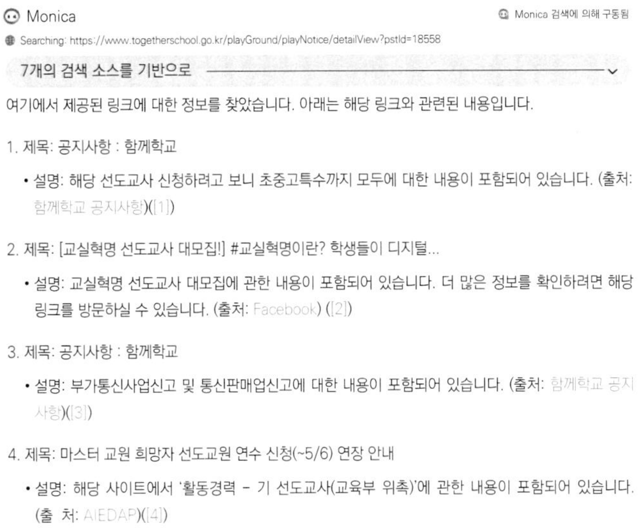

[2] 뉴스 요약_WebPilot

1) 활동 소개 – AI 관련 뉴스 요약하기

2) WebPilot이란?

웹사이트의 정보를 빠르게 탐색하고 정보를 추출하는 데 사용할 수 있는 도구이다. WebPilot을 사용하면 웹사이트의 URL을 제공하거나 웹사이트를 직접 방문하여 정보를 얻을 수 있다. 또한 웹사이트의 텍스트, 이미지, 비디오를 포함한 다양한 정보를 추출할 수 있다.

① 가입 및 접속 방법

  ㉠ Chat GPT에서 'GPT-4' 모델을 선택한후, 플러그인(Plugin)을 클릭하면 활성화된 것 중 'WebPilot'을 체크한다.

그림 4-49 • WebPilot 구동 화면

ⓒ 또는 크롬 웹스토어에서 'WebPilot'를 검색하여 크롬에 추가한다.

그림 4-50 • WebPilot 크롬 웹스토어 화면

② **사용 방법**: WebPilot.ai 사이트에 접속 후 우측 상단에서 언어를 '한국어'
로 변경하고, 프롬프트 창에 웹페이지 주소를 입력한 후 '000자로 요약해
줘.'라고 요청한다.

그림 4-51 • WebPilot 첫 화면

3) 예제와 예시 답안

[원본] UN의 AI 최종 보고서(Governing AI for Humanity: Final Report) 주요 내용 및 시사점 (https://www.lawtimes.co.kr/LawFirm-NewsLetter/202220)	

입력 프롬프트

https://www.lawtimes.co.kr/LawFirm-NewsLetter/202220 페이지 내용을 1,000자로 요약해 줘.

WebPilot 출력 결과

UN은 2023년 10월 인공지능 고위급 자문기구를 구성하고 AI의 발전과 규제에 필요한 글로벌 거버넌스를 검토하기 시작했습니다. 2024년 5월에는 AI 중간 보고서를 발간하며 AI 거버넌스를 위한 협력과 통일된 규범의 필요성을 강조했습니다. 2024년 9월 19일 최종 보고서에서는 AI 거버넌스를 실현하기 위한 7가지 방안을 제안했습니다. 첫 번째 제안은 국제적인 과학 패널을 조직하여 AI의 기회와 위험을 분석하고, 연간 보고서를 발간하는 것입니다. 두 번째 제안은 AI 규제 관련 정책 논의를 통해 국가 간 규제의 상호운용성을 높이는 것입니다. 세 번째 제안은 AI 규범 간 정보 교환을 위한 네트워크 구축입니다. 네 번째 제안은 AI 관련 역량 개발 네트워크를 통해 개발도상국의 AI 역량을 강화하는 것입니다. 다섯 번째 제안은 AI 기금을 조성하여 교육과 컴퓨팅 자원을 지원하는 것입니다. 여섯 번째 제안은 글로벌 AI 데이터 프레임워크를 마련하여 데이터 접근성을 높이는 것입니다. 마지막으로, 일곱 번째 제안은 UN 내 AI 사무소를 설립하여 AI 규제 간 차이를 조정하는 것입니다. 이러한 제안들은 AI의 안전하고 투명한 발전을 위한 기반을 마련할 것으로 기대됩니다.

WebPilot으로 AI 관련 뉴스를 요약해 보면 웹페이지에서 말하는 주요 포인트를 제시해주어 시각적으로 내용을 이해하기가 쉽다. 각 표마다 삼각형(▼)을 누르면 자세한 내용을 볼 수 있다.

3 유튜브 요약하기

차례	(1) TED 요약_YouTube Summary with ChatGPT
	(2) 세바시 요약_Lilys AI

(1) TED 요약_YouTube Summary with ChatGPT

1) 활동 소개 – TED(테드) 영상 요약

2) YouTube Summary with ChatGPT란?

ChatGPT와 함께하는 YouTube 요약은 ChatGPT를 활용하여 YouTube 동영상의 간결하고 유익한 요약을 제공하는 웹 앱이다. 사용자는 이를 통해 동영상 전부를 시청하지 않고도 빠르게 동영상의 주요 요점과 내용을 파악할 수 있다. 간결한 요약을 제공하여 전체 비디오를 시청하지 않아도 정확한 요약을 얻을 수 있어서 시간이 제한된 시청자에게 적합하다. YouTube 대본을 얻고 싶다면 YouTube 비디오 페이지의 [복사] 버튼을 클릭할 수 있다. 대본이 클립보드에 복사되며 텍스트 편집기나 워드 프로세서에 붙여 넣을 수 있다.

① 가입 및 접속 방법: 사전에 Chat GPT에 가입한 후, 크롬 웹스토어에서 'YouTube Summary with Chat GPT'를 추가하거나 검색창에 입력한다.

그림 4-52 • YouTube Summary with Chat GPT 크롬 웹 스토어 화면

② 사용 방법

　㉠ 새로고침을 한 후, 시청할 유튜브 창을 검색한다.

　㉡ 우측에 새 창 메뉴를 확인하고 요약된 내용을 확인한다.

3) 예제와 예시 답안

YouTube Summary with Chat GPT로 TED 영상을 요약해보라.

[원본] Google's driverless car | Sebastian Thrun
　　　(https://www.youtube.com/watch?v=bp9KBrH8H04&t=126s)

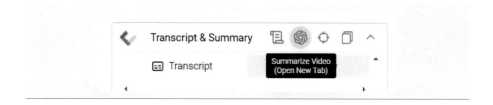

위의 사진처럼 View AI Summary를 클릭하여 아래와 같이 자동으로 프롬프트가 입력되고 요약 글을 작성해준다.

그림 4-53 • ChatGPT 요약 화면

1. 세바스찬 스론은 18세 때 자동차 사고로 친구를 잃었고, 매년 수백만 명의 생명을 구하기 위해 자율주행차 개발을 목표로 삼았다.

2. 그는 DARPA 그랜드 챌린지에서 자율주행차 개념을 처음 접하고, 스탠퍼드에서 자율주행차를 개발해 대회에서 우승했다.

3. 구글 팀은 캘리포니아 전역에서 14만 마일을 주행하며 자율주행 기술을 테스트했으며, 도로에서의 다양한 상황을 처리할 수 있게 만들었다.

4. 스론은 대부분의 교통사고가 인간의 실수로 발생하며, 자율주행차가 이를 줄이고 교통 흐름과 효율성을 개선할 수 있다고 강조했다.

5. 그는 미래 세대가 사람이 직접 운전했던 시대를 우스꽝스럽게 바라보게 될 것이라고 믿으며, 자율주행 기술이 가져올 긍정적인 변화를 기대하고 있다.

[2] 유튜브 영상 요약_Lilys AI

1) 활동 소개 – 유튜브 영상 요약하기

2) Lilys(릴리스) AI란?

Lilys AI는 유튜브 영상 링크를 넣으면 AI가 자동적으로 분석을 해서 영상을 요약해주고, 내용을 분석해 챕터를 나누어 요약 노트를 만들어 주는 툴이다. 별도로 프로그램을 설치하지 않고 PC나 핸드폰 브라우저를 통해서도 최적화가 잘 되어 있고 사용법이 간단하다. 요약 노트와 함께 영상 요약, PDF 요약, 텍스트 요약, 실시간 녹음 요약 등이 가능하니 필요할 때 적절하게 사용하면 된다. 유튜브를 모두 시청할 시간이 부족하거나 영상 재생 시간이 길 때 사용하기 용이하다.

① 가입 및 접속 방법: Lilys AI 사이트에 접속하면 홈페이지가 나온다.

② 사용 방법

ㄱ 요약하려는 유튜브 영상의 링크를 복사한다(유튜브 화면 아래 '공유' 클릭하여 나타난 팝업 창에서 '복사' 선택한다).

그림 4-54 • 유튜브 주소 공유 방법

ㄴ 프롬프트 창에 유튜브 주소를 복사하여 붙여넣고 '요약하기'를 클릭한다.

그림 4-55 • Lilys에 유튜브 주소 입력 화면

ⓒ 영상 소개, 요약 노트, 스크립트(녹취록), 타임스탬프, 블로그 글까지 모두 요약하여 보여준다.

ⓓ 필요한 양식을 선택하고, 저장 및 공유한다.

3) 예제와 예시 답안

Lilys AI로 마음에 드는 영상 요약하기

[원본] AI 활용 수업 꿀팁 대공개! (https://www.youtube.com/watch?v=kLKKF8xgr7k)	

입력 프롬프트

두뇌에 터보엔진을 달고 지식을 습득하세요

출력 결과(전체 화면-요약노트)

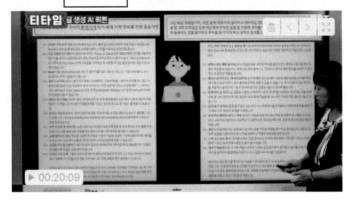

그다음은 이제 학생입니다. 학생들은 아무래도 이제 진로 관련해서 내가 앞으로 나는 어떤 직업을 하면 좋을까, 뭐 또는 유망한 직업은 무엇이지 그러면 이 직업이 되려면 뭘 해야 되지 이런 것들이 가장 궁금하잖아요. 그래서 이제 진로와 관련된 정보탐색을 하는 데 많이 활용합니다.

그래서 저도 이제 수업 시간에 할 때 아이들한테 이제 진로와 관련된 수학적인 능력도 뛰어나다고 하니까 숫자 관련한 그런 직업들이 많이 나와 있습니다. 수학교사 리서치의 애널리스트 이런 식으로 그러면서 맨 아래쪽에 직업만 소개해 주는 게 아니라 격려해주는 문구를 넣어주더라고요. 그래서 뭐, 16살 아이에게는 관심 분야를 탐색하고 기술을 더 발전시킬 수 있는 충분한 시간이 있다는 점이 기억하십시오.

그리고 '이런 정보를 가지고 좋은 기회를 갖게 될 것입니다.'라는 식으로 이제 마지막 멘트를 항상 꼭 해주더라고요. 그래서 요런 부분도 아이들한테 정서적으로 조금 이렇게 도움이 되는 것 같습니다.

그리고 이제 또 학생들이 이제 중3 같은 경우는 이제 학교를 진학하는 거 관련해서 아이들이 이제 특히 특성화고 같은 경우는 저희가 이제 어떤 뭐 취업 희망사라든가 자기소개서같은 거를 제출하는 학교들이 있는데, 아이들한테 이제 써보라고 하면 솔직히 아이들이 그런 걸 많이 써보질 않아서 어떻게 써야 되는지 되게 막막해 하잖아요. 그래서 이제 그런 거 관련해서 좀 도움을 받고 한번 만들어 봤습니다. 중학교 남학생이고 어떤 어떤 외식과 고등학교에 무슨 과에 진학하고 싶어, 그래서 취업 희망서에 들어갈 내용을 천자 이내로 만들어 줘라고 해서 조건을 넣고요.

그랬더니 제빵에 대한 얘기와 그다음에 여기 베이커리에 대한 설명. 그리고 제빵에 대한 나의 열정은 뭐뭐뭐 하고 이렇게 해서 이렇게 지원서에 글의 양식을 이렇게 초안처럼 만들어 주는 거예요. 그럼 이제 아이들이 맨 처음에 본인 보고 쓰라고 했을 때 한 세 줄, 네 줄 썼던 것을 참고해서 조금 더 보완을 하거나 그렇게 해서 좀 글을 다듬고 그러더라고요.

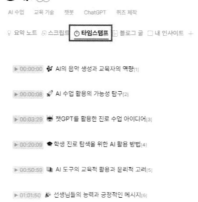

👀 AI를 수업에 활용하는 여러가지 방법들! 알고 보면 이렇게 쉬울 수 없다는 AI 활용 수업 꿀팁 대공개! 👀

AI 수업   교육 기술   챗봇   ChatGPT   퀴즈 제작

♡ 요약 노트   스크립트   ⏱ 타임스탬프   블로그 글   내 인사이트   +

▶ 00:00:00 🎵 AI의 음악 생성과 교육자의 역량[1]

▶ 00:00:08 🖊 AI 수업 활용의 가능성 탐구[2]

▶ 00:03:29 💬 챗GPT를 활용한 진로 수업 아이디어[3]

▶ 00:20:09 ◆ 학생 진로 탐색을 위한 AI 활용 방법[4]

▶ 00:50:50 📱 AI 도구의 교육적 활용과 윤리적 고려[5]

▶ 01:01:50 🎙 선생님들의 능력과 긍정적인 메시지[6]

♡ 요약 노트   스크립트   ⏱ 타임스탬프   📄 블로그 글   내 인사이트   +
왜 열려있는 선생님들이 많아야 하는가?

학생 진로 탐색에 AI를 어떻게 활용할까?

학생들은 진로에 관련된 정보 탐색에 AI를 많이 활용하며, 예를 들어, 관심분야와 관련된 직업을 찾아 수업 시간에 안내하는 것이 효과적이에요.

AI를 이용해 자기소개서나 취업 희망서 작성에 도움을 줄 수 있으며, 학생들이 참고하여 글을 보완할 수 있는 초안을 제공하는 것이 유익하죠.

AI는 면접 준비에도 활용할 수 있으며, 특히 파일럿처럼 특정 직업에 대한 질문을 준비하는 데 유용하답니다.

학생들이 AI를 통해 자기 자신을 표현하는 활동에도 도움을 주며, 활동 과정에서 창의력을 증진시키는 데 기여할 수 있어요.

AI 목소리를 이용한 직업 소개 영상 만드는 방법

브루라는 사이트로 설치한 앱을 이용하면, AI 목소리를 우리나라 버전으로 다양하게 사용할 수 있어요. 자동으로 영상과 음악 영상까지 만들기 쉬운 이 앱으로, 아이들이 즐기면서 직업 소개를 참여적으로 할 수 있어요.

축구 친구들끼리 함께 만들어보면 성능을 확인하면서 즐길 수도 있을 거예요.

이미지 생성 프로그램으로 인기 있는 아바타를 만들면서 자기소개나 직업 소개하는 것도 가능해요.

딱딱한 PPT나 글보다는 아이들이 더 쉽고 즐겁게 다양한 직업들을 접할 수 있는 좋은 방법이에요.

출력 결과(New Note)

AI 도구의 교육적 활용과 윤리적 고려

- AI 도구인 ChatGPT를 통해 자동으로 요약문과 주제를 추천받을 수 있으며, 이는 학생들이 발표 자료를 만들고 리서치하는 데 도움을 준다.
- 그러나 AI 기술의 남용 가능성을 고려하여, 윤리적인 교육이 필요하여 교육청에서도 이에 대한 가이드라인을 발표하고 있다.
- 학생들이 스스로 AI의 문제점을 발견하고 해결하는 능력을 길러야 하며, 이를 위해서는 AI 이해도와 윤리적 사고를 함양하는 교육이 필요하다.
- AI 기술의 긍정적 및 부정적인 영향을 탐색하고, 이를 통해 학생들과 이야기를 나누며 공유하는 시간을 갖는 것이 중요하다.
- 다양한 AI 도구를 활용하여 학습을 촉진하는 과정에서 교사와 학생 간의 상호작용이 활성화될 수 있다.

---

4 PPT 제작

차례	(1) MBTI 안내_TOME
	(2) 수업 안내_GAMMA

(1) PPT 제작_TOME(토미)

1) 활동 소개 - MBTI 소개 PPT 제작하기

2) TOME란?

TOME은 스토리텔링 방식으로 누구나 이야기할 수 있도록 도와준다. 이야기가 잘 전달될 수 있도록 내용 중심의 프리젠테이션을 만들어 주는데, PPT, 포트폴리오 등 사진, 글 영상이 들어간 자료를 만들 수 있는 AI이다. 특히 글 서술이 자연스럽고 분위기, 의도를 변경할 수 있는 글 편집 코너가 있고 AI가 만든 이미지를 사용하여 저작권 걱정 없이 몰입형 내러티브를 만들고 공유할 수 있다.

① **가입 및 접속 방법**: TOME 홈페이지에서 회원가입을 하고, 대시보드의
create를 클릭한다.

그림 4-56 • TOME 대시보드 화면

② **사용 방법**

㉠ 프롬프트를 입력할 수 있는 창에 제작하고 싶은 ppt 주제를 입력한다.

그림 4-57 • TOME 주제 입력 화면

© PPT가 제작된 후, 우측에 메뉴창을 통해 테마, 배경색, 글꼴, 이미지, 미디어 추가 등 슬라이드마다 다른 테마와 스타일을 변경하여 적용시키면 된다.

그림 4-58 • TOME 우측 메뉴 화면

글꼴	미디어 추가	도형	테이블 추가
차트 추가	타일 더 보기	테마 설정	[테마 설정] • 테마 • 페이지 • 머리글/단락 • 폰트 색상 ※ 사용자가 원하는 스타일로 변경 가능

3) 예제와 예시 답안

TOME으로 원하는 주제의 PPT를 제작해보라.

그림 4-59 • TOME 출력 화면

(2) 수업 안내_GAMMA(감마)

1) 활동 소개 – AI 활용 수업 안내

2) Gamma란?

Gamma(감마)는 문서 시각화 도구로 AI를 활용해서 직접 제작하려면 시간이 한참 걸리는 프리젠테이션 문서와 웹페이지를 순식간에 만들어주는 편리한 툴이다. 다양한 템플릿과 디자인 요소를 제공하며 이를 활용해 사용자의 아이디어를 시각적으로 표현할 수 있다. PPT 템플릿뿐만 아니라 내 목적에 맞는 내용을 빠르게 원하는 내용의 PPT 초안을 만들 수 있어서 시간과 노력을 크게 절약할 수 있고, 사용자가 슬라이드의 목차 및 내용을 바로 수정할 수 있다.

① 가입 및 접속 방법: gamma.app 사이트에 접속한 후, 우측 상단에 계정 로그인으로 회원가입을 한다.

그림 4-60 • Gamma 첫 화면

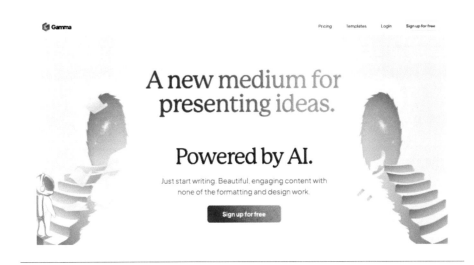

② 사용 방법

㉠ 대시보드에서 '새로 만들기' 또는 '빈 문서에서 새로 만들기', '가져오기'
를 선택할 수 있다.

그림 4-61 • Gamma 대시보드 화면

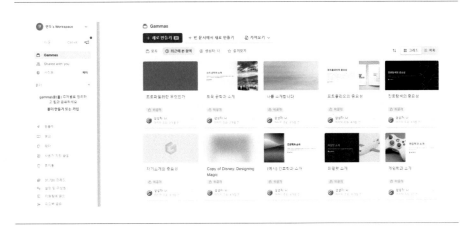

ⓒ '새로 만들기 AI'를 클릭하면 다음의 세 종류를 선택할 수 있다.

그림 4-62 • Gamma 만들기 선택 화면

• 텍스트로 붙여넣기: 이미 작성된 기록 텍스트를 입력하면 텍스트에 맞춰 제작
• 생성: 제작하고 싶은 주제를 입력하면 자동 PPT 생성
• Import file or URL: PDF 및 워드 문서나 URL 주소 입력하면 제작

그림 4-63 • Gamma AI로 가져오기 화면

[3] 두 번째 '생성'을 클릭하면 3종(프레젠테이션, 웹사이트, 문서) 중 1개를 선택하고, 무엇을 만들지 주제를 입력하면 된다(기본 8개의 슬라이드를 제작해 준다).

그림 4-64 • Gamma 생성 화면

[4] 프롬프트 창에 '주제'를 입력하면 목차를 8개 생성해 준다. 목차 및 내용이 부자연스러우면 목차 자체를 수정할 수 있고 순서도 변경할 수 있다. 아래 설정 칸에서 텍스트 양, 이미지 스타일과 모델 등을 변경할 수 있다.

그림 4-65 • Gamma 목차 수정 화면

[5] '고급 모드'를 클릭하면 텍스트 콘텐츠와 카드 당 텍스트 양, 쓰기 대상, 톤, 이미지, 형식 등 세부 사항을 변경할 수 있다.

그림 4-66 • Gamma 프롬프트 편집기 화면

[6] 주제와 목차 수정이 끝나 하단의 '계속'을 클릭하면, 테마 선택 창이 나타나고 원하는 스타일의 템플릿을 고르고 우측 상단의 '생성'을 누른다.

그림 4-67 • Gamma 테마 미리보기 화면

3) 예제와 예시 답안

Gamma로 AI 활용 수업 안내 PPT 초안을 작성해보라.

그림 4-68 • Gamma 테마 미리보기 화면

5 녹음하기

차례	(1) 회의 녹음_CLOVA Note
	(2) 수업 동영상 제작_CLOVA Dubbing
	(3) 탐구 보고서 영상 제작_Typecast(타입캐스트)

(1) 회의 녹음_CLOVA Note

1) 활동 소개 – 토의 및 회의 녹음 내용 변환하기

2) AI툴 소개 – CLOVA Note란?

CLOVA Note는 AI 기술을 활용한 음성 기록 관리 서비스로, 회의, 강의, 상담, 인터뷰 등 녹음이 필요한 모든 상황에 편리하게 이용할 수 있다. 녹음한 내용이 텍스트로 변환되고 AI 기술이 핵심 내용만 요약해 주기 때문에 요점을 한눈에 파악하기 쉽고 필요한 구간만 찾아서 바로 들어볼 수도 있는데 특히 대화 내용을 집중해서 듣거나 직접 참여해야 할 때 유용하다.

모바일 앱 또는 PC에서 녹음을 시작하거나 저장된 음성 파일을 업로드해서 노트를 생성할 수 있다. 만약 업로드할 파일이 준비되지 않았거나 녹음을 시작하기 어려운 경우라면, 새 노트를 넌서 준비하고 새 노트에 제목, 참석자, 주제 등을 미리 메모해 놓으면 실제 녹음할 때 중요한 내용을 놓치지 않을 수 있다.

텍스트로 변환된 음성 기록과 직접 작성한 메모, AI가 자동으로 정리해 주는 요약, 주요 주제, 다음 할 일까지 모두 수정할 수 있다. 뿐만 아니라, 음성 기록에서 강조할 내용이 있다면 길게 눌러서 하이라이트 표시하거나 메모 또는 북마크를 추가하는 것도 가능하다. 녹음한 음성 파일, 텍스트로 변환된 음성 기록, 메모까지 모두 파일로 다운로드할 수 있다. 또한, 생성된 노트를 링크로 공유할 수도 있다. 공유 링크를 통하면 편집한 내용까지 바로 확인할 수 있어 매우 간편하다.

CLOVA Note는 매월 기본 제공되는 시간만큼 무료로 사용할 수 있고 기본 제공 시간은 매월 갱신일까지 사용 가능하며, 남은 사용 시간은 이월되지 않고 갱신일에 자동 소멸된다. 기본 제공 시간은 변경될 수 있으며, 사용 시간은 노트를 만들 때 녹음 또는 업로드할 파일의 길이에 따라 차감된다. 예를 들어, 5분짜리 노트를 만들면 5분의 사용 시간이 차감된다.

① **가입 및 접속 방법**: 클로바노트 홈에서 왼쪽 위의 '새 노트' 버튼을 클릭한다.

② **사용 방법**

　㉠ 새 노트에서 제목, 참석자, 메모를 입력한다.

　㉡ 노트 제목, 참석자, 메모는 언제든지 다시 편집할 수 있다.

그림 4-69 • CLOVA Note 대시보드 화면

ⓒ 새 노트에서 음성 인식 언어를 선택한 후, 업로드할 음성 파일을 끌어오거나 첨부한다. 음성 파일은 .m4a, .mp3, .aac, .amr, .wav 형식만 업로드 가능하고, 파일의 최대 크기는 300MB이다.

그림 4-70 • CLOVA Note 입력 화면

㉣ 음성 종류 및 참석자 수를 설정하고 회의 내용을 확인한다.

그림 4-71 • CLOVA Note 설정 화면

ⓜ 요약이 필요하다면 AI 요약하기를 누른다(단, 1달에 15회 횟수 제한 있음).

그림 4-72 • CLOVA Note 요약 화면

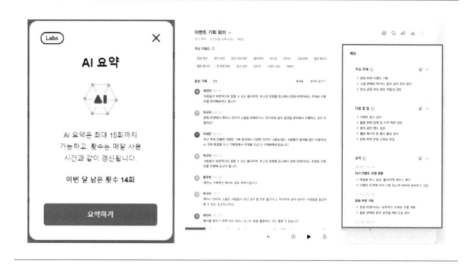

(2) 수업 동영상 제작_CLOVA Dubbing

1) 활동 소개 – 수업 동영상 만들기

2) CLOVA Dubbing이란?

CLOVA Dubbing은 네이버의 AI 엔진을 기반으로 하여, 텍스트를 자연스러운 음성으로 변환해 준다. 다양한 스타일의 고품질 AI 보이스를 제공하며, 사용자는 해시태그와 이미지를 통해 쉽게 보이스를 선택할 수 있다. 특히, 높낮이, 속도, 끝음 조절 등의 옵션을 제공하며 특수효과를 추가하여 재미있는 음성을 만들 수 있어서 보다 생동감 있는 음성을 추가할 수 있게 해 준다. 교사들은 PPT를 보여주면서 읽어주는 대신, 클로바 더빙을 사용하여 효과음과 함께 녹음을 하면 학생들이 더 수업에 집중할 수 있게 도와준다.

그림 4-73 • CLOVA Dubbing 보이스 화면

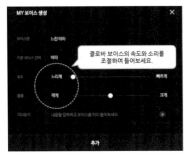

무료(free)는 프로젝트 5개, 월 다운로드 수 20회, 월 글자수 15,000자, 출처 표기가 필수이다. 무료 사용량은 매월 1일 새로 지급되고 제작한 콘텐츠를 출처 표기와 함께 무료 채널에 게시할 경우 누구나 무료로 사용할 수 있다.

① **가입 및 접속 방법**: 클로바 더빙(https://clovadubbing.naver.com/)을 검색하고, 네이버에 로그인한다.

② **사용 방법**

　㉠ 중앙의 '무료로 시작하기'를 클릭하고, 개인정보 제공을 동의한다.

　㉡ 내 프로젝트에서 '새 프로젝트'를 클릭하여 프로젝트명을 입력하고 생성한다.

　㉢ 동영상, PDF/이미지를 추가하고, 더빙을 추가 및 목소리를 변경한다.

그림 4-74 • CLOVA Dubbing 편집 화면

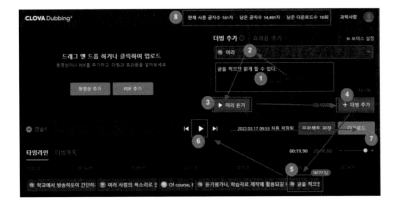

그림 4-75 • CLOVA Dubbing 성우 선택 화면[6]

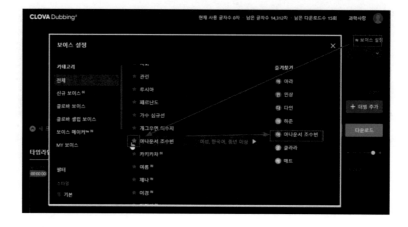

㉣ 글자를 수정하고 싶으면 더빙목록을 누르고 직접 수정하거나 삭제할 수
있다.

그림 4-76 • CLOVA Dubbing 내용 수정 화면

3) 예제와 예시 답안

CLOVA Dubbing으로 간단한 수업 동영상을 제작해보라.

---

6 참조: 김정식 허명성의 과학사랑(https://sciencelove.com/2603)

그림 4-77 • CLOVA Dubbing 활용 사례[7]

미래 교육 플랫폼, 웨일 스페이스
상품소개   지율 보이스
▶ 네이버 웨일

깡총토끼 만들기
정보·지식   허준 보이스
▶ Lala rabbit

[3] 탐구 보고서 영상 제작_Typecast(타입캐스트)

1) 활동 소개 – 수업 동영상 만들기

2) AI 툴 소개 – Typecast란?

Typecast는 네이버의 AI 엔진을 기반으로 하여, 텍스트를 자연스러운 음성으로 변환해 준다. 다양한 스타일의 고품질 AI 보이스를 제공하며, 사용자는 해시태크와 이미지를 통해 쉽게 보이스를 선택할 수 있다. 특히, 높낮이, 속도, 끝음 조절 등의 옵션을 제공하며 특수효과를 추가하여 재미있는 음성을 만들 수 있어서 보다 생동감 있는 음성을 추가할 수 있게 해 준다. 교사들은 PPT를 보여주면서 읽어주는 대신, 클로바 더빙을 사용하여 효과음과 함께 녹음을 하면 학생들이 더 수업에 집중할 수 있게 도와준다.

① **가입 및 접속 방법**: 타입캐스트 홈(https://typecast.ai/kr)에서 우측 상단의 '회원가입'을 한 후, 좌측 '새로 만들기'를 클릭한다.

---

7   출처: 클로바더빙 활용 사례(https://clovadubbing.naver.com/usecase)

그림 4-78 • Typecast 대시보드 화면

② 사용 방법

㉠ '새 프로젝트'를 클릭하고, 대본 작성하기 전에 캐릭터를 추가 및 변경한다.

그림 4-79 • Typecast 캐릭터 선택 화면

ⓛ 캐릭터를 추가 및 변경한 후, 대사를 입력한다.

ⓒ 우측 메뉴에서 '음성, 캐릭터, 배경색상, 미디어, 배경음악, 자막, with AI' 등으로 자신이 원하는 장면으로 설정 및 변경할 수 있다.

3) 예제 및 예시 답안

Typecast로 과제탐구 관련 수업 동영상을 만들어보라.

[교사] 과목별 탐구 보고서 작성 요령을 아나운서 목소리로 설정하여 설명할 수 있다.

[학생] 탐구 보고서 내용을 아나운서 목소리로 변경하여 동영상으로 제작할 수 있다.

(예시) [과제탐구 끝판왕] 진로가 뚜렷하지 않아도, 과제탐구는 중요하다![8, 9]

학생부종합전형의 평가요소 중 큰 비중을 차지하는 '전공적합성'이라는 항목이 있습니다. 전공적합성이란 대학의 학과에 지원하는 학생이 그 전공에 적합한지 판단하는 것을 의미하며, 대학 입학 후 해당 전공 연구를 수행할 수 있는 능력을 말합니다. 다시 말하면, 전공적합성은 학생이 고등학교 생활에서 보여 준 전공에 관한 관심과 열정, 학업능력과 적성을 평가합니다.

전공적합성을 어떻게 드러내면 좋을까요? 학교 수업을 잘 듣고 시험을 잘 봐서 성적이 좋으면 전공 적합성이 잘 드러날까요? 사실 해당 학과에 지원해서 합격한 학생이 지필고사에는 강할 수 있지요. 대학에서는 학교마다 다른 시험의 수준이 다르고 그 형태도 파악이 힘듭니다. 대학 수업이 고등학교보다 심화 내용일 것은 예측되지만, 수업 접근 방식과 수업에 요구되는 역량들은 다릅니다.

고등학교 생활에서 전공적합성을 드러낼 가장 좋은 방법은 〈관심사에 대한 탐구〉입니다. 사회학과에 진학을 원한다면, 그 학생은 고등학교 교육과정을 통해 사회문제에 대한 호기심과 탐구 정신으로 자신의 배경지식을 바탕으로 사회에서 일어나는 이슈를 판단하는 태도를 갖출 수 있었다는 것을 입증해야 합니다. 생물학과에 진학하고 싶은 학생이라면 자신이 생물학에 흥미가 있고, 다양한 탐구 과정을 통해 예비 생물학자로서 성장해왔음을 보여줘야 합니다. 과제탐구 활동 과정에서 나타나는 호기심, 탐구 정신, 가설과 검증, 이 모든 단계가 결국 자신의 진로를 위한 진학 활동을 입증할 증거가 되는 셈입니다. 아직 자신의 흥미를 찾지 못한 경우에도 과제탐구는 훌륭한 길잡이가 되어줍니다.

---

8 출처: https://news.skhynix.co.kr/post/all-around-ai-1
9 출처: 에듀인뉴스(https://www.eduinnews.co.kr), 2020.7.24

그림 4-80 • Typecast 음성 매싱 화면

2 `29.8s`

은채 ·

학생부종합전형의 평가요소 중 큰 비중을 차지하는 '전공적합성'이라는 항목이 있습니다. `0.3s` 전공적합성이란 대학의 학과에 지원하는 학생이 그 전공에 적합한지 판단하는 것을 의미하며, 대학 입학 후 해당 전공 연구를 수행할 수 있는 능력을 말합니다. `0.3s` 다시 말하면, 전공적합성은 학생이 고등학교 생활에서 보여 준 전공에 관한 관심과 열정, 학업능력과 적성을 평가합니다. `0.3s`

3 `23.6s`

연서 ·

전공적합성을 어떻게 드러내면 좋을까요? `0.3s` 학교 수업을 잘 듣고 시험을 잘 봐서 성적이 좋으면 전공적합성이 잘 드러날까요? `0.3s` 사실 해당 학과에 지원해서 합격한 학생이 지필고사에는 강할 수 있지요. `0.3s` 대학에서는 학교마다 다른 시험의 수준이 다르고 그 형태도 파악이 힘듭니다. `0.3s` 대학 수업이 고등학교보다 심화 내용일 것은 예측되지만, 수업 접근 방식과 수업에 요구되는 역량들은 다릅니다. `0.3s`

4 `41.6s`

연서 · ⏱ 쉴 주기

고등학교 생활에서 전공적합성을 드러낼 가장 좋은 방법은 <관심사에 대한 탐구>입니다. `0.3s` 사회학과에 진학을 원한다면, 그 학생은 고등학교 교육과정을 통해 사회문제에 대한 호기심과 탐구 정신으로 자신의 배경지식을 바탕으로 사회에서 일어나는 이슈를 판단하는 태도를 갖출 수 있었다는 것을 입증해야 합니다. `0.3s` 생물학과에 진학하고 싶은 학생이라면 자신이 생물학에 흥미가 있고, 다양한 탐구 과정을 통해 예비 생물학자로서 성장해왔음을 보여줘야 합니다. `0.3s` 과제탐구 활동 과정에서 나타나는 호기심, 탐구 정신, 가설과 검증, 이 모든 단계가 결국 자신의 진로를 위한 진학 활동을 입증할 증거가 되는 셈입니다. `0.3s` 아직 자신의 흥미를 찾지 못한 경우에도 과제탐구는 훌륭한 길잡이가 되어줍니다. `0.3s`

MEMO

생성형 AI와
콘텐츠

CHAPTER 05

생성형 AI와 콘텐츠

1. 생성형 AI의 원리

　생성형 AI는 Generative AI로 불리며, 인간의 두뇌와 비슷한 인공신경망을 통해 의사결정을 하는 딥러닝 모델을 통해 새로운 콘텐츠를 만드는 모델이다. 이러한 모델은 방대한 양의 학습된 데이터에서 가운데 데이터 간의 관계를 파악하고, 이를 사용하여 새로운 콘텐츠로 출력하게 된다.

　생성형 AI는 요약, Q&A, 분류 등의 바로 사용 가능한 태스크, 멀티태스킹을 수행할 수 있는 기반 모델(대규모 AI 모델)을 기반으로 한다. 또한 최소한의 학습으로 매우 적은 예시 데이터로 대상 사용 사례에 맞게 조정할 수 있다.

그림 5-1 • 생성형 AI(GAN)의 원리[1]

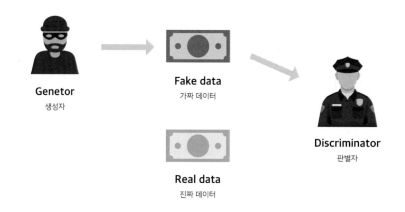

1　사진 출처: https://www.flaticon.com/

[그림 5-1]은 생성형 AI 원리로서 딥러닝 모델 중 GAN(Generative Adverarial Network, 적대적 인공 신경망)을 나타낸 것이다.

- 생성자(Generator): 생성자는 수집되거나 샘플링된 입력 데이터를 받아들여 텍스트, 이미지, 음악 등의 데이터를 학습하고, 생성한다. 이러한 입력된 데이터는 무작위로 선택되며, 생성자는 생성된 데이터가 실제 데이터와 유사하도록 학습하고, 생성한다.
- 판별자(Discriminator): 판별자는 생성자가 만들어낸 가짜 데이터와 실제 데이터를 구별하는 역할을 한다. 실제 데이터와 생성된 데이터를 받아들이고, 각각 진짜인지 가짜인지를 구별한다. 이러한 과정을 통해 생성자의 데이터가 실제 데이터와 유사하도록 학습된다.

예를 들어 지폐 이미지를 생성해 낸다고 가정을 한다면, 생성자(Generator)는 그동안 학습된 데이터를 바탕으로 가짜 지폐를 만들어내고, 판별자(Discriminator)는 진짜 지폐와 비교하여 가짜 지폐를 판별한다. 가짜 지폐를 판별자가 가짜 이미지로 판별하면 다시 생성자는 새로운 지폐 이미지를 생성한다. 생성자는 여러 번 시행착오를 거쳐 가짜 지폐가 진짜 지폐와 구별할 수 없이 정교하게 생성하고, 판별자가 진짜 이미지라고 판별하는 순간, 새로운 이미지가 생성된다. 다음은 생성형 AI를 활용한 다양한 콘텐츠의 사례를 알아보고자 한다.

2. 예술 영역의 생성형 AI 활용

① 이미지 분야

(1) Midjourney(미드저니)

AI 기반의 생성형 AI를 적용한 이미지 생성 소프트웨어로, 사용자가 입력한 텍스트를 이미지로 생성하는 'text to image' 모델을 사용한다. 이는 사용자가 원하는 프롬프트를 텍스트로 입력하년 이에 대한 이미지를 생성하는 원리를 가시고 이용된다. 미드저니는 다른 이미지 생성 프로그램에 비해 생성되는 이미지 품질이 높아서 정교한 알고리즘을 통해 높은 품질의 이미지 생성 및 구현이 가능하며, 작품 편집이 가능하다. Midjourney는 Discode(디스코드)의 접속하여 텍스트 입력을 통해 이미지 구현이 가능하다.

그림 5-2 • 미드저니(Midjourney) 접속 화면[2]

(2) DALL·E 3(달리 3)

DALL·E 3은 OpenAI에서 개발한 ChatGPT를 기반으로 구축되었으며, DALL·E 3에 맞는 이미지 맞춤형 세부 텍스트 프롬프트 생성이 가능하다. ChatGPT를 통해 아이디어를 현실화하고, 마음에 드는 이미지를 만들기 위한 다양한 프롬프트 제시 및 수정 가능하다. DALL·E 3는 미드저니와 함께 예술작품에서 가장 많이 사용되는 Text to Image 기반의 창작도구이다. DALL·E 3에서 생성된 이미지는 별도의 승인없이 이미지 판매, 상품화가 가능하다. 한국어로 프롬프트 입력이 가능하며, 폭력적, 혐오스러운 콘텐츠 생성은 제한하고 있다.

---

2 출처: https://www.midjourney.com/home

그림 5-3 • DALL·E 3 화면[3]

MI My 5 year old keeps talking about a "super-duper sunflower hedgehog" -- what does it look like?

[3] Stable Diffusion 3(스테이블 디퓨전 3)

Stable Diffusion은 텍스트를 이미지로 변환하는 딥러닝 모델로, 어떤 텍스트도 고품질의 사진과 같은 이미지로 구현이 가능하다. 이미지의 일부를 추가 및 교체하는 Inpainting 기능과 이미지를 확장하는 Outpainting 기능도 가능하다. 프로그램의 부정적인 활용을 방지하고자 다양한 보호 장치를 도입하였고, 스테이블 디퓨전 온라인은 무료 웹서비스이며, 900만 개 이상의 프롬프트 검색이나 새로운 스타일의 프레임을 사용할 수 있다.

---

3 출처: https://openai.com/index/dall-e-3

그림 5-4 • 스테이블 디퓨전 이미지 예시[4]

(4) Adobe Firefly(어도비 파이어플라이)

Adobe에서 개발한 웹 애플리케이션 형태로 상업적 용도로 사용될 수 있도록 디자인이 가능, 고화질의 이미지 제작이 가능하다. 또한 텍스트를 이미지로 변환하거나, 텍스트에 스타일 및 텍스처를 추가하거나 이미지 영역을 AI 콘텐츠로 채우는 기능이 제공된다. 생성된 이미지가 Adobe의 포토샵, 일러스트레이터, 프리미어프로 등의 학습이미지로 사용될 수 있다. 이미지에 대한 벡터 데이터를 Adobe에서 가지고 있기 때문에 상업적 용도로 콘텐츠 제작이 가능하며, 제작된 결과물은 외부 공유가 불가능하고, 접속자 본인만 제작된 데이터를 볼 수 있다.

---

4 https://stability.ai/stable-image

그림 5-5 • 파이어플라이 텍스트-이미지 변환 화면[5]

2 영상 분야

(1) Runway(런웨이)

Runway는 비디오 생성을 진행하며, Text to Image, Image to Video, Video to Video, Text to Image 등의 다양한 저작도구를 제공하며, 사용자는 텍스트, 이미지, 비디오 변환이 용이하다. 비디오 편집 도구 등의 AI 도구를 제공하며, 사진부터 고화질 영상까지 지원이 가능하다. Text to Video로 생성 시, 최대 18초의 영상 생성이 가능하다.

---

5 https://firefly.adobe.com/inspire/images

그림 5-6 • Runway 섯 화면[6]

a motorcycle parked on a street corner in front of a restaurant   Generate

[2] Sora(소라)

Sora는 OpenAI에서 개발한 모델이며, 텍스트 지시에 따라 현실적이거나 상상력이 풍부한 장면들이 생성 가능하며, 프롬프트를 이해하고 따르는 비디오를 생성한다. 복잡한 장면에 세밀한 디테일 렌더링이 가능하며, 동적인 캐릭터와 배경 생성도 가능하다. 완벽한 시간 연속성을 위한 스토리라인을 제공하며, 뛰어난 현실감을 부여하고 있다. OpenAI의 언어처리능력으로 인하여 텍스트의 의도를 잘 반영하는 것으로 알려져 있다.

---

6   https://runwayml.com/

그림 5-7 • Open AI 소라[7]

[3] Veo(비오)

Veo는 Google에서 만든 모델로 60초를 초과하는 1,080p 이상 해상도 비디오를 제작 가능하다. AI로 생성된 비디오 편집 도구로 편집이 가능하며, 현실적이고 우수한 영상을 구현 가능하다. 직관적인 인터페이스와 콘텐츠 제작자가 필요하며, 영화 용어 등을 사용하여 영상을 제작할 수 있다.

그림 5-8 • Veo 홈페이지[8]

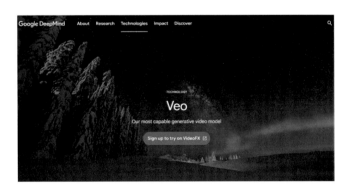

---

7 https://openai.com/index/sora/

8 https://deepmind.google/technologies/veo/

3 음악 분야

[1] AIVA(에이바)

AIVA는 2020년 발표된 AI 작곡 프로그램이며, Aiva Technologies에서 개발했다. 250가지의 다양한 스타일과 장르의 새로운 곡을 생성할 수 있다. AIVA는 머신러닝 알고리즘으로 음악의 구조와 패턴을 학습하였고, 이를 바탕으로 새로운 음악을 생성한다. 사용자는 클래식, 팝, 재즈 등의 다양한 장르를 선택하고, 원하는 음악스타일, 분위기, 길이 등을 입력하면 AI가 조건에 맞는 곡을 생성한다.

AIVA는 생성된 곡을 음악가 및 프로듀서와 추가 음악 작업을 할 수 있도록 협업 기능이 제공된다. 생성된 음악은 고품질의 음원 파일로 제공이 가능하며, 다양한 분야에서 활용될 수 있다.

그림 5-9 • AIVA 첫 화면[9]

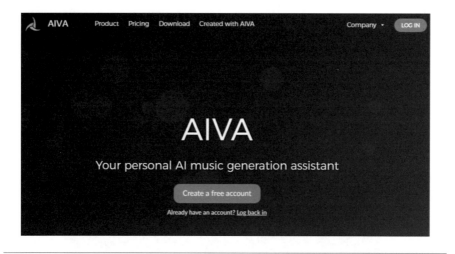

[2] Soundraw(사운드로우)

Soundraw는 AI를 이용하여 사용자가 원하는 장르, 악기 구성, 곡의 길이에

---

9 https://www.aiva.ai/

따라 맞춤형으로 음악을 자동 생성해주는 프로그램이다. 이 프로그램의 특징은 생성된 음악을 실시간으로 편집 및 적용이 가능하다. 무료 버전에서는 음악을 생성해보고 들어볼 수 있으나, 파일을 다운로드하거나 외부에서의 사용을 허용하지 않는다. 그러나 유료로 프로그램을 사용하는 경우는 무제한 다운로드와 생성된 음악의 저작권을 콘텐츠 제작자에게 부여함으로써 전문가들에게는 유료 버전 사용 시, 큰 장점이 된다.

Soundraw는 다양한 장르와 분위기의 음악을 제공하며, 게임, 광고 등의 분야에서 적합한 배경음악을 원하는 대로 작업하고 생성할 수 있다. 또한 유료 사용의 경우 저작권 문제가 없기 때문에 클라우드 기반의 직관적인 인터페이스로 인해 누구나 설치프로그램없이 음악을 만들고, 쉽게 편집, 제작할 수 있다.

그림 5-10 • Soundraw 첫 화면[10]

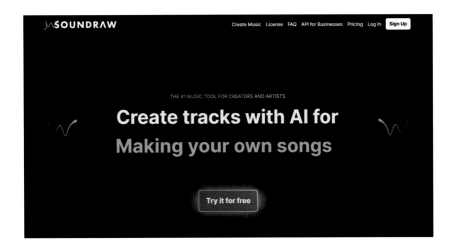

---

10 https://soundraw.io/

4 생성형 AI를 활용한 사례

(1) The Next Rembrandt[11]

Microsoft 및 ING, TU Delft, Mauritshuis, Rembrandthuis의 기업이 협업을 통해 렘브란트의 초상화를 재현하기 위한 프로젝트를 수행하였다. 그리고 3D 스캐너를 통해 346점의 렘브란트 작품을 살펴보았고, 150GB의 디지털그래픽 데이터를 생성, 렘브란트 작품에 나타나는 모델 성별, 나이, 얼굴, 각도, 착용한 옷 스타일, 모자 착용 유무 등의 다양한 요소들을 학습하고, 이목구비 비율을 분석 연구하였다. AI를 통해 학습된 데이터를 기반으로 3D 프린팅을 통해 유화의 질감을 재현한 렘브란트 화풍의 새로운 그림을 제작하였다.

2016년 4월 5일, 네덜란드 암스테르담에서 '더 넥스트 렘브란트'가 공개되자마자 전시된 지 며칠 만에 트위터에서 1,000만 번 이상 언급될 만큼 AI 예술로서 큰 주목을 받았다. 다음 [그림 5-11]은 더 넥스트 렘브란트 프로젝트를 통해 구현된 결과물이다.

그림 5-11 • 더 넥스트 렘브란트 프로젝트 결과물

11 Microsoft, The Next Rembrandt, Microsoft News, 2016.04.13., https://news. microsoft.com/europe/features/next-rembrandt/

AI를 활용한 첫 판매 작품은 프랑스 예술집단인 오비어스(Obvious)가 그린 '에드몬드 벨라미 초상화(Portrait of Edmond Belamy)'라는 작품으로 크리스티 경매에서 낙찰되었다. 이는 평균 경매가격인 7,000~10,000달러를 훨씬 뛰어넘는 432,500달러에 판매[12]되었다. 오비어스는 La Famille de Melamy 시리즈의 Edmond de Belamy와 10개의 다른 초상화를 제작하기 위해 14세기에서 20세기 사이에 나온 초상화 15,000장의 이미지를 학습하였고, 인물 사진을 생성하였다. 학습을 통한 독창적인 새로운 드로잉 기법을 터득해 기존 초상화의 화풍을 변주하여 다양한 그림을 창조하였다.

그림 5-12 • 에드몬드 벨라미 초상화

---

12 Allyssia Alleyne, A sign of things to come? AI-produced artwork sells for $433K, smashing expectations, CNN, 2018.10.25., https://edition.cnn.com/style/article/obvious-ai-art-christies-auction-smart-creativity/index.html

La Famille de Melamy 시리즈의 Edmond de Belamy와 10개의 다른 초상화를 제작하기 위해 15,000장의 이미지를 학습하였고, 인물 사진을 생성하면서 독창적인 작품을 만들려고 시도하였다. 레픽 아나돌은 AI를 사용하여 미국 뉴욕에 있는 MOMA 박물관의 데이터셋을 해석하고 변형시켜서 데이터 시각화를 진행하였고, 이 작품은 8년 동안 개발된 머신 러닝을 통해 MOMA 컬렉션의 공개적으로 사용 가능한 데이터 세트를 검색, 정렬 및 분류하여 1,024차원의 아카이브 공간을 만들었다. GAN(Generative Adversarial Network) 2를 이용하여 데이터를 학습 후, 작품의 영상을 제작하였다. 레픽 아나돌의 작품은 최근 한화 라이프플러스(LIFEPLUS)와 협업을 통해 한국인의 기억과 감정에 대한 뇌파, 불꽃놀이, 한국 전통음악, K-POP 데이터 189만 건을 활용하여 2024년 63빌딩에서 AI 작품으로 첫 상설전시가 진행되고 있다.

그림 5-13 • 레픽 아나돌 'Unsupervised(왼쪽)'[14], 'Machine Simulations: Life and Dreams(오른쪽)'[15]

---

13   Refik Anadol, AI, Algorithms, and the Machine as Witness, MOMA, 2022.12.20.

14   MOMA, Unsupervised, 2022.12.20., https://www.moma.org/magazine/articles/821

15   헤이팝, 2024.01.15., https://heypop.kr/n/86202/

3. 생성형 AI 활용 관련 윤리적 논란

❶ Théâtre D'opéra Spatial[16]

2022년 콜로라도주 공모전에서 제이슨 M. 알렌(Jason M. Allen)이 '스페이스 오페라 극장'이라는 제목의 그래픽 작품을 제출하여 첫 AI로 제작한 작품으로 상을 수상하였다. 알렌의 작품은 텍스트를 초현실적인 그래픽으로 바꾸는 AI 창작 도구인 미드저니(Midjourney)를 사용하여 제작하였다. 알렌은 제출된 작품에 AI를 사용하였다고 명시하였으나, 이번 공모전은 AI를 사용한 데에 윤리적인 논란이 제기되었다.

그림 5-14 • 미국 콜로라도주 공모전 1등 수상작 '스페이스 오페라 극장'

---

16 Kevin Roose, An A.I.-Generated Picture Won an Art Prize. Artists Aren't Happy, The Neyork Times, 2022.09.02., https://www.nytimes.com/2022/09/02/technology/ai-artificial-intelligence-artists.html

② Pseudomnesia – The Electrician

2023년 6월 독일 출신 사진 작가 보리스 엘다크센(Boris Eldagsen)은 '위기억: 전기기술자(Pseudomnesia: The Electrician)'라는 작품으로 '소니 월드 포토그래피 어워드'의 크리에이티브 부문에서 1위를 차지하였다.[17] 엘다크센은 AI가 생성한 이미지로 작품을 출품하고, 사진의 미래의 토론의 장을 열고자 출품했다고 밝혔다. 수상작 선정에서 AI의 활용에 대해 명확한 지침이 없었다고 언급하였으며, 사람의 작품과 동일하게 평가되어서는 안 된다고 주장하였다. AI의 기술 발전으로 인하여 AI를 활용한 작품과 사진의 쉽게 구별이 어려워지면서 AI 예술 작품에 대한 창작 여부 논란은 지속될 것으로 보인다.

그림 5-15 • 위기억: 전기기술자, 보리스 엘다크센

---

17 Paul Glynn, Sony World Photography Award 2023: Winner refuses award after revealing AI creation, BBC, 2023.04.18.

❸ Zarya of the Dawn[18]

미국 뉴욕에 거주하는 크리스 카쉬타노바는 미드저니로 그린 '새벽의 자리야(Zarya of the Dawn)' 18쪽 분량의 만화에 미국 저작권청 승인을 받았다. 카쉬타노바가 텍스트를 입력하고, 미드저니가 그림을 그린 만화이다. 이번 사례는 카쉬타노바가 AI를 이용해 그림을 그렸지만, 만화의 전체 스토리, 레이아웃, 여러 개의 이미지를 결합하는 과정을 직접 선택하고 구성하였으므로, AI와 함께 제작하여 하나의 작품으로 인정한 사례이다.

그림 5-16 • 새벽의 자리야, 크리스 카쉬타노바

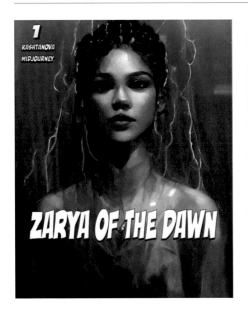

---

18 김성민, AI가 그린 이 만화, 저작권 인정받았다 ⋯ 본격화되는 AI 작품 저작권 전쟁, 조선일보, 2022.09.27.

4 작곡 AI, 이봄[19]

광주과학기술원이 개발한 작곡 AI 이봄은 6년간 30만 곡을 만들고, 3만 곡을 팔아 6억 원의 매출을 올렸다. 그러나 한국음악저작권협회 2022년 7월, 이봄이 만든 음악 6곡에 대해 저작권료 지급을 중단하였다. 중단된 이유는 저작권법상 저작물은 인간이 표현한 창작물이므로 AI가 만든 작품은 저작물로 인정되지 않았다. 현재 AI가 제작한 콘텐츠를 제3자가 영리 목적으로 사용하는 경우, 저작권법의 보호를 받기 어려운 실정이다.

그림 5-17 • 작곡 AI '이봄' 실행 화면, SBS 뉴스

4. 생성형 AI를 활용한 콘텐츠 제작 실습

최근에는 AI 기술이 발전되고, 보편화 됨에 따라 실생활에 생성형 AI를 활용한 AI 체험 및 활용이 가능하다. 생성형 AI를 활용하여 다양한 이미지, 음악, 영상

---

19 안희재, 클릭 두 번에 뚝딱 ⋯ 작곡 AI '이봄' 저작료 중단, 2022.10.14. SBS뉴스,
    https://news.sbs.co.kr/news/endPage.do?news_id=N1006933085

등의 콘텐츠를 제작하는 경험은 교사 및 학생에게 모두 유용한 활용능력이 될 것이다. 교사와 학생이 AI를 활용한 콘텐츠 제작이 필요한 이유는 아래와 같다.

교사 및 학생이 PPT를 활용한 발표자료를 제작하거나 교재 및 보고서를 작성할 때, 문서의 이해를 돕기 위해 시각적인 자료로 온라인 이미지를 활용하는 경우가 많다. 그러나 온라인 이미지 사용은 콘텐츠 저작권 이슈로 인하여 저작권 침해로 논란으로 이어지는 사례가 증가하고 있다. 그러므로 온라인 콘텐츠 사용 시, 저작권 이슈에서 벗어날 수 있는 대안으로 생성형 AI를 활용한 콘텐츠 제작을 제시할 수 있다.

최근 대학의 연구 방향에서 AI 활용 역량은 매우 중요해지고 있다. 대학교는 인문계와 이공계 모두 AI를 활용한 연구가 활발하게 진행되고 있다. 그러므로 다양한 AI를 활용하는 능력이 매우 중요해지고 있다. 그러므로 AI의 원리를 이해하고, 데이터 분석 및 콘텐츠 제작에 AI 기술을 활용해 본 경험은 대학입시 면접이나 대학 생활에서 도움이 될 수 있다.

교사들은 수업 교안을 제작할 때, AI를 통해 기존보다 빠르게 다양한 학습자료를 제작할 수 있고, 전문적인 일러스트레이터나 디자이너에 대한 비용 및 시간을 절감하면서, 이미지를 제작할 수 있다. 또한 학생들은 생성형 AI를 활용해서 창의적인 에세이나 프로젝트를 진행할 때, 생성형 AI의 활용은 새로운 해석이나 영감을 얻는 데에 보조적인 역할을 할 수 있다.

생성형 AI로 콘텐츠 제작은 교사와 학생들의 교육효과 및 효율적인 학습 및 콘텐츠 제작에 중요한 도구로 활용될 수 있다. 다음 장에서는 생성형 AI를 적용한 다양한 저작도구를 활용하여 이미지, 음악, 영상 제작을 위한 실습을 진행해보고자 한다. 실습 프로그램은 모두 무료로 구현가능한 툴을 중심으로 선정하였고, 웹을 기반으로 진행하기 때문에 별도의 PC나 모바일 설치 프로그램이 없이 온라인 환경에서 실습이 가능하다. 본 실습을 통해 교사나 학생은 온라인 환경에서는 누구나 생성형 AI를 활용하여 콘텐츠 제작을 진행할 수 있다.

1 이미지 만들어보기

차례	(1) 이미지 제작_Deep Dream
	(2) 이미지 제작_Craiyon

(1) 이미지 제작_Deep Dream

1) Deep Dream이란?

구글의 연구팀이 개발한 AI 기술로 신경망을 이용하여 다양한 이미지의 패턴을 인식하고 저장하여 이미지 특징을 추출해 시각화한다. 이러한 AI 기술은 사용자가 제시한 이미지를 프랙탈(Fractal) 구조를 이용해 초현실적인 그림을 만든다. 2016년 2월, Deep Dream이 그린 작품 29점은 샌프란시스코 미술 경매에서 9만 7000달러에 모두 팔렸다. 이후 많은 작가와 크리에이터들이 딥드림을 활용하여 새로운 작품 창작에 활용하고 있다.

2) 실습 방법

① 로그인 방법

그림 5-18 • Deep Dream 홈페이지[20]

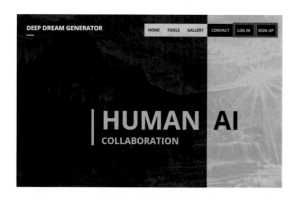

구글 계정으로
로그인

---

20 https://deepdreamgenerator.com/

ⓐ 구글 Deep Dream 홈페이지(https://deepdreamgenerator.com/)에 접속한다.

ⓑ 오른쪽 상단의 로그인 버튼을 클릭하고 구글 계정으로 로그인한다.

② 파일 선택 및 화풍 설정하기

ⓐ 파일을 선택하여 내가 만들고 싶은 그림을 PC 파일에서 넣는다.

ⓑ 내가 만들고 싶은 화풍을 Defalt Style, My Style, Popular Style 등에서 선택하여 클릭한다.

그림 5-19 • Deep Dream 그림 제작 페이지

③ **작품 생성하기**: 오른쪽 상단의 Generate 버튼을 눌러서 이미지를 생성한다.

※ 유의사항: 무료 이미지 생성은 포인트 제한이 있다.

그림 5-20 • Generate 생성 버튼 페이지

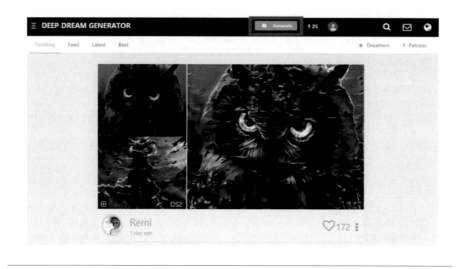

④ 실습 결과물 예시

그림 5-21 • Deep Dream 실습 결과물 예시

Photo
내가 찍은 사진

Style
Van Gogh 별이 빛나는 밤에

결과물

[2] 이미지 제작_Craiyon

1) 사용 AI 툴 소개

　Craiyon은 텍스트 설명을 바탕으로 이미지를 생성하는 AI 프로그램이다. 사용자가 입력한 문장을 이해하고, 이를 바탕으로 독창적인 이미지를 만들어내고,

GPT-3와 GAN을 결합한 모델을 사용하여 텍스트와 일치하는 이미지를 생성한다. 웹 기반 인터페이스로 쉽게 접근 가능하며, 예술, 디자인, 마케팅 등 다양한 분야에서 활용될 수 있다. 기본 기능은 무료이며, 일부 고급 기능은 유료일 수 있다.

2) 실습 방법

① 로그인 방법

  ㉠ Craiyon 홈페이지(https://www.craiyon.com/)에 접속한다.

  ㉡ 오른쪽 상단의 로그인 버튼을 클릭하고 구글 계정으로 로그인한다.

② 작품 생성하기: 스크립트 입력창에 원하는 텍스트 내용을 입력하고, 이미지 스타일을 Style에서 Art, Photo, Drawing, None 중에 선택하여 입력한 뒤 Draw 버튼을 누른다.

그림 5-22 • Craiyon 홈페이지[21]

---

21 https://www.craiyon.com/

③ 실습 결과물 예시

그림 5-23 • Craiyon 실습 결과물

Prompt: cute white fur monster standing in a forest

2 영상 만들어보기

최근 학생들은 포트폴리오 영상을 제작하기 위해서 영상 제작, 기획, 촬영 등의 과정을 거쳐서 많은 작업을 해야 한다. 하지만 AI를 활용하여 영상을 제작하게 되면, 텍스트 입력만으로 영상 주제와 맞는 글과 배경음악, AI 음성, 이미지 등을 동시에 확인할 수 있다.

이러한 생성형 AI를 활용한 영상 제작은 교사와 학생에게 텍스트 입력 및 몇 가지 설정으로 영상 제작 시에 필요한 다양한 촬영 장비, 영상 제작 비용과 시간을 크게 줄일 수 있다. 또한 AI를 활용해 새로운 영상 제작 방법을 익힐 수 있게 된다.

차례	(1) 영상 제작_Vrew
	(2) 영상 제작_Lumen5

[1] 영상 제작_Vrew

1) 사용 AI 툴 소개

Vrew는 VoyagerX에서 개발한 AI를 기반으로 한 영상 편집프로그램으로 텍스트를 비디오로 구현하는 기능이 도입되었으며, 이 기능을 통해 텍스트 작성 스크립트만으로 비디오를 생성할 수 있으며, AI 이미지 추가분만 아니라 설명이 필요한 구간에서는 자동 자막 생성과 AI 음성 내레이션 추가가 가능하고, 스크립트 단위로 영상편집이 가능하다.

본 프로그램은 간단한 체험을 진행하는 경우 웹페이지에서 진행이 가능하다. 웹으로 진행하기 위해서는 크롬 브라우저를 통해 링크에 접속하기를 권장한다. 만약 콘텐츠를 직접 만들고 생성하고 영상을 추출하고, 콘텐츠 제작을 지속적으로 이용하기 위해서는 다운로드가 필요하다. 본 실습에서는 체험판을 위주로 진행한다.

2) 실습 방법

① 접속 방법

ㄱ Vrew 홈페이지(https://vrew.ai/ko/)에 접속한다.

ㄴ '체험하기' 버튼을 클릭한다(단, 제작된 영상을 다운로드하는 경우는 다운로드 버튼을 눌러서 설치를 진행한다).

그림 5-24 • Vrew 첫 화면

② 새로 만들기

ㄱ 페이지에서 오른쪽 상단 '새로 만들기' 버튼을 클릭한다.

ㄴ 팝업 창에서 '텍스트로 비디오 만들기' 버튼을 클릭한다.

그림 5-25 • Vrew 영상 체험 페이지[22]

③ 영상 설정하기

  ⊙ 화면 비율 정하기: 만들고자 하는 영상의 화면의 비율을 선택한다.

  ⓒ 비디오 스타일 선택: 스타일 입력 시작하기 버튼을 누른다.

그림 5-26 • Vrew 영상 설정 페이지

④ 영상 만들기

  ⊙ 주제에 원하는 영상 주제를 작성하고 AI 글쓰기 버튼을 클릭한다.

  ⓒ AI 목소리, 이미지&비디오, 배경음악 등 영상에 추가하고 싶은 요소가

---

22 https://vrew.ai/ko/try/index.html

있다면 추가한다.

ⓒ 모든 설정이 입력이 완료되면 완료 버튼을 누른다.

그림 5-27 • Vrew 영상 만들기 페이지

⑤ 실습 결과물 예시: 수정을 원하는 경우는 대본, 이미지, AI 내레이션 모두 수정 적용이 가능하다.

그림 5-28 • Vrew 실습 결과물 사진

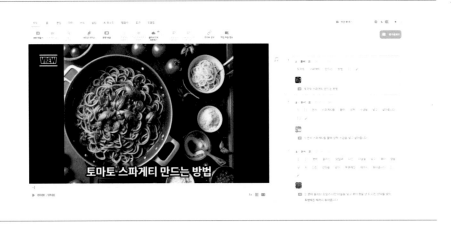

(2) 영상 제작_Lumen5

1) 사용 AI 툴 소개

Lumen5는 텍스트를 자동으로 변환해주는 AI 기반 비디오 제작 플랫폼이다. Lumen5는 텍스트를 입력 시, 자동으로 이미지, 비디오 클립, 음악 등을 자동으로 추천하고 조합한다. 또한 다양한 비디오 템플릿을 제공하고, 많은 이미지 소스, 비디오 클립, 음악 트랙을 제공하기 때문에 양질의 비디오를 제작하는 데 유용하다. 사용자가 빠르고 쉽게 비디오를 제작할 수 있도록 하며, 다양한 비디오 스타일로 사용자가 원하는 영상으로 디테일한 맞춤 설정이 가능하다.

2) 실습 방법

① 회원 가입 및 로그인 방법

ㄱ Lumen5 홈페이지(https://lumen5.com/)에 접속한다.

ㄴ 오른쪽 상단의 Sign up 버튼을 클릭하고 회원가입 후, 로그인한다.

그림 5-29 • Lumen5 첫 화면

② 새 비디오 만들기

ㄱ 새 비디오 파일을 만들기 위해 New Video를 클릭한다.

ㄴ 시작하는 방식 가운데 Text on media를 선택하여 클릭한다.

그림 5-30 • Lumen5 새 영상 만들기 과정

③ 영상 주제 및 스크립트 요청 사항 작성

　㉠ 영상 주제를 텍스트로 작성한다.

　㉡ 영상과 관련하여 스크립트에 반영되어야 할 레퍼런스 내용을 세 가지
　　 이상 작성한다.

　㉢ 영상과 관련된 텍스트 정보를 입력 후, Compose Script 버튼을 클릭한다.

그림 5-31 • 영상 관련 주제 및 스크립트 작성 화면

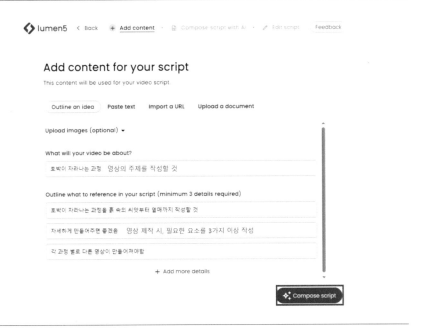

④ 스크립트 및 영상 내용 수정

㉠ 스크립트가 작성된 뒤, 내용을 확인하고, 수정이 필요한 경우 수정한다.

㉡ 스크립트 수정이 완료되면 Convert to Video 버튼을 클릭한다.

㉢ 영상이 제작된 뒤 영상 보드를 확인하고 수정 사항이 있는 경우 수정한다.

㉣ 수정이 완료되면 오른쪽 상단에 Publish를 클릭하여 영상 제작을 마무리한다.

그림 5-32 • 스크립트 및 영상 수정 화면

⑤ 실습 결과물 예시

그림 5-33 • Lumen5 영상 실습 결과물

❸ 음악 만들어보기

음악에 관심이 있는 교사와 학생들도 작곡을 공부해보고 나만의 음악을 만드는 것은 매우 어렵고 복잡한 것으로 여긴다. 그리고 영상의 배경 음악을 필요로 하는 경우, 음원 저작권 이슈로 인하여 사용하지 못하는 음원 파일도 종종 발생한다. 생성형 AI를 통해서 배경음악이나 음원을 제작하게 되면, 음악적 스타일 및 음악의 길이를 조절하여 음악을 만들어낼 수 있다. 생성형 AI를 활용하여 제작한 음악 파일은 교사와 학생에게 나만의 영상을 위한 배경음악 및 작곡의 재료로 사용할 수 있으며, 시간과 경비를 줄일 수 있는 장점을 가진다. 생성형 AI를 활용한 음악 만들기 실습을 아래와 같이 두 가지로 제안한다.

차례	(1) 음악 제작_Google Doodle
	(2) 음악 제작_AIVA

(1) 음악 제작_Google Doodle

1) 사용 AI 툴 소개

Google Doodle(구글 두들)은 세계적으로 유명한 독일 작곡가이자 음악가인 요한 세바스티안 바흐(Johann Sebastian Bach)를 기념하기 위해 AI를 기반으로 하여 만들어졌다. Doodle은 플레이어가 4마디 멜로디를 작곡하도록 권장하는 프로그램이다. Doodle에서 사용된 음악은 바흐의 합창화음 306곡을 훈련하였다. 바흐의 합창곡은 4개의 음으로 화성이 구성되어 있으며, 각 음마다 멜로디 라인을 가지고 있어서 기계학습 모델의 구조를 통해 음악을 학습하였고, Google Doodle에서는 사용자가 멜로디 라인을 만들면 바흐의 음악 스타일로 4성부의 음악을 만들 수 있다.

2) 실습 방법

① 접속 방법

　㉠ Google Doodle 홈페이지에 접속한다.[23]

　㉡ 플레이 버튼을 클릭한다.

그림 5-34 • Google Doodle 첫 화면

② 음악 멜로디 만들기

그림 5-35 • Google Doodle 음악 멜로디 입력 화면

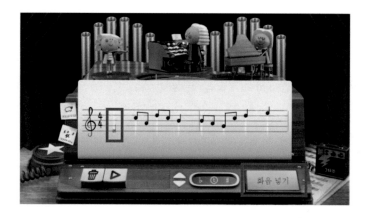

23　https://doodles.google/doodle/celebrating-johann-sebastian-bach/

⊙ 마우스를 클릭하여 오선지에 원하는 멜로디를 클릭한다.

　　ⓛ 원하는 멜로디를 작성한 다음, 화음 넣기 버튼을 클릭한다.

　③ **작품 생성하기**: 내가 만든 선율에 맞는 바흐의 스타일로 화음을 생성한다.

그림 5-36 • 화음 생성 화면

④ 실습 결과물 예시

　　⊙ 내가 만든 검정색 멜로디에 맞는 바흐 스타일의 화음이 만들어지고, 연
　　주가 된다.

　　ⓛ 화면 왼쪽 MIDI 버튼을 클릭하면 내가 만든 음악을 MIDI 파일로 출력
　　이 가능하다.

그림 5-37 • Google Doodle 실습 결과물

(2) 음악 제작_AIVA

1) 사용 AI 툴 소개

AIVA는 생성형 AI를 활용한 음악 프로그램으로 원하는 장르와 스타일, 그리고 악기 구성을 다양하게 배치하여 음악을 만들 수 있다. 딥러닝을 기반으로 하여 음악을 생성하며, 무료 버전은 저작권을 AIVA가 가져가며, 생성된 음악을 사용하는 경우 AIVA의 이름을 명시하도록 되어 있다. 음악 생성은 무제한이지만 음악 다운로드는 월 3회로 제한되어있다. 음악 제작 길이는 3분으로 제한되어 있다. 유료 버전의 경우는 금액에 따라 저작권 소유 여부와 월 다운로드 횟수가 다르다. 음악을 설정하고, 제작하는 과정을 실습해보도록 한다.

2) 실습 방법

① 가입 방법 및 로그인

　㉠ AIVA 홈페이지(https://www.aiva.ai/)에 접속한다.

　㉡ 홈페이지에서 Create a free account를 클릭하여, 구글 계정을 연동하여 가입한다.

ⓒ Login 버튼을 통해 로그인한다([그림 5-34] 참조).

② 트랙 생성

ⓐ Create Track 혹은 Create 버튼을 클릭하고, From a Style을 클릭한다.

그림 5-38 • AIVA 음악 트랙 생성 화면

ⓑ 음악 스타일 중 원하는 음악 장르에 마우스 커서를 올려서 Create 버튼을 클릭한다.

ⓒ 음악 스타일에서 원하는 Key Signature(음계) 및 Duration(음악 길이)를 개별적으로 설정하거나 Auto로 설정한 뒤, Create tracks 버튼을 클릭한다.

그림 5-39 • AIVA 음악 스타일 설정화면

③ 음원 확인 후, 음원 다운로드

㉠ 생성된 음악의 플레이 버튼을 클릭하여 음악을 들어본다.

㉡ 원하는 음악의 경우, 다운로드 버튼을 클릭하여 다운로드 파일 설정을
한다.

㉢ 파일 형태는 MP3로 설정하며, 버튼을 클릭하여 다운로드를 실행한다
(단, 무료 버전의 다운로드 횟수는 월 3회이므로 음악을 작곡한 뒤에 원
하는 음악만 다운로드한다).

㉣ 다운로드된 파일은 일반적으로 '내 PC → 다운로드 폴더(윈도우PC 기
준)'에서 저장된 것을 확인할 수 있다.

그림 5-40 • AIVA 생성음악 다운로드 화면

학습자 주도성을
키우는 AI 활용
과제탐구

CHAPTER 06
학습자 주도성을 키우는 AI 활용 과제탐구

우리의 삶은 끊임없는 선택의 연속으로 이루어져 있으며, 각 선택은 우리의 현재와 미래를 만든다. 복잡한 상황 속에서 우리는 현명하게 판단하고 결정해야 하며, 이 과정에서 성장하고 변화한다. 예를 들어, 집에서 대학 면접장에 가야 하는 상황을 상상해보자. 면접장의 위치를 확인한 후, 어떤 교통수단을 이용할지, 그 교통수단을 이용한다면 비용은 얼마나 들지, 누구와 함께 갈지, 목적지로 이동할 때 비용을 지불하더라도 최소 시간으로 갈 것인지, 무료로 최적의 경로로 이동할 것인지 등 다양한 요소를 고려하여 판단해야 한다. 즉 우리가 실생활에서 마주하는 문제는 복잡하고, 하나의 요소가 다른 요소와 연관되어 있으며, 문제를 해결하는 방법도 다양하다. 일상생활 속에서 매 순간 선택하고 실행하는 과정이 과제탐구이며, 과제탐구는 이와 같이 문제를 해결하는 것이 핵심이다.

1. 과제탐구 이해하기

1 과제탐구란?

과제탐구란 학생이 주도적으로 문제를 찾고, 관련 정보를 수집하여 분석하고, 해결 방안을 모색하는 일련의 과정이다. 과제탐구는 '왜', '어떻게'라는 질문에서부터 시작한다. 실생활 속 모든 현상과 소재가 과제탐구의 주제가 될 수 있으며, 교과 수업에서는 교과의 개념, 원리, 과정일 수 있다. 과제탐구는 탐구 주제를 선정하고, 탐구 계획을 수립하여, 탐구를 수행하고, 수행한 결과를 정리하여 발표하는 과정으로 진행되는데, 이 과정에서 가장 어려운 것이 탐구 주제의 선정이다. 다음과 같은 질문을 이용하여 과제탐구의 주제를 정해보자.

<탐구 주제 선정에 유용한 질문 목록>

- 이 현상이 왜 발생하는가?
- 이 현상이 일어나는 주요 원인은 무엇인가?
- 이 현상이 사회나 개인에게 어떤 영향을 미치는가?
- 이 현상이 발생하지 않는 경우는 어떤 상황인가?
- 이 현상을 해결하거나 개선할 수 있는 방법은 무엇인가?
- 이 현상이 다른 현상이나 문제와 어떻게 연결되어 있는가?
- 이 현상이 발생할 때 나타나는 현상이나 패턴은 무엇인가?
- 이 현상을 이해하기 위해 어떤 자료나 정보를 수집해야 하는가?
- 이 현상에 대한 기존 연구나 사례는 무엇인가?

❷ 과제탐구의 필요성

VUCA는 Volatility(변동성), Uncertainty(불확실성), Complexity(복잡성), Ambiguity(모호성)의 약자로, 급변하는 현대 사회를 잘 드러내 주는 용어이다. 과제탐구의 필요성은 VUCA의 각 요소와 밀접하게 연관되어 있다.

과제탐구는 학생들이 다양한 주제를 탐구하고, 변화하는 상황에 맞추어 유연하게 대처할 수 있는 능력을 기르는 데 도움이 되는 활동이다. 변동성이 높은 환경에서는 상황에 따라 빠르게 적응하고, 새로운 지식을 습득하며 적용하는 것은 매우 중요하다. 예를 들어, 코로나19 팬데믹과 같은 상황에서 학생들이 바이러스 확산과 관련된 데이터를 분석하고, 효과적인 방역 방안을 연구하는 과제를 수행하면서 변동성이 높은 환경에서 상황에 맞게 행동하고 사고하는 방법을 경험할 수 있다. 불확실성에 대처하는 능력 역시 미래 사회에서 필수적이다. 학생들은 불확실한 상황에서도 정보를 수집하고 분석하여 합리적인 결정을 내려야 하는데, 학생들이 주도적으로 진행하는 과제탐구 활동은 이러한 능력을 키우는 데 도움이 된다. 태풍이나 지진과 같은 자연재해 발생 시 피해를 최소화하기 위한 대응 전략을 수립하는 과제를 수행하면서, 불확실한 상황에서 대처할 수 있는 법을 배운다. 또한 우리 주변에서 발생하는 문제는 단순하지 않고 복잡하며 모호하다. 복잡하고 모호한 문제를 효과적으로 다루기 위해서는 문제를 명확하게 정의하고 접근해야 한다. 그 다음 다양한 관점에서 문제를 분석하고, 융합적인 사고를 통하여 창의적인 해결책을 만든다. 과제탐구는 VUCA 환경에서 필요한 자기주도적 학습, 융합적 사고와 창의적 문제 해결, 협력적 의사소통 등의 핵심 역량을 기를 수 있는 수업 방법이다.

３ 과제탐구와 AI

AI는 방대한 양의 데이터를 신속하게 분석하여 데이터의 중요한 패턴과 트렌드를 찾아주고, 우리가 미처 생각하지 못한 영역의 정보를 제공해준다. AI는 과제탐구를 설계해주기도 하고, 실행할 수 있는 다양한 방안도 제시해준다. 우리는 AI가 제공한 정보에서 필요한 정보를 선별하여 과제탐구를 실행하며, 이 과정에서 새로운 정보가 필요하거나 문제 해결에 도움이 필요한 경우 AI에 다시 질문한다. 이와 같이 과제탐구에서 있어 AI는 학습자와 상호작용하는 매개체이자 도우미로서 역할을 한다.

４ 과제탐구 과정

다음은 과제탐구의 일반적인 과정이며, 과제탐구의 성격에 따라 다른 과정을 추가하거나 생략할 수 있다.

<과제탐구의 일반적인 과정>

단계	구분	내용
1	탐구 주제 선정	• AI 및 빅데이터를 활용하여 탐구 주제 선정하기
2	탐구 계획 수립	• AI를 활용하여 탐구 계획 수립하기
3	탐구 실행	• 교과, 탐구 주제에 적합한 탐구 방법 선택하여 실행하기 • 문헌 연구, 사례 연구, 현장 조사, 설문 조사, 인터뷰, 실험, 모델링 및 시뮬레이션

| 4 | 탐구 결과 정리 | • AI를 활용하여 데이터 분석 및 시각화하기
• AI를 활용하여 보고서 작성하기 |
| 5 | 공유 및 평가 | • 발표하기
• 수정 및 보완하기 |

5 고교학점제와 과제탐구

고교학점제는 학생들이 자신의 진로와 적성에 맞추어 다양한 과목을 선택하고 이수할 수 있도록 하는 제도이다. 고교학점제에서 학생들은 자신만의 학습 경로를 설정하고, 주도적으로 학습할 수 있는 기회를 가질 수 있다. 과제탐구는 고교학점제 취지에 잘 맞는 활동이다.

그림 6-1 • 고교학점제 홈페이지, 학생 진로진학과 연계한 과목 선택 가이드북[1]

고교학점제의 다양한 선택 과목 제도는 학생들이 자신의 관심 분야에 맞는 과목을 선택해 들으며, 자신에게 맞는 학습 경로를 설계하도록 돕는다. 이 과정에서 과제탐구는 특정 과목이나 분야에 대한 심화 학습을 통해 학생들이 자신의 학문적 관심사를 깊이 있게 학습하고 탐구하도록 해준다. 예를 들어, 화학에 관심이

---

1 출처: https://www.hscredit.kr/index.do, 고교학점제 운영 – 진로·학업설계 – 교육과정·과목 안내 – PDF 다운로드

있는 학생이 고급 화학 과목을 통해 신소재에 대한 연구를, 역사에 흥미가 있는 학생이 근현대사 심화 과정에서 특정 역사적 사건을 분석하는 과제를 수행할 수 있다.

또한 과제탐구는 학생들의 자기주도 학습 능력을 향상시키는 데 도움이 된다. 학생들은 과제탐구를 통해 스스로 학습 목표를 설정하고, 계획을 세우며, 이를 실행하고 평가하는 과정을 경험한다. 이 과정에서 학생들은 자신이 흥미를 느끼는 주제를 깊이 있게 탐구하며, 학문적 호기심을 충족시키고 탐구력을 향상에 도움이 된다. 예를 들어, 경제학과를 목표로 하는 학생이 경제 지표를 분석하는 과제를 수행하거나, 생명과학에 관심이 있는 학생이 유전자 편집 기술에 대해 심도 있는 연구를 진행하면, 해당 분야의 대학 입시에 유리하다.

과제탐구의 결과물은 학생이 연구 과정에서 습득한 지식, 분석 능력, 문제 해결 능력을 구체적으로 보여주는 증거로 해당 학과의 학업 역량을 입증하는 데 도움이 된다. 예를 들어, 컴퓨터공학과에 지원하려는 학생이 AI 알고리즘을 설계하고 이를 구현한 결과물을 제출하거나, 문예창작과를 목표로 하는 학생이 직접 쓴 소설이나 시집을 포트폴리오로 제출하면, 대학 입시에서 강력한 경쟁력을 가지게 된다.

2. AI를 활용하여 과제탐구 주제 정하기

▨ 빅데이터 활용 탐구 주제 정하기

과제탐구의 첫 번째 단계로 학생이 빅데이터를 이용하여 관심사를 탐색하고, 탐색한 결과를 이용하여 과제탐구의 주제를 정해볼 것이다.

[1] 탐구 주제 정하기 ①_썸트렌드

1) 썸트렌드란?

썸트렌드는 특정 주제에 관한 검색량, 검색어 등을 실시간으로 확인할 수 있는 빅데이터 사이트이다. 이 장에서는 연관어 분석을 통해 탐구 주제를 선정해 볼 것이다. 주제에 관련된 연관어들을 분석해주는 서비스인 '연관어 분석'은 가입 없이 무료로 이용 가능한 기능이다.

2) 가입 및 접속 방법

크롬에서 '썸트렌드'를 검색하여, 회원 가입 및 로그인한다. 상단 메뉴에서 '분석센터'를 클릭한다.

그림 6-2 • 썸트렌드 상단 메뉴

3) 사용 방법

① 연관어 분석하기: 썸트렌드 - 분석 센터 - 소셜 분석 - 연관어 분석

썸트렌드에서 [소셜 분석-연관어 분석] 순으로 클릭하고, 검색어를 입력한다. 연관어를 살펴보고 자신이 관심 있는 단어 4~5개를 선택하여 별(☆) 표시해보자. 별(☆) 표시한 단어를 다시 검색한다. 이 과정을 여러 차례 반복하여 관심사를 좁혀나가며 탐구해보고 싶은 주제를 정한다.

그림 6-3 • 썸트렌드 연관어 분석

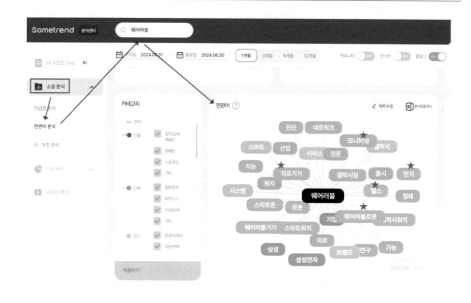

검색어: 웨어러블

연관어: 의료기기, 헬스, 웨어러블로봇, 모니터링, 반지

② 비교 분석하기: 비교 분석 - 연관어 비교

이전 과정에서 정한 관심 있는 연관어 몇 가지를 정하여 비교·분석하는 과정이다. 연관어 간의 공통점과 차이점을 살펴보며 흥미롭거나 탐구할 만한 소재를 찾는다.

그림 6-4 • 썸트렌드 연관어 비교

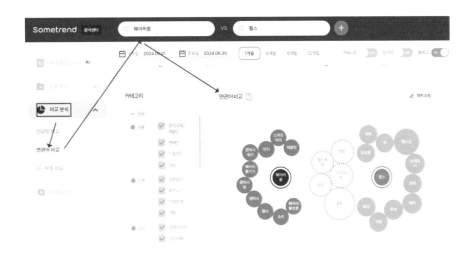

연관어: 웨어러블 반지, 상담, 식단, 건강, 운동
탐구 주제 예: 웨어러블 기기를 활용한 건강 관리
탐구 주제 예: 물 마시는 시간을 알려주는 다이어트 도우미 웨어러블 반지
탐구 주제 예: 스포츠 기록을 향상시켜주는 웨어러블 의상

[2] 탐구 주제 정하기 ②_국회전자도서관

1) 활동 소개

국회전자도서관은 검색어를 국회도서관에서 운영하는 온라인 도서관으로 로그인 없이 무료로 사용 가능하다. 검색창에 검색어를 입력하면 검색어와 관련된 용어를 워드 클라우드의 형태로 제공해준다. 이를 이용하여 탐구 주제를 선정해보자.

2) 사용 방법

① '국회전자도서관'에 접속하여 검색창에 관심 있는 용어(탐구해보고 싶은 주제)를 입력한다.

그림 6-5 • 국회전자도서관 첫 화면

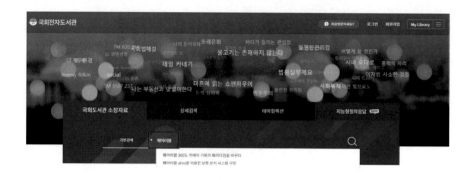

② [키워드 인포그래픽-연관어 분포] 순으로 클릭한 후, 관심 있는 용어 4~5개
를 선택하여 별(☆) 표시를 해보자.

그림 6-6 • 키워드 인포그래픽 연관어 분포

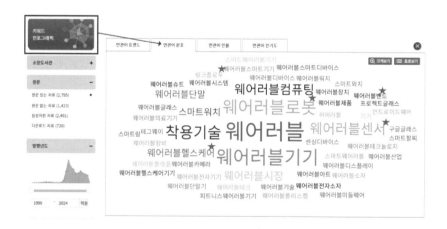

연관어: 웨어러블스마트기기, 웨어러블헬스케어, 웨어러블로봇, 링크플로우, 웨어러블센서
탐구 주제 예: 링크플로우(360도 넥밴드형 웨어러블 카메라)를 이용하여 화재 현장 빠르게 파악하기
탐구 주제 예: 다양한 웨어러블 센서를 이용한 헬스케어
탐구 주제 예: 웨어러블 로봇을 활용한 재활치료

⚙ AI Mentor

탐구 주제를 선정할 때에는 검색을 1회만 하는 것이 아니라, 검색한 결과에서 흥미로운 또는 탐구할 만한 용어를 선택하여 여러 차례 검색한다. 여러 차례 검색 과정을 통해 과제탐구의 주제를 구체화한다.

> 예 기후변화 → 신재생에너지 → 풍력에너지 → 날개의 모양에 따른 풍력 터 빈의 효율성 비교
>
> 예 동물 → 반려견 → 반려견 관리 → 반려견 미용
>
> 예 미래 식량 → 단백질 → 곤충 → 알약 형태의 미래 식량

[3] 예제와 예시 답안

1) 예제 1

[그림 6-7]은 썸트렌드에서 '스마트글래스'로 검색한 소셜 분석 결과이다. 연관어를 보고 관심 있는 주제에 4~5개 동그라미(○) 표시를 해보자.

그림 6-7 • 썸트렌드 스마트글래스 소셜 분석

→ 예시 답안: 시스템, 정보, 차량, 음성, 공유

2) 예제 2

다음 [그림 6-8]은 썸트렌드의 비교 분석에서 '스마트글래스'와 '번역'을 검색한 결과이다. 연관어 비교를 보고 탐구 주제를 선정해보자.

그림 6-8 • 썸트렌드 연관어 비교 분석

→ 예시 답안: 여행을 편리하게 해주는 자동 번역 스마트 글래스
→ 예시 답안: 시각장애인을 위한 책을 읽어주는 스마트 글래스

3) 예제 3

다음 [그림 6-9]는 국회전자도서관에서 '로봇'이라는 검색어의 키워드 인포그래픽이다. 관심 있는 용어에 4~5개 동그라미(○) 표시하고, 동그라미한 단어를 이용하여 탐구 주제를 만들어보자.

그림 6-9 • 국회전자도서관 검색어 키워드 인포그래픽

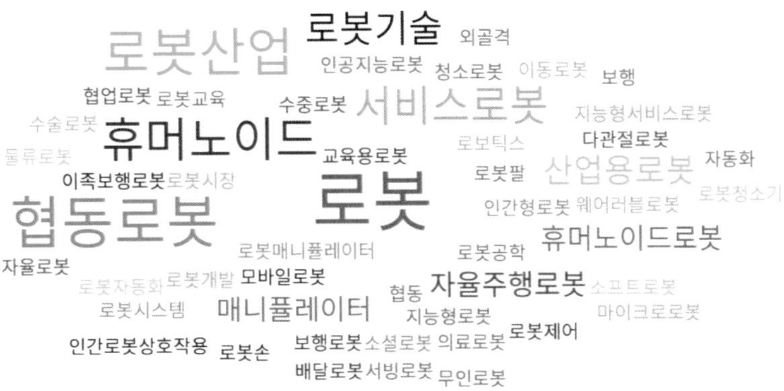

로봇산업 로봇기술 외골격
인공지능로봇 청소로봇 이동로봇 보행
협업로봇 로봇교육 수중로봇 서비스로봇 지능형서비스로봇
수술로봇 휴머노이드 교육용로봇 로보틱스 다관절로봇 자동화
물류로봇 로봇팔 산업용로봇 로봇청소기
이족보행로봇 로봇시장 인간형로봇 웨어러블로봇
협동로봇 로봇 인간형로봇 웨어러블로봇
자율로봇 로봇매니퓰레이터 로봇공학 휴머노이드로봇
로봇자동화 로봇개발 모바일로봇 협동 자율주행로봇 소프트로봇
로봇시스템 매니퓰레이터 지능형로봇 마이크로로봇
인간로봇상호작용 로봇손 보행로봇 소셜로봇 의료로봇 로봇제어
배달로봇 서빙로봇 무인로봇

→ 예시 답안
- 선택한 용어: 자율주행로봇, 이족보행 로봇
- 탐구 주제: 이족보행 로봇을 활용한 시니어 산책 서비스

⚙ AI Mentor

썸트렌드 이외에도 특정 주제에 관한 실시간 검색량을 기반으로 한 빅데이터 사이트와 연구나 통계 자료가 탑재된 사이트는 다음과 같다.

유형	구분	내용 및 사이트
실시간 검색 기반 (검색한 내용을 AI가 분석하여 제공함)	구글트렌드	구글 사용자들의 검색을 취합하여 정량적인 데이터로 변환하여 그래프, 연관어 등을 제공하는 사이트
		https://trends.google.co.kr/trends/
	네이버데이터랩	네이버 데이터랩은 네이버가 제공하는 빅데이터 분석 서비스로 네이버 서비스 사용자의 행동 패턴을 분석하는 데 유용
		https://datalab.naver.com/
통계나 연구 자료 기반 (관련 주제에 관한 빅데이터를 xls, xlsx, csv 형식의 파일로 다운받을 수 있음)	국가통계포털	통계청이 제공하는 통계 서비스로, 국내외의 주요 국가승인통계, 국제통계, 북한 통계를 통합하여 제공하는 플랫폼
		https://kosis.kr/index/index.do
	캐글 (kaggle)	2010년에 만들어진 세계 최대의 데이터 과학 커뮤니티이자 예측 모델 및 데이터 분석 대회 플랫폼
		https://www.kaggle.com/

2 AI 활용 브레인스토밍

브레인스토밍(Brainstorming)은 뇌에 폭풍을 일으킨다는 의미로 하나의 주제를 중심으로 자유롭게 생각과 아이디어 모으는 과정을 통해 주제를 확장해 나가거나 문제를 명확하게 하여 해결하는 데 실마리가 될 수 있는 과제탐구 주제 탐색하기 과정 중 하나이다. 윔지컬과 패들렛에서 AI 기능을 이용하여 브레인스토밍이 가능하다.

차례	(1) AI 활용 브레인스토밍 ①_윔지컬(Whimsical)
	(2) AI 활용 브레인스토밍 ②_패들렛 AI

[1] AI 활용 브레인스토밍 ①_윔지컬

1) 윔지컬이란?

윔지컬은 자료를 마인드맵, 플로우차트, 와이어프레임, 문서와 같은 형태로 시각화하는 협업툴이다. 윔지컬의 AI 기능을 이용하면 탐구 주제에 관한 브레인스토밍이 가능하고, 이 결과를 활용하여 탐구 주제에 관한 생각의 확장해 나간다. 무료 회원으로 가입한 경우 AI 기능은 100회 사용 가능하다.

2) 가입 및 접속 방법: 윔지컬 사이트에 접속하여 로그인을 한다.

3) 사용 방법

① 왼쪽 상단의 [+Create new] - [Board] 순으로 클릭한 후, 파일의 이름(예. 친환경 포장재)을 적는다.

그림 6-10 • 윔지컬 접속 화면

② 윔지컬에서 AI 기능은 검은색 메뉴 바에서 ✦를 클릭한 후, 상단 메뉴에서 [Mind map]을 선택한다.

그림 6-11 • 윔지컬 메뉴 보드

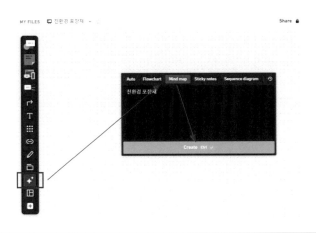

③ 원하는 내용을 입력한 후 [Create]를 클릭하면, 해당 주제에 관한 브레인스 토밍의 결과가 마인드맵의 형태로 생성된다. 이는 과제탐구 주제 선정 시 관련 내용을 한눈에 볼 수 있고, 내용과 내용 간의 조합을 통해 새로운 과 제탐구 주제를 만드는 데 유용하다.

그림 6-12 • 윔지컬 생성 마인드맵

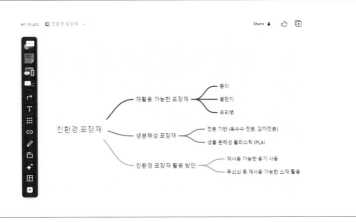

④ 이미 생성된 내용을 더 알아보고 싶다면 생성된 마인드맵에서 더 알아보고 싶은 내용을 선택한 후, 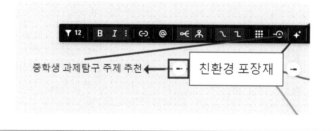를 클릭하면 AI가 내용을 추가하여 생성해준다.

그림 6-13 • 윔지컬 마인드맵 구체화 방법

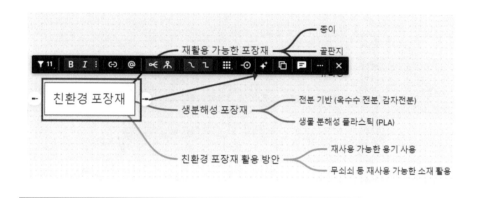

⑤ 원하는 내용을 추가하고 싶다면 ·－ 를 클릭하여 원하는 내용을 추가(예: 중학생이 탐구할 수 있는 과제탐구 주제)한다. 추가한 내용을 선택한 후 를 클릭하면 AI가 '중학생이 탐구할 수 있는 과제탐구 주제'에 관한 내용을 자동으로 생성한다.

그림 6-14 • 윔지컬 마인드맵 내용 추가 방법

⑥ 생성된 마인드맵에서 탐구할 만한 내용을 선정하여 과제탐구를 실행한다. 브레인스토밍 결과는 탐구 보고서를 작성할 때 탐구 활동의 얼개로도 활용할 수 있다.

그림 6-15 • 윙지컬 브레인스토밍 마인드맵 결과

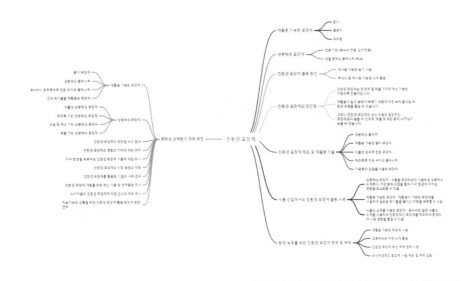

그림 6-16 • '화장품'으로 검색한 윙지컬 AI 브레인스토밍 학생 결과물[2]

윙지컬을 이용하여 AI 브레인스토밍을 해봅시다.

화학 성분 대신 천연 및 유기농 성분을 사용하는 환경오염을 줄이기 위한 화장품	유기농 화장품, 비건 화장품 등	주요 성분: 천연 및 유기농, 생산 과정: 효율적이고 오염 물질 배출 최소화	피부자극 가능성 낮음, 환경 보호 및 지속 가능성 강화	가격이 상대적으로 높음, 유효기간이 짧을 수 있음
천연색소와 유기농 원료를 사용한 립스틱	화장품 제조업, 포장재 산업, 농업	생산 과정에서의 탄소 배출 감소 유해 화학 물질 배출 최소화	그린워싱: 친환경적이지 않은 제품을 친환경으로 홍보하는 문제	친환경 소재 개발, 천연 성분의 피부 효능 연구
화장품 연구원, 환경 과학자 등	추천 도서	추천 사이트	뉴스 분석	생분해성 소재, 친환경 포장 기술, 천연 방부제 개발
환경과학, 화장품 과학, 재료 공학	천연 성분의 안정성 및 효과 연구가 활발히 진행 중	가격 경쟁력 확보가 어려움	다량 생산을 통한 가격 인하	지속 가능한 공급망 구축
도구 및 기술	천연 성분의 효능 및 안전성 실험	친환경 포장재의 실험 및 테스트	천연색소를 사용한 립스틱	소비자의 친환경 제품 선호도 상승
천연 성분의 피부 효능에 대한 연구	친환경 생산 공정의 환경적 영향 분석		친환경 포장재 사용시 환경적 영향을 시뮬레이션	유기농 성분만을 사용하는 신생 화장품 브랜드

---

2   결과물로 도출할 수 있는 과제탐구 주제의 예: 옥수수 전분 포장재와 일반 포장재의 분해 비교 실험

⑦ 웜지컬 AI 브레인스토밍 결과물을 이미지로 다운받거나 링크를 생성하여 공유한다.

㉠ 링크 공유하기: 오른쪽 상단 비행기 모양(✈) 클릭 - Get shareable link - Anyone with a link - can view - Copy link를 순서대로 클릭한다.

그림 6-17 • 웜지컬 AI 브레인스토밍 결과물 공유

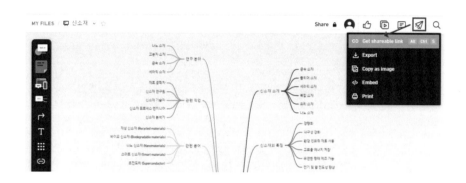

ⓒ 이미지 다운받기: 오른쪽 상단 비행기 모양(✈) 클릭 – Export 클릭 –
Download 순으로 클릭한다.

그림 6-18 • 윔지컬 AI 브레인스토밍 이미지 다운

[2] AI 활용 브레인스토밍 ②_패들렛 AI

패들렛은 온라인에서 협업을 할 수 있는 온라인 게시판으로 잘 알려져 있다.
최근 들어 패들렛에도 AI가 탑재되어 프롬프트를 입력하면 패들렛 게시판을 자
동으로 생성해준다. 패들렛 AI를 활용한 브레인스토밍 과정을 살펴보고, 이를 활
용하여 과제탐구 주제를 정해보자.

1) 가입 및 접속 방법: 패들렛에 접속하여 로그인한다.

2) 사용 방법

① [상단 메뉴의 만들기 – 수업 활동 아이디어]를 순서대로 클릭한다.

그림 6-19 • 패들렛 만들기 화면

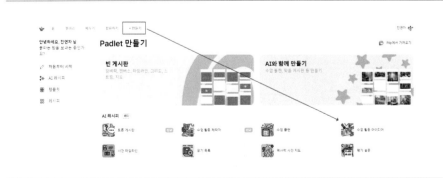

② 제목, 주제 또는 수업 목표를 쓰고, 추가 세부 정보에 생성하고자 하는 주제에 관한 프롬프트를 다음과 같이 작성한다.

그림 6-20 • 패들렛 AI와 함께 만들기

③ 패들렛 작성 결과를 살펴보고, 탐구 주제를 정한다.

그림 6-21 • 패들렛으로 탐구 주제 선정

3) 예제 및 예시 답안

① 예제: 식량 문제 해결 아이디어 탐구 활동을 위한 프롬프트를 작성해보자.

　→ (예시 답안) 프롬프트의 예

그림 6-22 • 탐구 활동을 위한 패들렛 프롬프트

> 식량 문제 해결 탐구 실험 활동 아이디어를 얻고자 해. 중학생들이 직접
> 할 수 있는 아이디어로 게시글을 생성해주는데, 한글로 작성해주고, 관
> 련 그림을 포함해 줘. 게시글의 주제는 친환경, 우주, 미래, 전투와 같이
> 영역별로 학생들이 직접 실험이 가능한 주제 30가지를 생성해 줘. 조작
> 변인, 종속변인을 게시글에 포함해 줘.

그림 6-23 • 패들렛으로 탐구 실험 활동 주제 선정

⚙️ AI Mentor

Chat GPT나 Wrtn과 같은 생성형 AI에 다음과 같은 내용과 형식으로 프롬프트를 입력하여 과제탐구의 주제를 정해보자.

구분	입력 프롬프트
과목과 관심 영역을 포함한 프롬프트	농구에 관심이 있어. 체육 교과에서 농구에 관련된 중학교에서 할만한 과제탐구 주제 5가지를 추천해 줘.
진학하고자 하는 학과를 포함한 프롬프트	인문사회계열의 사회과학학과로 진학하고 싶어. 학과와 고등학교 통합 사회 교과와 관련된 과제탐구 주제 10개 추천해 줘.
관심 직업을 포함한 프롬프트	• 수의사가 되고 싶어. 다음 조건을 고려하여 중학교에서 할 수 있는 생명과학 실험 활동 5가지를 추천해 줘. • 조건: 변인을 통제하고 조절할 수 있는 실험일 것, 중학교 교과 내용과 연관되어 있는 내용일 것, 실생활과 밀접한 관련이 있는 주제일 것
성취기준 또는 학습목표를 포함한 프롬프트	여러 집단에서 나타나는 다양한 문화 사례들을 조사하고, 문화를 이해하는 바람직한 태도에 대하여 토의할 거야. 이 성취기준과 관련된 과제탐구 활동 10가지를 추천해 줘.
일상 생활에서 궁금한 점을 포함한 프롬프트	평소 음식을 만드는 것을 좋아하는데 음식을 만들 때 다양한 조리법이 있어. 조리법에 따라 맛도 다르지만 포함된 영양소도 다를까 하는 생각이 문득 들었어. 실험할 수 있는 식재료를 포함하여 탐구 활동을 설계해 줘.
왜, 어떻게 등과 같은 의문을 포함한 프롬프트	추운 겨울에 바다에 갔는데 바닷물이 얼지 않은 거야. 우리집 앞에 있는 강물을 얼었었거든. 바닷물은 왜 얼지 않은 거야? 이와 관련된 탐구 활동을 설계해 줘.

3. 생성형 AI를 활용한 과제탐구 설계

1 과제탐구 설계_ChatGPT

(1) 페르소나 설정하기

생성형 AI에서 가상의 인물이나 역할을 수행하도록 페르소나를 설정하여 질문을 하면 출력된 결과가 자세하고 전문적인 결과를 얻을 수 있다. ChatGPT에서 "당신은 빈센트 반 고흐의 작품을 주제로 논문을 작성한 박사입니다."와 같이 페르소나를 지정한 후 별이 빛나는 밤 그림에 대하여 설명을 요청으로 대화를 시작한다. 과제탐구를 시작하는 경우 해당 분야의 전문적인 지식이 없는 경우가 많으므로 탐구 방법, 구성 요소, 주요 원리, 관점, 주요 내용 등을 AI에 물어보며 해당 분야 배경 지식을 넓혀 나간다.

입력 프롬프트

미술 작품을 감상할 때 어떤 부분을 중점적으로 보면 되는지 정리해 줘.

Wrtn 출력 결과

1. 형태(Form)
   - 구성: 작품에서 시선이 머무는 중심부와 주변부의 구성은 어떻게 되어 있는지 살펴봅니다.
   - 비율: 인물이나 사물의 크기와 비율이 어떤 의미를 담고 있는지 생각해 보세요.
   - 대비: 큰 요소와 작은 요소, 밝고 어두운 부분 간의 대비가 어떤 효과를 주는지 주목합니다.

2. 색채(Color)
   - 색의 사용: 특정 색상이 많이 사용되었다면 그 색이 주는 감정적 또는 상징적 의미를 생각해보세요.
   - 색채의 조화: 색상 간의 조화나 대비가 어떤 분위기를 조성하는지 관찰합니다.
   - 감정 표현: 색상이 작품에서 어떤 감정을 전달하는지 느껴보세요. 예를 들어, 따뜻한 색상은 열정이나 에너지를, 차가운 색상은 평온이나 우울을 나타낼 수 있습니다.

3. 빛과 명암(Light and Shadow)
   - 광원의 위치: 빛이 작품 속 어디에서 오는지, 그리고 그 빛이 인물이나 사물을 어떻게 강조하는지 봅니다.
   - 명암 대비: 밝은 부분과 어두운 부분의 대비가 어떻게 사용되어 깊이감을 주는지, 또는 감정을 강조하는지 분석합니다.

4. 질감(Texture)
   - 표면의 질감: 실제로 느껴질 것 같은 질감(예: 거칠음, 부드러움)을 나타내는 방법에 주목합니다.
   - 질감의 역할: 질감이 작품의 리얼리즘을 높이는지, 아니면 특정 감정을 강화하는지 생각해 봅니다.

위에 제시한 1~4번 이외에도 공간감, 주제와 상징, 기법과 스타일 등 미술 작품을 감상하고 분석하는 9가지 방법을 AI가 답변을 생성해주었다. 어떠한가? 어렵기만 한 미술 작품 감상과 분석이 AI의 도움을 받아 쉬워졌다. 미술 작품을 분석하는 전문가적인 관점을 AI가 제시해준 셈이다. 이와 같이 AI를 잘 활용하면 생소하고 어려운 영역의 과제탐구도 가능하다.

(2) 단계적으로 질문하기

주제가 정해진 과제탐구를 하는 경우는 과제탐구의 방향이나 검색해야 하는 것이 명확하나, 학습자 주도형 과제탐구의 경우 주제가 명확하지 않거나 복잡할 가능성이 크다. 그러므로 이러한 과제탐구 주제에 대해 질문할 때, 한 번에 모든 것을 물어보기보다는 질문을 단계적으로 나누어 물어보는 것이 효과적이다. 예를 들어, "기후 변화의 원인과 결과, 그리고 해결책에 대해 설명해 주세요."라는 질문을 "기후 변화의 주요 원인에 대해 설명해 주세요."와 같이 나누어 단계별로 질문한다.

또한 AI가 제공한 답변에서 궁금한 점이나 더 깊이 알고 싶은 점이 있다면, 추가 질문을 통해 계속해서 주제를 확장해 나간다. 예를 들어, "그렇다면, 탄소 배출이 기후 변화에 미치는 영향은 무엇인가요?"와 같이 구체적인 측면에 대해 추가로 물어보는 방식이다.

(3) 과제탐구에서 필요한 정보를 구체적으로 요청하기

과제탐구 설계에서 중요한 것은 과제탐구의 성격에 따라 필요한 정보를 구체적으로 요청하는 것이다. 예를 들어 과제탐구에서 과학 실험 설계하고자 한다면 "조작변인, 종속변인, 통제변인, 가설설정, 실험 과정, 실험 시 유의점, 실험 결과, 결론 도출을 포함해 줘."와 같은 내용을 포함하여 프롬프트를 입력하면 된다. 설문조사를 하는 과제탐구의 경우, "지역 경제 활성화에 대한 연구를 진행하고자 해. 지역 경제 활성화를 위한 설문조사 문항 20개를 물음의 형태로, 5단계 리커트 척도로 제작해 줘."와 같은 형식으로 프롬프트를 작성한다. 코드를 구성하는 과제탐구의 경우 "코랩에서 이 파일을 데이터 시각화를 하고자 해. 코드를 구성해 줘."와 같은 프롬프트를 작성한다.

(4) 과제탐구 설계하기(실습)

빈센트 반 고흐의 '별이 빛나는 밤에' 작품을 감상하고 분석하여 반 고흐의 작품을 과학적으로 분석하고 재해석하여 다시 그려보는 과제탐구 활동을 해보고자 한다. 과제탐구 설계를 위해 단계별로 질문하는 과정(입력 프롬프트)이다. 순서대로 따라 실습해보자. 생성형 AI에 같은 프롬프트를 사용할지라도 AI는 다른 결과물을 제시할 수도 있다는 것도 염두에 두길 바란다.

순서	설명	입력 프롬프트
1	페르소나 설정하기	당신은 빈센트 반 고흐의 작품을 주제로 논문을 작성한 박사입니다.
2	미술 작품을 감상하고 분석하는 관점 출력하기	미술 작품을 감상할 때 어떤 부분을 중점적으로 보면 되는지 정리해 줘.
3	파일 첨부 및 설명 요청하기	이 그림을 위 내용으로 분석하여 중학생도 이해하기 최대한 쉽게 설명해 줘.
4	과제탐구 주제 도출하기	위 내용에서 중학생이 탐구할 만한 주제를 도출할 수 있을까?
5	4번에서 제시한 내용 중 탐구해보고 싶은 주제 재질문하기	반 고흐의 붓터치 기법을 연구해보고 싶어. 붓터치 기법을 정량적으로 분석할 수 있는 과제탐구를 설계해 줘.
6	부족한 내용 추가 생성 요청하기	조작변인을 하나 설정해 줘. 예를 들어 물감의 양을 일정하게 고정하고 물의 양을 달리했을 때 붓터치와 같이 구체적으로 설정해 줘.
7	궁금한 점 질문하기	붓터치 밀도 변화를 구체적으로 어떻게 알 수 있을까?
8	궁금한 점 질문하기	농도를 과학적으로 분석할 수 있는 방법이 있을까?
9	과제탐구 설계 요청하기	위 내용을 정리하여 고흐의 붓터치 기법 연구 관련 과제탐구를 설계해 줘.
10	과제탐구 활동 구체화하기	위 내용을 반영하여 반 고흐의 별이 빛나는 밤에를 다시 그리려고 해. 어떤 점을 새롭게 재해석하여 그리면 좋을까?
11	과제탐구 설계 과정 정리하기	이 내용을 표로 정리해 줘.

ChatGPT를 이용하여 설계한 과제탐구는 다음과 같다.

<ChatGPT 설계 과제탐구>

탐구 요소	내용
탐구 주제	빈센트 반 고흐의 붓터치 기법에 대한 정량적 분석: 물의 양과 물감 농도가 붓터치에 미치는 영향
탐구 목적	고흐의 작품에서 나타나는 붓터치 기법을 과학적으로 분석하여, 물의 양과 물감 농도가 붓터치의 밀도, 두께, 색상 강도, 투명도에 어떤 영향을 미치는지 이해
연구 질문	물의 양과 물감 농도가 붓터치의 물리적 특성과 시각적 표현에 어떻게 영향을 미치는가?
독립변인 (조작변인)	물의 양(0ml, 5ml, 10ml, 15ml, 20ml), 물감 농도(물감과 물의 비율: 1:1, 1:2, 1:3, 1:4, 1:5)
종속변인 (측정할 것)	붓터치 밀도(일정 면적 내 붓터치 수), 붓터치 두께(mm), 색상 강도(스펙트로포로미터로 측정), 투명도(투과된 빛의 양 측정 또는 시각적 평가)
통제변인	물감 종류와 양, 붓의 크기와 종류, 붓터치 길이와 방향, 실험 환경(온도, 습도), 종이/캔버스 종류
실험 절차	1. 물과 물감 혼합 후, 동일한 방식으로 붓터치 수행 2. 밀도, 두께, 색상 강도, 투명도 측정 및 기록 3. 결과를 그래프와 표로 정리해 분석
결과 분석	물의 양과 물감 농도에 따른 붓터치의 밀도, 두께, 색상 강도, 투명도의 변화를 비교하고, 각 변수의 영향을 분석
결론 도출	물의 양과 물감 농도가 붓터치 기법에 미치는 영향을 바탕으로 고흐의 기법을 재해석
추가 탐구	다른 인상주의 화가들과 비교하여 고흐의 기법의 독창성 분석 실험 결과를 활용해 "별이 빛나는 밤에" 재해석
재해석 방법	• 붓터치 기법: 실험 결과를 바탕으로 다양한 붓터치 기법 시도 • 색채 재해석: 현대적 색상 팔레트나 모노크롬 사용 • 구성 재해석: 구성 요소 변형 또는 극단적 원근법 사용 • 빛과 명암: 빛의 출처나 명암 대비를 새로운 방식으로 표현 • 상징 재해석: 감정 변화나 현대적 상징 추가 • 텍스처: 혼합 매체나 디지털 텍스처 사용 • 시대 배경: 미래적 또는 다른 문화적 배경 도입

2 과제탐구 설계_Wrtn

[1] Wrtn을 이용하여 다음과 같이 실험 설계를 요청하였다.

입력 프롬프트
알루미늄 코팅 패브릭, 글래스 섬유 패브릭, 카본 섬유 패브릭 열방출 효과 비교 연구를 통한 체온 유지에 가장 적합한 소재 탐색하기로 실험을 설계하여 직접 실험하려고 해. 조작변인, 종속변인, 통제변인, 가설설정, 실험과정, 실험 시 유의점, 실험 결과, 결론도출을 포함해 줘.

1. 조작변인(Independent Variable)
   - 소재 종류: 알루미늄 코팅 패브릭, 글래스 섬유 패브릭, 카본 섬유 패브릭
2. 종속변인(Dependent Variable)
   - 체온 유지 효과: 각 패브릭이 체온을 얼마나 잘 유지하는지를 측정하기 위한 온도 변화(예: 패브릭 아래의 온도 변화)
3. 통제변인(Controlled Variables)
   - 실험 환경: 온도, 습도, 바람의 유무 등
   - 패브릭 크기: 동일한 크기의 샘플 사용
   - 측정 시간: 동일한 시간 동안 측정(예: 30분)
   - 피험자 조건: 동일한 신체 조건을 가진 피험자 사용(예: 성별, 나이, 체중 등)
4. 가설 설정(Hypothesis)
   - "알루미늄 코팅 패브릭이 글래스 섬유 패브릭과 카본 섬유 패브릭보다 체온 유지 효과가 더 우수할 것이다."
5. 실험 과정(Experimental Procedure)
   1) 준비 단계
      - 각 패브릭 샘플을 동일한 크기로 자른다.
      - 실험 환경을 설정하고, 온도 및 습도를 일정하게 유지한다.
   2) 피험자 선정
      - 동일한 조건을 가진 피험자를 선정하고, 각 피험자에게 세 가지 패브릭을 각각 착용하게 한다.
   3) 측정 단계
      - 각 패브릭을 착용한 후, 30분 동안 체온을 측정한다.

   ...

8. 결론 도출(Conclusion)
   - 수집된 데이터를 분석하여 어떤 패브릭이 체온 유지에 가장 효과적인지를 평가한다.
   - 가설이 지지되는지 여부를 판단하고, 결과에 대한 논의를 진행한다.
   - 향후 연구 방향이나 개선점을 제안한다.

이 실험 설계가 도움이 되길 바랍니다! 추가적인 질문이나 수정이 필요하면 말씀해 주세요.

[2] Wrtn을 포함한 다른 생성형 AI도 출력된 결과물 아래에 AI 추천 질문이 있다. 추천 질문은 과제탐구의 깊이와 폭을 넓히는 데 도움이 된다.

<Wrtn에서 AI가 추천한 질문들>

추천 질문
- 열방출 효과 테스트에 가장 적합한 온도 측정 방법은 뭐야?
- 각 소재의 가벼운 특성이 체온 유지에 미치는 영향은 어떻게 될까?
- 아웃도어 활동에서 체온 유지를 위한 최적의 패브릭 조합은 무엇일까?

❸ 과제탐구 설계_Askup

카카오톡의 아숙업은 태블릿 PC, 크롬북이 없는 경우 스마트폰을 활용하여 과제탐구를 간단하게 체험할 때 사용한다.

그림 6-24 • AskUp과 대화한 내용

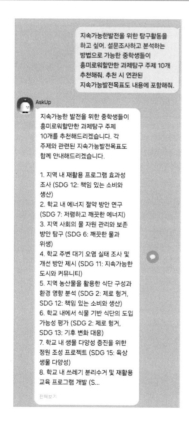

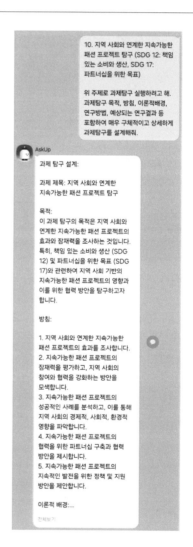

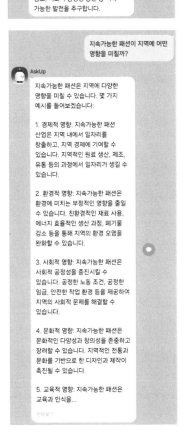

지속가능한 패션을 구체적으로 설명해줘.

AskUp

지속가능한 패션은 환경과 사회에 부정적인 영향을 최소화하면서, 의류 및 액세서리 등의 생산, 소비, 폐기까지의 전 과정에서 지속 가능성을 고려하는 패션 산업입니다. 지속가능한 패션은 친환경적인 소재 사용, 에너지 효율적인 생산 공정, 공정한 노동 환경, 제품의 장수명, 재활용 및 재사용 등을 고려합니다. 이를 통해 자원의 절약, 온실가스 배출 감소, 사회적 공정성 증진 등 지속 가능한 발전을 추구합니다.

지속가능한 패션이 지역에 어떤 영향을 미칠까?

AskUp

지속가능한 패션은 지역에 다양한 영향을 미칠 수 있습니다. 몇 가지 예시를 들어보겠습니다:

1. 경제적 영향: 지속가능한 패션 산업은 지역 내에서 일자리를 창출하고, 지역 경제에 기여할 수 있습니다. 지역적인 원료 생산, 제조, 유통 등의 과정에서 일자리가 생길 수 있습니다.

2. 환경적 영향: 지속가능한 패션은 환경에 미치는 부정적인 영향을 줄일 수 있습니다. 친환경적인 재료 사용, 에너지 효율적인 생산 과정, 폐기물 감소 등을 통해 지역의 환경 오염을 완화할 수 있습니다.

3. 사회적 영향: 지속가능한 패션은 사회적 공정성을 증진시킬 수 있습니다. 공정한 노동 조건, 공정한 임금, 안전한 작업 환경 등을 제공하여 지역의 사회적 문제를 해결할 수 있습니다.

4. 문화적 영향: 지속가능한 패션은 문화적인 다양성과 창의성을 존중하고 장려할 수 있습니다. 지역적인 전통과 문화를 기반으로 한 디자인과 제작이 촉진될 수 있습니다.

5. 교육적 영향: 지속가능한 패션은 교육과 인식...

전체보기

이 내용을 반영해서 설문조사 문항은 20개 생성해줘.

AskUp

1. 지속 가능한 패션에 대해 얼마나 알고 계신가요? (1: 전혀 모름, 5: 매우 잘 알고 있음)
2. 지속 가능한 패션의 중요성을 어떻게 생각하시나요? (1: 중요하지 않음, 5: 매우 중요함)
3. 지속 가능한 패션을 실천하기 위해 어떤 노력이 필요한지 알고 계신가요?
4. 지속 가능한 패션을 실천하기 위해 어떤 장애물이 있다고 생각하시나요?
5. 지속 가능한 패션을 실천하기 위해 어떤 정보를 얻고 싶으신가요?
6. 지속 가능한 패션을 실천하기 위해 어떤 제품을 선호하시나요?
7. 지속 가능한 패션을 실천하기 위해 어떤 브랜드를 선호하시나요?
8. 지속 가능한 패션을 실천하기 위해 어떤 가격대를 선호하시나요?
9. 지속 가능한 패션을 실천하기 위해 어떤 디자인이나 스타일을 선호하시나요?
10. 지속 가능한 패션을 실천하기 위해 어떤 정보를 신뢰하시나요?
11. 지속 가능한 패션을 실천하기 위해 어떤 온라인 리소스를 활용하시나요?
12. 지속 가능한 패션을 실천하기 위해 어떤 오...

전체보기

⚙️ AI Mentors

다음은 ChatGPT에서 생성한 학과별 과제탐구 주제이다. 주어진 형식으로 ChatGPT에 프롬프트를 입력해보자.

[표 6-1] 학과별 과제탐구 주제

계열	학과	과제탐구 주제 예
인문사회계열	인문학	고전 소설과 현대 소설 속 여성 인물의 역할 변화: 『춘향전』과 『82년생 김지영』을 중심으로
	사회과학	SNS 사용이 청소년의 자존감과 대인 관계에 미치는 영향: 설문조사와 사례 연구
	경영	온라인 쇼핑몰의 고객 만족도에 영향을 미치는 요소 분석: 설문조사와 빅데이터 분석
자연과학계열	생명과학	다양한 색상의 LED 조명이 식물의 생장에 미치는 영향 연구
	화학	촉매의 종류에 따른 과산화수소 분해 반응 속도에 미치는 영향: 이산화망간, 감자, 효소를 이용한 실험
	수학	프랙탈 기하학을 이용한 자연 현상의 모형화: 나뭇잎과 해안선의 프랙탈 분석
공학계열	공학	독수리 날개 모방을 통한 최적의 비행체 날개 모양 탐구: 3D 프린팅과 공기 역학 실험
	컴퓨터	모바일 앱 개발: 학교 생활을 편리하게 해주는 시간표 관리 앱 제작과 사용성 테스트
예체능계열	미술	다양한 미술 기법을 이용한 자화상 그리기: 수채화, 유화, 드로잉 기법 비교
	음악	음악이 학습 집중력에 미치는 영향 연구: 클래식 음악과 백색소음을 중심으로 한 실험
	체육	고강도 인터벌 트레이닝이 심폐 지구력에 미치는 영향: 중고등학생을 대상으로 한 4주간의 실험
의학계열	약학	허브 식물의 약용 효과 연구: 로즈마리와 라벤더 추출물의 항균 효과 실험
	의학	손 씻기의 중요성: 세균 배양 실험을 통한 손 씻기 전후의 세균 수 비교
	수의학	동물의 행동 연구: 특정 종의 습성과 환경 변화에 따른 행동 변화 분석

[표 6-2] 프롬프트 형식의 예

입력 프롬프트
OO계열의 OO학과에 진학하고 싶어. 고등학생이 수행할 수 있는 과제탐구 주제 10개를 추천해 줘.
입력 프롬프트
고교학점제에서 OO과목을 선택했어. 이와 관련하여 고등학생이 수행할 수 있는 과제탐구 주제 10개를 추천해 줘.

4. AI를 활용한 영상, PDF 자료 요약

과제탐구 활동을 할 때 논문, 연구 자료, 웹사이트, 영상 등의 자료를 참고하여 과제탐구를 설계하거나 실행하는 경우가 있다. 논문과 같이 전문적인 자료는 이해하기 어렵고 내용이 많다. AI를 활용하면 자료의 요약이 쉽고 빠르다.

1 본문 요약_SCIENCE ON

[1] SCIENCE ON 사이트 접속 - 지능형 분석 - AI 논문 서비스 - 검색창 과제탐구 주제 입력 - 검색 순으로 진행한다.

그림 6-25 • Science On AI 논문 검색

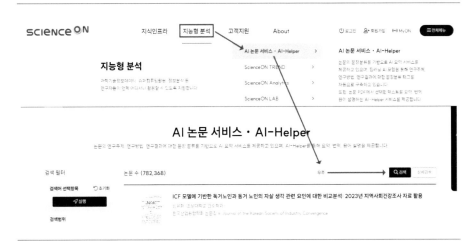

[2] AI 본문 요약에서 AI가 요약한 연구 주제, 연구 방법, 연구 결과를 확인할 수 있다.

그림 6-26 • Science On AI 본문 요약

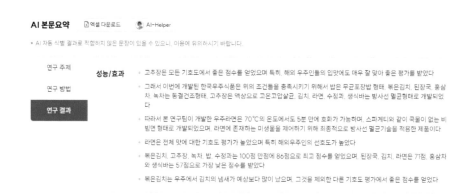

AI 본문요약　📄엑셀 다운로드　👤 AI-Helper

• AI 자동 식별 결과로 적합하지 않은 문장이 있을 수 있으니, 이용에 유의하시기 바랍니다.

연구 주제

연구 방법　　**성능/효과**

연구 결과

　• 고추장은 모든 기호도에서 좋은 점수를 얻었으며 특히 해외 우주인들의 입맛에도 매우 잘 맞아 좋은 평가를 받았다

　• 그래서 이번에 개발된 한국우주식품은 위의 조건들을 충족시키기 위해서 밥은 무균포장밥 형태, 볶은김치, 된장국, 홍삼차, 녹차는 동결건조형태, 고추장은 액상으로 고온고압살균, 김치, 라면, 수정과, 생식바는 방사선 멸균형태로 개발되었다

　• 따라서 본 연구팀이 개발한 우주라면은 70℃의 온도에서도 5분 만에 호화가 가능하며, 스파게티와 같이 국물이 없는 비빔면 형태로 개발되었으며, 라면에 존재하는 미생물을 제어하기 위해 최종적으로 방사선 멸균기술을 적용한 제품이다

　• 라면은 전체 맛에 대한 기호도 평가가 높았으며 특히 해외우주인의 선호도가 높았다

　• 볶은김치, 고추장, 녹차, 밥, 수정과는 100점 만점에 86점으로 최고 점수를 얻었으며, 된장국, 김치, 라면은 71점, 홍삼차와 생식바는 57점으로 가장 낮은 점수를 받았다

　• 볶은김치는 우주에서 김치의 냄새가 예상보다 많이 났으며, 그것을 제외한 다른 기호도 평가에서 좋은 점수를 얻었다

2 영상 요약_Lilys AI

[1] 요약하고자 하는 영상의 URL을 준비한다.

그림 6-27 • 유튜브 영상 URL 복사하는 법

[2] Lilys AI에 로그인하여 영상을 선택한 후, 복사한 주소 URL을 붙여넣는다.

그림 6-28 • Lilys AI에 URL을 붙여넣은 결과

3 PDF 자료 요약_Lilys AI

[1] 논문, 연구 자료 등 요약하고자 하는 PDF 파일을 준비한다.

[2] Lilys AI에 접속하여 로그인한 후, PDF를 클릭하여 업로드한다.

그림 6-29 • Lilys AI PDF 업로드 화면

두뇌에 터보엔진을 달고 지식을 습득하세요

Q 검색   영상   웹사이트   PDF   녹음   텍스트

🌐 한국어 ∨   📁 기본 컬렉션 ∨

⬆️

요약하고 싶은 PDF파일을 업로드하세요

ⓘ 업로드한 PDF파일은 공유하기 전까지 외부로 공개되지 않으니 안심하세요!   예제노트보기

[3] AI가 요약한 내용(요약 노트, 타임라인)을 살펴보자.

그림 6-30 • Lilys AI PDF 요약 화면

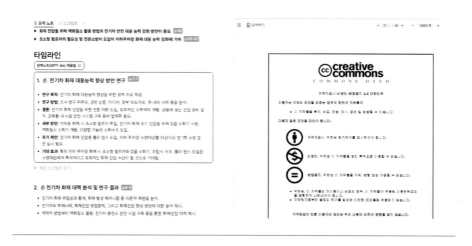

4 검색 자료 요약_삼성 인터넷 브라우저

[1] 모바일이나 패드로 삼성 인터넷 브라우저에 접속한 경우, AI 요약 기능을
사용하면 검색한 자료에서 핵심 내용이 요약 출력된다. 상단의 점 3개 -
요약을 순서대로 클릭한다.

그림 6-31 • 삼성 인터넷 브라우저 화면

[2] 요약 버튼을 누르면 아래와 같이 삼성 인터넷 브라우저에 뜬 내용을 요약
하여 알려준다.

그림 6-32 • 삼성 인터넷 브라우저 요약 화면

과제탐구의 사례를 더 찾아보고 싶다면? 어렵기만 한 과제탐구, 기존의 자료들을 살펴보면 과제탐구를 진행할 때 시행착오를 줄일 수 있고, 기존 과제탐구에 이어 심화 및 후속 연구가 가능하다. 기존의 자료를 탐색하고 분석하는 것은 완성도 높은 과제탐구를 위해 중요하고도 필수적인 과정이다.

전국과학전람회	국립중앙과학관 - 특별전행사 - 전국과학전람회 - 전람회통합검색
	https://www.science.go.kr/mps
한화사이언스 챌린지	한화사이언스챌린지 - 대회 결과 - 연도별 수상작
	https://www.sciencechallenge.or.kr
KSEF 과학프로젝트대회	한국과학기술지원단 - KSEF - 대회요강
	http://www.ksef.or.kr/pc/main/main.php
통계데이터활용 대회	SDC통계데이터센터 - 활용대회 - 수상작모음
	https://data.kostat.go.kr/sbchome/index.do

5. AI를 활용한 데이터 분석 및 시각화

이번 절에서는 설문조사, 실험, 통계 자료 등 탐구 활동에서 얻은 데이터를 AI로 그래프 변환하여(시각화) 데이터를 분석 및 해석해보고자 한다. 데이터를 분석하고 시각화하는 것은 데이터의 변화 경향, 패턴, 추세 등을 한눈에 파악하여, 데이터를 기반으로 합리적 의사결정 및 최적의 방법으로 문제를 해결하기 위함이다. 데이터 분석 및 시각화에서 AI는 방대한 양의 데이터를 속도감 있게 처리하여 그래프를 그려주고, 데이터를 분석해준다. AI를 활용하면 데이터 분석 및 시각화가 빠르고 쉽다.

① 설문 결과 그래프 변환_통그라미

통그라미는 통계청 통계교육원에서 운영하는 사이트로 통그라미에서 생성한 설문의 결과를 그래프로 변환이 가능하다. 통그라미를 이용하면 좋은 점은 설문 조사 결과에서 [통계분석 바로가기]를 클릭하면 바로 그래프로 변환할 수 있으므로 데이터를 다운받아 입력할 필요가 없어 편리하다.

〔1〕 통그라미에 로그인을 한 후, 설문지 만들기를 클릭하여 [설문제목], [설문 결과], [대상자설정]을 입력한다.

그림 6-33 • 통그라미 설문지 만들기

[2] 실문 내용을 입력한 후 [보내기]를 클릭한다.

그림 6-34 • 통그라미 설문지 보내기

[3] [설문 참여하기]에서 [SNS 공유]를 클릭하여 설문조사 URL을 복사하여
배포한다.

그림 6-35 • 통그라미 설문조사 공유

[4] [설문결과 보기]에서 [통계분석 바로가기]를 클릭한다.

그림 6-36 • 통그라미 설문결과 보기

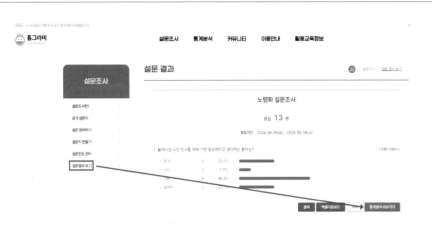

또는 통계분석 - 파일 - 불러오기 - 내 데이터 - 노령화 설문조사 선택 - 열기

[5] 원하는 형태의 그래프를 선택한 후(예 막대) 그래프를 생성한다.

그림6-37 • 통그라미 그래프 형태 선택

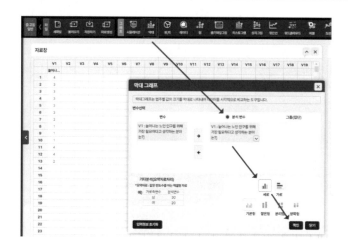

[6] 그래프를 이용하여 자료를 해석하고, 과제탐구의 방향을 정하거나 결론을 도출한다.

그림6-38 • 통그라미 생성 막대그래프

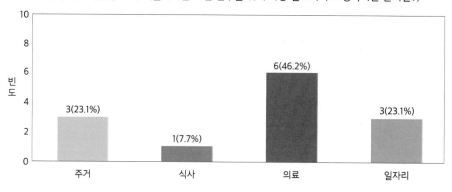

막대 세로 기본형 그래프(늘어나는 노인 인구를 위해 가장 필요하다고 생각하는 분야는?)

① **자료해석**: 늘어나는 노인 인구를 위해 가장 필요한 것은 의료 분야의 지원
이다. 두 번째는 주거와 일자리이다.

② **과제탐구 방향**: 늘어나는 노인 인구를 위해 의료 분야에 관한 과제탐구로
방향을 설정한다.

③ **과제탐구 주제**

　　㉠ 노인 건강 관리를 위한 챗봇 제작

　　㉡ AI 스피커를 이용한 주기적인 건강 정보 알려주기

　　㉢ 약 먹을 시간을 알려주는 스마트링

　　㉣ 노인 의료 지원에 관한 설문조사

２ 데이터를 그래프로 변환_구글 스프레드시트

이 절에서는 국가통계포털[3]에서 다운받은 자료를 구글 스프레드시트에 업로
드하여 그래프로 변환하는 방법을 소개하고자 한다. 국가통계포털은 국내외 및
북한의 주요 통계를 모아 이용자가 원하는 통계를 쉽게 찾을 수 있도록 지원한다.
다음은 국가통계포털에서 제공하는 주제이다.

그림 6-39 ● 국가통계포털 제공 주제

[1] 국가통계포털의 통합 검색창에 '기온'을 입력한 후, '[방재기상] 지점별 연·월
통계'를 찾아 클릭한다.

3　https://kosis.kr/index/index.do

그림 6-40 • 국가통계포털 검색 방법

[2] 오른쪽 상단의 ⚙조회설정 을 클릭하여 필요한 정보만 체크하고, 필요하지 않은 정보는 체크를 해제한다. 모든 설정이 끝난 후 🔍조회 를 클릭한다.

그림 6-41 • 국가통계포털 설정 및 조회

항목 – 평균기온만 체크

시점 – 월 – 체크해제

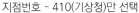

지점번호 - 410(기상청)만 선택

시점 - 년 - 2013~2022로 설정

[3] 데이터를 원하는 형태로 출력이 가능하도록 행렬을 전환한다.

그림 6-42 • 국가통계포털 행렬 전환

수정 전

수정 후

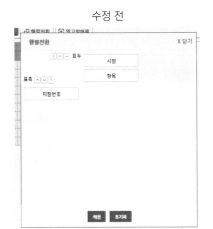

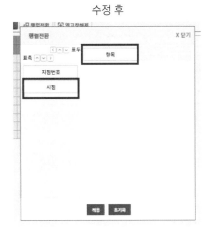

[4] 그래프로 변환할 수 있는 형태로 데이터가 정리되었다.

그림 6-43 • 국가통계포털 데이터

[5] 파일 형태(xlsx, xls, csv 등)를 선택하고, 다운로드를 클릭하여 파일을 다운받는다.

그림 6-44 • 국가통계포털 파일 다운로드

[6] 크롬 웹브라우저 - 오른쪽 상단 와플 버튼(구글의 다양한 서비스를 쉽게 접근할 수 있게 해주는 메뉴, 9개의 점 형태) - Sheets - (+) 빈 스프레드시트 순으로 클릭하여 빈 구글 스프레드시트를 준비한다.

그림 6-45 • 구글 스프레드시트 창

[7] 시트의 제목을 쓰고, 파일 - 열기 - 업로드 - 찾아보기 - 국가통계포털에서 다운로드받은 파일 선택 - 열기를 순서대로 클릭한다.

그림 6-46 • 구글 스프레드시트에 데이터 불러오기

[8] B열과 C열을 드래그한 후, 삽입에서 차트를 클릭하면 그래프가 자동 생성된다.

그림 6-47 • 구글 스프레드시트 드래그하기

[9] 생성된 차트를 더블클릭하면 차트 편집기가 뜨고, 차트 유형 변경 및 설정이 가능하다.

그림 6-48 • 구글 스프레드시트 차트 편집

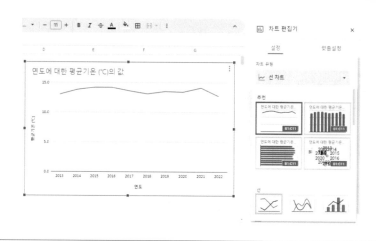

3 데이터 시각화_ChatGPT

국가통계포털에서 다운받은 파일을 ChatGPT에 첨부하여 그래프 생성을 요청할 수 있다. ChatGPT에는 xlsx, csv 형식은 업로드가 가능하지만, xls는 불가능하다.

[1] 국가통계포털에서 [고령인구]로 검색하여 아래 파일을 다운받는다.

그림 6-49 • 국가통계포털 검색

[2] ⚙ 조회설정 을 클릭하여 필요한 자료를 선택한다.

그림 6-50 • 국가통계포털 조회 설정

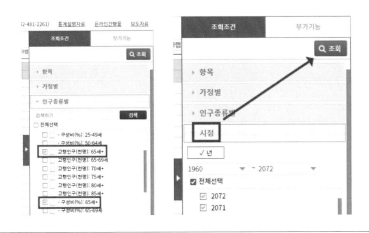

[3] 행렬전환을 클릭하여 시점과 인구 종류별의 위치를 바꾼다.

그림 6-51 • 국가통계포털 행렬 전환

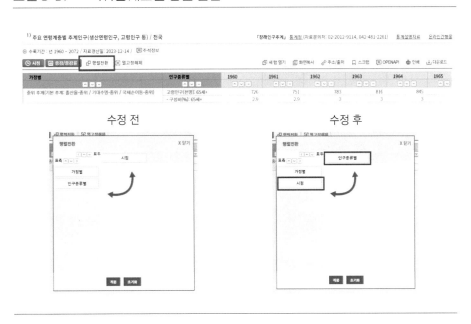

수정 전   수정 후

[4] 다운로드 – EXCEL – 나운로드를 순서대로 클릭한다.

그림 6-52 • 국가통계포털 데이터 다운로드

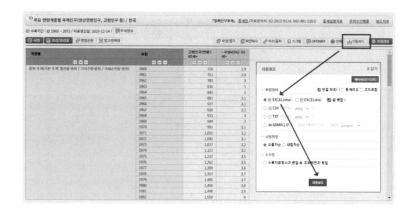

[5] ChatGPT에 접속하여 다음과 같이 프롬프트를 입력한다. 추가로 "데이터를 좀 더 상세하게 분석해 줘."라고 입력하면 더 자세하게 분석한 내용을 출력해준다.

입력 프롬프트

⊞ 국가통계포털 65세인구수.xlsx
  스프레드시트

🔗 데이터를 분석해줘.   ⬆

ChatGPT 출력 결과

데이터는 '가정별', '시점', '고령인구(천 명): 65세+', 그리고 '– 구성비(%): 65세+'라는 컬럼들로 구성되어 있습니다. 각 컬럼의 의미는 다음과 같습니다.

- 가정별: 인구 추계 방식에 대한 설명(첫 번째 행에만 값이 존재하고, 그 아래 행들은 같은 가정을 따른 것으로 보입니다)
- 시점: 해당 데이터의 연도
- 고령인구(천명): 65세+: 65세 이상의 인구 수를 천 명 단위로 표시
- – 구성비(%): 65세+: 65세 이상의 인구가 전체 인구에서 차지하는 비율을 백분율로 표시

데이터를 구체적으로 분석하거나 시각화하고 싶은 특정 사항이 있으신가요? 예를 들어, 특정 연도의 고령 인구 추세를 확인하거나, 특정 기간의 데이터를 분석하는 등의 요청이 있으시면 말씀해 주세요.

---

[6] ChatGPT에 그래프 생성을 요청한다.

입력 프롬프트

데이터로 그래프를 그려줘. 또는 데이터를 시각화해 줘.

ChatGPT 출력 결과

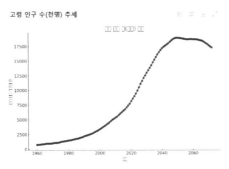

여기 고령 인구 수(천명)의 추세를 보여주는 그래프입니다. 시간이 지남에 따라 고령 인구 수가 꾸준
히 증가하고 있음을 확인할 수 있습니다. 추가적인 분석이나 다른 그래프가 필요하시면 말씀해 주세
요. [↗]

⚙️ AI Mentors

인터랙티브 차트로 전환 버튼을 클릭하면 연도별 65세 인구수 확인이 가능하다.

그림 6-53 • 국가통계포털 인터랙티브 차트 전환

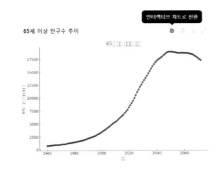

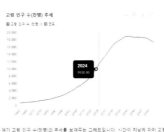

[7] 데이터에 관한 질문을 이어나간다.

입력 프롬프트

상관계수를 포함하여 그래프를 좀 더 상세하게 분석해 줘.

ChatGPT 출력 결과

그래프에서 확인할 수 있듯이, 고령 인구 수와 연도 간의 상관계수는 0.96으로 매우 높은 양의 상관 관계를 보입니다. 이는 시간이 지남에 따라 고령 인구 수가 꾸준히 증가해왔다는 것을 강하게 시사 합니다. 높은 상관계수는 이 두 변수 사이에 거의 직선적인 관계가 있음을 의미하며, 이는 고령화 추 세가 계속될 가능성이 높음을 보여줍니다.
추가적인 분석이나 다른 항목에 대한 시각화가 필요하시면 알려주세요.

입력 프롬프트

2100년도의 65세 이상 노인 인구수를 추정해 줘.

ChatGPT 출력 결과

2100년도의 65세 이상 노인 인구 수는 약 26,823천 명으로 추정됩니다. 이 추정치는 현재 데이 터의 추세를 바탕으로 한 선형 회귀 모델에 기반한 것입니다. 따라서, 실제 인구 수는 다양한 사회 적, 경제적 요인에 따라 달라질 수 있습니다. 추가로 다른 예측 방법이나 분석이 필요하시면 알려 주세요.

입력 프롬프트

추가로 다른 예측 방법으로 분석해 줘.

ChatGPT 출력 결과

다른 예측 방법으로는 **다항 회귀 분석**이나 **시계열 분석**을 사용할 수 있습니다. 먼저, 다항 회귀 분석 을 사용하여 2100년도의 65세 이상 노인 인구 수를 추정해보겠습니다.
다항 회귀는 데이터의 추세가 비선형적인 경우 더 정확한 예측을 제공할 수 있습니다. 2차 다항식을 사용하여 예측해 보겠습니다.
다항 회귀 분석을 사용한 결과, 2100년도의 65세 이상 노인 인구 수는 약 30,781천 명으로 추정됩 니다. 이 방법은 선형 회귀보다 조금 더 복잡한 추세를 반영할 수 있어, 데이터가 비선형적인 경향을 보일 때 유용합니다.

입력 프롬프트

위 내용을 바탕으로 과제탐구의 결론을 도출해 줘.

과제탐구 결론

이번 탐구에서 우리는 한국의 고령화 추세를 분석하고, 2100년의 65세 이상 인구 수를 예측해보았습니다. 이를 통해 도출된 결론은 다음과 같습니다.

1. 고령화의 지속적인 증가: 1960년 이후 65세 이상 인구 수와 그 비율은 꾸준히 증가해왔습니다. 연도와 65세 이상 인구 수 및 구성비 사이의 상관계수가 각각 0.96으로 매우 높게 나타났습니다. 이는 시간이 지남에 따라 고령 인구가 지속적으로 증가하고 있다는 강력한 증거입니다.
2. 2100년의 65세 이상 인구 예측: 선형 회귀 분석을 통해 2100년의 65세 이상 인구를 약 2,682만 3천 명으로 예측했습니다. 이는 한국 사회가 앞으로도 고령화 사회에서 초고령 사회로 진입할 가능성이 높다는 것을 시사합니다.
3. 사회적·경제적 도전: 이러한 인구 구조의 변화는 한국 사회에 다양한 도전을 제기할 것입니다. 연금 제도, 의료 서비스, 주거 환경, 노동 시장 등에서의 변화가 필요하며, 이에 대비한 정책 마련이 시급합니다.

최종 결론

한국의 고령화는 앞으로도 계속 진행될 것이며, 이에 따른 사회적, 경제적 대응이 필요합니다. 특히, 고령화가 급격히 진행될 가능성이 크므로, 정부와 사회는 이에 맞는 장기적인 계획을 수립해야 할 것입니다. 2100년에는 65세 이상 인구가 크게 증가할 것으로 예상되므로, 이를 대비한 지속 가능한 정책과 제도의 마련이 필수적입니다.

6. ChatGPT로 과제탐구 보고서 작성

과제탐구 보고서는 탐구하게 된 동기나 배경, 탐구 질문, 문제 인식 등의 내용을 포함하여 글을 시작하면 된다. 거기에 탐구 목표, 이론적 배경을 추가하면 과제탐구 보고서의 서론 부분의 글이 완성된다. 본론에는 가설 설정, 준비물, 연구 계획, 연구 방법, 연구 과정, 연구 결과, 데이터 분석 및 시각화, 자료 해석 등을 포함하여 탐구 활동 내용을 상세하게 기록한다. 글의 마지막에는 연구 결과, 결론 도출, 제언, 적용 및 확장 내용을 포함한다. 참고자료에는 참고 문헌, 설문지, 사용한 자료 등을 수록한다.

1 구체화된 프롬프트로 보고서 생성

ChatGPT에 단순하게 "다이어트 밀키트에 관한 과제탐구 보고서를 작성해 줘."라고 작성해도 되지만, 다이어트 밀키트에 관하여 연구한 내용, 조건, 양식 등을 포함한 프롬프트로 과제탐구 보고서를 작성해날라고 하면 원하는 방향으로 결과물이 생성된다.

단순한 형태의 프롬프트 예	조건, 내용 등이 포함된 프롬프트 예
다이어트 밀키트에 관한 과제탐구 보고서를 작성해 줘.	다이어트 밀키트에 관한 과제탐구 보고서를 다음 조건을 포함하여 작성해 줘. #조건 • 10개의 밀키트 구성 • 밀키트에 반드시 고기 포함할 것 • 밀키트 1개 구입 가격 8,000원 정도 • 일반 밀키트와 효과 비교하는 과정 포함

단순한 형태의 프롬프트 예	양식을 제시한 프롬프트 예
빛이 식물의 생장에 미치는 영향을 알아보는 과제탐구 보고서를 작성해 줘.	빛의 유무에 따른 식물의 생장에 미치는 영향을 알아보는 과제탐구 보고서를 다음과 같은 양식으로 A4 3장 분량으로 작성해 줘. #양식(문제인식, 가설설정, 준비물, 이론적 배경, 조작 변인, 종속 변인, 통제 변인, 실험 설계, 실험 결과, 자료 해석, 결론 도출, 제언, 적용 및 확장, 참고 문헌)

2 PDF 문서를 첨부하여 보고서 생성

과제탐구의 과정과 결과를 정리한 문서를 첨부하여 과제탐구 보고서 생성을 요청하면 실제 탐구 활동이 기반이 된 과제탐구 보고서가 생성된다. 클립 모양 – 컴퓨터에서 업로드 – PDF 파일 선택의 순으로 진행한다.

그림 6-54 • ChatGPT에 PDF 문서 첨부

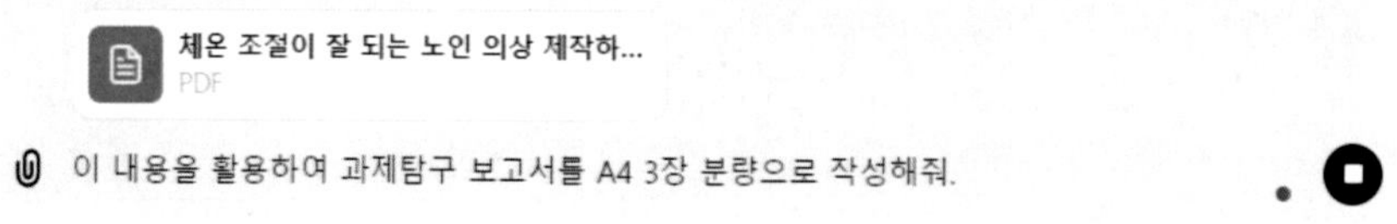

체온 조절이 잘 되는 노인 의상 제작하…
PDF

이 내용을 활용하여 과제탐구 보고서를 A4 3장 분량으로 작성해줘.

그림 6-55 • ChatGPT 결과 화면

◉ **탐구 활동명: 체온 조절이 잘 되는 노인 의상 제작하기**

1. 서론

1.1 연구의 필요성

기후변화로 인해 급격한 온도 변화가 빈번하게 발생하면서, 특히 노인들에게 적절한 체온 조절이 중요해졌습니다. 노인들은 젊은 사람들에 비해 체온 조절 능력이 떨어져 추위와 더위에 더 취약합니다. 따라서, 체온을 효과적으로 조절할 수 있는 의상을 개발하는 것은 노인의 건강과 안전에 중요한 역할을 합니다.

1.2 연구의 목적

이 연구의 목적은 다양한 소재를 비교하여 노인의 체온을 가장 효과적으로 조절할 수 있는 소재를 찾는 것입니다. 이를 위해 쿨맥스, 대나무 섬유, 나노 섬유의 세 가지 소재를 사용하여 실험을 진행하였습니다.

1.3 연구의 가설

대나무 섬유 소재가 다른 소재들에 비해 체온 조절에 가장 효과적일 것이라는 가설을 세웠습니다.

2. 연구 방법

2.1 실험 설계

실험은 다음과 같은 절차로 진행되었습니다:

1. **실험 재료 준비**: 쿨맥스, 대나무 섬유, 나노 섬유로 제작된 3개의 박스를 준비했습니다.
2. **핫팩 준비**: 일정 온도로 달구어진 전자 핫팩을 각각의 박스에 넣었습니다.
3. **초기 온도 측정**: 처음 핫팩의 온도를 측정했습니다.
4. **온도 변화 측정**: 선풍기를 중세기로 틀고, 1분마다 핫팩의 온도 변화를 측정하여 기록했습니다.

2.2 조작 변인

소재의 종류(쿨맥스, 대나무 섬유, 나노 섬유)를 조작 변인으로 설정했습니다.

2.3 종속 변인

핫팩의 온도 변화로 설정하였습니다. 사람 체온 대신 전자 핫팩의 온도를 사용하여 변화를 측정했습니다.

2.4 통제 변인

소재의 크기, 선풍기의 세기, 핫팩 종류(온도가 표시된 동일한 핫팩 사용)를 통제 변인으로 설정하여 실험의 일관성을 유지했습니다.

3. 실험 결과

실험 결과는 다음과 같습니다:

구분	쿨맥스	대나무 섬유	나노 섬유
0분 (처음 온도)	50℃	50℃	50℃
1분 후 온도	49℃	49℃	49℃
2분 후 온도	48℃	47.5℃	48℃
10분 후 온도	40℃	39℃	39.5℃

이 결과를 통해 대나무 섬유가 10분간 온도가 11℃ 내려가면서 가장 큰 온도 감소를 보였습니다. 이는 대나무 섬유가 체온 조절에 가장 효과적이라는 것을 의미합니다.

4. 결론

4.1 연구의 결론

대나무 섬유 소재가 체온 조절에 가장 적합하다는 가설이 실험 결과를 통해 증명되었습니다. 대나무 섬유는 다른 소재들에 비해 온도 변화가 더 크게 나타나 체온 조절에 효과적임을 확인할 수 있었습니다.

4.2 연구의 의의 및 활용 방안

이 연구는 체온 조절이 중요한 노인 의상 제작에 있어 대나무 섬유가 유용하다는 근거를 제공합니다. 이를 통해 노인들의 건강과 안전을 보호하는 의류 개발에 기여할 수 있을 것입니다.

MEMO

CHAPTER

07

학급 운영과
창의적 체험활동

CHAPTER 07
학급 운영과 창의적 체험활동

1. 학급 운영

1 똑똑한 조회 시간

아침마다 찾아오는 조회시간을 활용하여 우리가 직접 제작한 듣기 문제를 풀고, 배운 내용을 복습하는 활동을 제안한다. 쉬는 시간이나 이동 시간을 활용하여 틈틈이 듣고 풀 수 있는 활용도 높은 듣기 문제가 영어를 포함한 모든 과목에서 만들어질 수 있다면 어떨까?

'똑똑한 조회시간' 학급 운영 활동에서는 조회 시간에 학급 학생들이 수업내용 복습이나 시험 대비를 위해 풀어볼 수 있는 여러 교과의 듣기 문제를 만드는 활동이 진행된다. 학생들은 직접 문제를 제작하고 → 듣기 파일을 공유하고 → 조회 시간에 실제 풀이를 진행하는 과정에 참여하게 된다.

차례	(1) 듣기 문제 대본 작성하기_Wrtn
	(2) 듣기 문제 완성하기_CLOVA Dubbing

(1) 듣기 문제 대본 작성하기_Wrtn

1) 가입·접속 방법

Wrtn(뤼튼)은 웹사이트[1]와 애플리케이션으로 모두 접근 가능하여 활용도가 높은 AI 플랫폼이다. 이메일로 가입하는 방식이며, 카카오톡, 구글, 네이버 계정과 연동

---

[1] https://wrtn.ai/

하여 가입하는 것도 가능하다. 따라서 뤼튼을 활용한 학급 운영이나 수업을 계획할 때 학생들이 연동 가능한 계정을 알아오도록 미리 안내하는 것이 좋다. 비밀번호를 잊어 버리는 경우 활동이 지체될 수 있으므로 준비한 계정의 아이디와 비밀번호가 일치하 는지, 접속이 되는지 미리 확인하고 올 수 있도록 지도해야 한다.

2) 사용 방법

뤼튼은 웹사이트상으로는 원하는 결과물을 텍스트와 이미지 형태로 제작하는 '채 팅 탭'과 툴과 챗봇을 제작할 수 있는 '스튜디오 탭'으로 나누어져 있으며, 애플리케이 션에서는 '채팅 탭'만 사용할 수 있다. 학급 운영·수업에서 간편하고 빠르게 사용되는 것은 채팅 탭으로, 'AI 검색', 'AI 이미지', 'AI 과제와 업무'의 3가지 탭으로 분류되어 있 다. 각각 정보 검색, 이미지 생성, 과제 수행을 할 수 있는 탭으로, 특히 'AI 과제와 업 무' 탭에서는 프로 모드가 적용되므로 더 빠른 프롬프트 처리가 이루어진다.

그림 7-1 • Wrtn 홈 화면

3) 유의점

뤼튼과 ChatGPT 등 자연어를 처리하는 AI 모델이 주목받기 시작한 후, AI 에 의해 생성된 텍스트 및 질의응답의 구체성은 단연 돋보이는 장점으로 언급되 어 왔다. 그러나 구체성과 응답의 양의 풍부성에 앞서 중요한 것은 내용의 정확성이나. AI에게 참고할 수 있는 자료를 요구하였을 때 실제로 존재하지 않는 가상의 참고자료를 추천한다면, 이는 신뢰할 수 있는 도구로 활용하기 어려워진다.

현 시점에서는 결과물의 정확도 측면에서 많이 개선된 모습을 찾아볼 수 있지만, 뤼튼을 활용한 실제 예제를 다루어 보는 다음 PART에서 정확도 오류가 여전히 등장하는 모습을 확인할 수 있다. 따라서 교사는 듣기 문제 대본을 작성하는 활동을 시작하기 전에, 뤼튼이 제시한 결과물을 무조건적으로 신뢰하기보다는 검토 단계를 거친 후 활용하도록 안내하는 등 정확도 측면에서 주의를 기울이도록 지도해야 한다.

4) 듣기 대본 완성

대본을 작성할 때 가장 중요한 것은 명령 프롬프트이다. 교사와 학생이 제작하고자 하는 문제의 주제와 내용, 유형이 결정된 상태라고 가정해보자. 이때 뤼튼에게 제시한 프롬프트에 핵심 내용이 얼마나 명확하고 간결하게 담겨 있는지에 따라 결과물의 양과 질은 물론, 전체적인 방향성이 크게 달라진다. 프롬프트는 길게 풀어서 쓰는 것보다 중요한 순서에 따라, 간결한 단어 혹은 문장으로, 핵심 개념을 넣어서 작성하는 것이 좋다. 적용할 수 있는 프롬프트 유형틀을 살펴보자.

프롬프트 유형틀

a. 요구사항(예: '□□이/가 답이 되는 ○○식 유형의 듣기 문제 대본을 만들어 줘.')
b. 조건(예: '다음 내용들이 대본에 반드시 포함되어야 해.')
c. 조건의 세부사항(예: '내용 : □□와 관련된 구체적인 교과 정보들')

역사 교과의 듣기 문제를 제작해보자. 한국사의 고려 시대를 주제로 삼고 '서경'이라는 지명이 답이 되는 듣기 문제 대본을 만들어보고자 한다. 그렇다면 다음과 같은 프롬프트 입력이 이루어질 수 있다.

예시 프롬프트 ①(대본 제작 명령어)

'서경'이 객관식 문제의 답이 되는 역사 듣기 문제 대본과 선지를 작성해 줘.(a에 해당) 다음 내용들이 문제 대본에 힌트로 포함되어야 해.(b에 해당)
내용: 태조 왕건 때부터 중시되던 곳, 훈요 10조에 등장한 곳, 묘청이 천도하자고 주장한 곳, 최광수가 고구려 부흥을 주장하며 반란을 일으킨 곳(c에 해당)

역사 듣기 문제 대본 및 선지:

여러분, 이번에 들려드릴 내용은 우리나라 역사에서 매우 중요한 지역에 관한 것입니다. 이 지역은 태조 왕건 때부터 특별히 중시되었던 곳으로, 그 중요성이 당시의 문헌인 '훈요 10조'에서도 확인됩니다.

또한 이 지역은 고려 시대에 묘청이 천도를 주장했던 곳이기도 합니다. 묘청은 이곳으로의 천도를 추진했지만 실패하자 결국 반란을 일으키기도 했습니다.

마지막으로 이 지역은 무신집권기에 최광수가 고구려 부흥을 내세우며 반란을 일으켰던 곳입니다. 최광수의 난은 고구려의 수도였던 이 지역에서 일어났습니다.

이상의 내용을 통해 볼 때, 이 지역은 우리 역사에서 매우 중요한 의미를 지닌 곳임을 알 수 있습니다. 그렇다면 이 지역의 이름은 무엇일까요?

선지:

① 개성
② 한양
③ 서경
④ 평양(오류)

정답: ③ 서경

c에 해당하는 '조건의 세부사항'을 단순한 명사형으로 제시하였다. 뤼튼은 서로 분산되어 제시된 세부내용을 적절하게 연결하였고 그 과정에서 교사와 학생이 제시하지 않은 역사적 사실도 추가하여 대본을 제작하였다. '묘청이 천도하자고 주장한 곳'이라는 세부 내용만을 제시했는데, "묘청은 이곳으로의 천도를 추진했지만 실패하자 결국 반란을 일으키기도 했습니다."와 같이, 묘청의 난에 대한 정보까지 추가된 점에서 이를 찾아볼 수 있다. 대본의 정확도를 높이기 위해서는 이와 같이 AI가 빅데이터 탐색을 통해 추가한 내용을 찾고 사실 여부를 정확하게 파악하는 활동이 이루어져야 한다.

예시 프롬프트 ①을 입력하여 나온 결과물에서, 문제의 내용 부분에 역사적 사실 오류는 없음을 확인하였다. 하지만 선지 부분에서는 선지 ④에 오류가 있음을 찾아볼 수 있다. ④ '평양'은 서경과 같은 장소를 칭하는 지명이다. 고구려 시대의 평양이 고려 시대의 서경이므로 지금 상태는 복수정답 오류가 있는 대본이다. 이처럼 문제가 되는 부분을 파악했다면, 해당 부분에 대한 오류 정정 명령어를 입력하여 수정하여야 한다.

서경이랑 평양은 동일한 지명이기 때문에 복수정답 오류야. 방금 전 답변에서 4번 선지만 수정해 줘.(@에 해당)

역사 듣기 문제 대본 및 선지:

여러분, 이번에 들려드릴 내용은 우리나라 역사에서 매우 중요한 지역에 관한 것입니다. 이 지역은 태조 왕건 때부터 특별히 중시되었던 곳으로, 그 중요성이 당시의 문헌인 '훈요 10조'에서도 확인됩니다.

또한 이 지역은 고려시대에 묘청이 천도를 주장했던 곳이기도 합니다. 묘청은 이곳으로의 천도를 추진했지만 실패하자 결국 반란을 일으키기도 했습니다.

마지막으로 이 지역은 무신집권기에 최광수가 고구려 부흥을 내세우며 반란을 일으켰던 곳입니다. 최광수의 난은 고구려의 수도였던 이 지역에서 일어났습니다.

이상의 내용을 통해 볼 때, 이 지역은 우리 역사에서 매우 중요한 의미를 지닌 곳임을 알 수 있습니다. 그렇다면 이 지역의 이름은 무엇일까요?

선지:
① 개성
② 한양
③ 서경
④ 강화도(오류 정정)

정답: ③ 서경

오류 정정 명령어에 따라 선지 ④가 '평양' → '강화도'로 변경되었음을 확인할 수 있다. 이제 기존의 계획에 맞게 ③ '서경'이 단독 답이 되는 듣기 문제 대본이 완성되었다.

[2] 듣기 문제 완성하기_CLOVA Dubbing

1) 가입 및 접속 방법

CLOVA Dubbing(클로바 더빙)은 AI 합성음을 이용해 동영상을 더빙할 수 있는 TTS(text-to-speech) 서비스를 지원하여, 창작자들이 별도로 성우를 섭외하거나 녹음하지 않고도 높은 품질의 영상 콘텐츠를 빠르고 쉽게 제작하는 데 도움을 주는 AI 플랫폼이다. 클로바더빙은 애플리케이션(클로바더빙-AI 더빙 만들기)

과 웹사이트[2]로 모두 접근 가능하기에 사용 기기에 큰 제약 없이 활용도가 높다. 네이버와 연계한 서비스이기 때문에 네이버 계정이 있어야 이용 가능하며, 교사는 뤼튼 때와 마찬가지로 클로바 더빙을 사용하기 전에 학생들이 로그인이 가능한 계정을 미리 준비해 올 수 있도록 안내한다.

2) 사용 방법

클로바 더빙에서는 준비한 텍스트를 입력하면 가상의 AI 목소리가 텍스트를 읽어 음성 파일로 만들어준다. 사용 방법은 다음과 같다.

- 무료로 시작하기 버튼을 클릭한다.
- 회원가입을 진행한다.
- 무료 플랜과 활용사례를 참고한다.
- 내 프로젝트 버튼을 클릭하여 제작 활동을 시작한다.

우선 오른쪽 위 '시작하기' 탭을 클릭하여 회원가입 및 로그인을 진행한다.

그림 7-2 • CLOVA Dubbing 첫 화면

---

2 https://clovadubbing.naver.com/

나음으로 '플랜 안내' 탭을 클릭하면 무료 플랜에서 유료 플랜에 이르기까지 지원되는 프로젝트 수, 다운로드 수, 글자 수 등의 옵션을 살펴볼 수 있다. 듣기 문제 제작하기 활동에서는 무료 플랜으로도 충분히 계획한 학급 운영 활동을 진행할 수 있다. 무료 플랜의 옵션은 다음과 같다.

<CLOVA Dubbing 무료 플랜>

플랜/월	NAVER Free 0원
프로젝트 수/누적	5개
다운로드 수/월	20회
글자 수/월	15,000자
클로바 보이스 PRO	사용불가
출처 표기	필수
상업적 사용	부분적 가능

'활용 사례' 탭을 클릭하면 클로바 더빙 기능을 활용한 다양한 콘텐츠를 참고할 수 있다. 자막이나 동영상을 제작한다는 점에서는 동일하지만, 해당 기능을 활용하는 방식이나 콘텐츠의 방향 및 내용을 기획에 따라 굉장히 다양하므로, 제작하고자 하는 콘텐츠의 방향성을 고민하고 있다면 도움을 받을 수 있는 탭이다.

그림 7-3 • CLOVA Dubbing '활용 사례' 탭

3) 유의점

기능 측면에서 유의해야 할 점은 데스크탑으로 생성·편집한 프로젝트의 경우, 모바일에서는 재생 및 다운로드만 가능하다는 점이다. 따라서 듣기 문제 제작하기 활동을 여러 차시에 걸쳐 실행하는 경우에는 데스크탑과 모바일 중 계속해서 사용할 방식을 선택하고 유지하는 것이 좋다.

딥페이크 등 적절하지 않은 곳에 악용되는 사례가 일어나지 않도록 사전 교육을 진행하는 것도 중요하다. 클로바더빙에서는 '보이스 메이커' 기능을 통해 사용자가 직접 녹음한 목소리를 AI 보이스로 만들어 클로바더빙에서 활용할 수 있도록 지원한다. 따라서 클로바더빙을 학급 운영 활동에 사용하기 전, 학생들이 자신의 목소리는 물론, 학급의 동료 학생들의 목소리로 제작한 보이스를 바람직하지 않은 목적으로 사용하지 않도록 안내해야 한다.

4) 듣기 문제 제작하기

클로바더빙에서 지원하는 기능을 익혔다면 본격적으로 듣기 문제 제작 활동

을 시작한다. 제작 순서는 다음과 같다.

- 내 프로젝트 버튼을 클릭한다.
- 프로젝트명과 콘텐츠 종류를 정한다.
- TTS에 사용할 AI 목소리를 선택한다.
- 더빙할 텍스트를 입력하고 재생한다.
- 보이스 옵션을 조정하여 완성도 높은 듣기 문제를 제작한다.

먼저 가입한 아이디로 로그인을 진행한다. 화면 위쪽의 메뉴 탭에서 '내 프로젝트' 버튼을 클릭하여 제작을 시작하게 되는데 기존에 진행한 프로젝트가 없다면 다음과 같은 화면이 뜨게 된다. + 표시를 눌러 '새 프로젝트'를 시작하면 영상 파일과 음성 파일 중 어떤 파일을 제작할 것인지 선택하고 프로젝트명을 정하면된다. 이번 활동에서는 '역사 듣기 문제'라는 음성 파일을 만들 예정이므로, 콘텐츠 종류로 오디오를 선택하고 프로젝트명을 작성한 후 생성 버튼을 클릭한다. 프로젝트명은 차후 필요에 따라 수정할 수 있다.

그림 7-4 • CLOVA Dubbing 새 프로젝트 생성

프로젝트 제작 화면은 다음과 같다. 오디오 생성 프로젝트이므로 크게 더빙할 텍스트를 입력하는 왼쪽 탭과 더빙할 AI 보이스를 선택하는 오른쪽 탭으로 나누어져 있음을 확인할 수 있다. '즐겨찾기' 탭에서 클로바 더빙의 대표적인 AI 보이스를 선택할 수 있고, '전체 보이스' 탭을 클릭하여 보다 많은 보이스를 탐색할 수도 있다.

그림 7-5 • CLOVA Dubbing 프로젝트 대본 입력 및 보이스 선택

'전체 보이스' 탭을 클릭하면 다음 창이 뜨는데 '스타일' 탭에서 제작하고자 하는 콘텐츠의 스타일에 따라 적합한 보이스의 종류를 찾아볼 수 있는 것은 물론, '보이스 메이커' 탭에서 자신의 목소리를 입력하여 AI 보이스를 만들 수 있는 서비스도 사용할 수 있다.

그림 7-6 • CLOVA Dubbing '전체 보이스' 탭

사용할 AI 보이스를 선택한 후 [1] '듣기 문제 대본 작성_Wrtn' 단계에서 제작한 대본을 텍스트 창에 입력한다. 이때 유의해야 할 점은 4개의 선지는 'Shift' 키를 이용하여 줄바꿈을 한 상태로 입력해야 한다는 것이다. 클로바더빙에서는 문장 간 0.10초의 공백을 기본적으로 제공하지만, 1, 2, 3, 4번으로 작성된 선지를 문장에 이어서 작성하게 되면 선지를 문장으로 인식하지 않아, 선지 간 공백이 생성되지 않기 때문이다.

- **속도 조절:** 텍스트를 더빙하는 읽기속도 조절이 가능하다. 속도 조절을 할 1~4번 선지 텍스트를 범위로 선택하고 오른쪽 '보이스 옵션'에서 속도를 조정하고 아래의 '미리듣기' 버튼을 클릭하여 원하는 속도인지 확인한다. 적절한 속도를 설정하였다면 '적용하기' 버튼을 클릭한다.

- **공백 시간 조절:** 개성, 서울, 서경, 강화도의 4개 선지를 줄바꿈하여 입력한 후 '저장'을 누르면, 다음과 같이 선지 사이에도 0.10초의 보이스 공백이 생겼음을 확인할 수 있다. 공백 버튼을 클릭하면 공백 시간을 조정할 수 있다. 교과와 문제의 성격 및 난이도에 따라 공백은 자율적으로 결정하면 되며, 재생 버튼을 클릭하여 직접 듣고 수정할 수 있다. 이번 역사 듣기 문제 제작 활동에서는 선지 간 공백을 0.30초로 설정하였다.

그림 7-7 • CLOVA Dubbing 대본 입력 및 선지 속도 조절

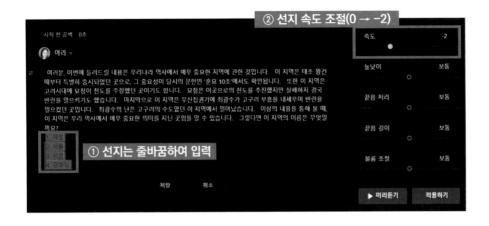

그림 7-8 • CLOVA Dubbing 선지 간 공백시간 조절

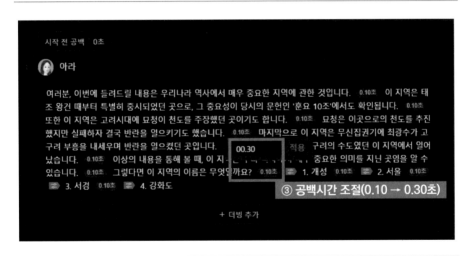

공백 시간과 속도 조절을 마무리하였다면 다음과 같이 적용 사항이 반영된 텍스트를 확인할 수 있다. 문제에서 선지 ①로 넘어가는 부분부터 0.30초로 설정된 공백 시간과, 속도가 조절되었음을 의미하는 파란색 화살표 아이콘을 확인할 수 있다.

그림 7-9 • CLOVA Dubbing 조절된 화면

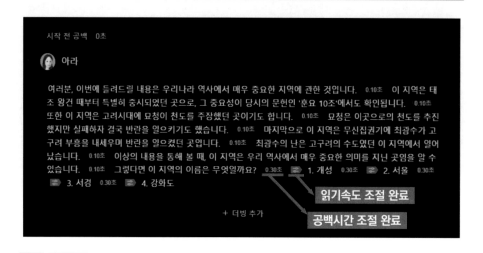

더빙 텍스트 입력이 완료되었다면 재생하여 최종 점검을 한 후 화면 오른쪽 상단의 '다운로드' 버튼을 클릭한다.

그림 7-10 • CLOVA Dubbing 프로젝트 다운로드

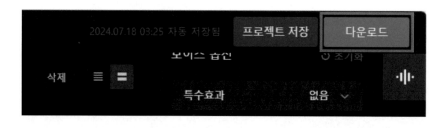

다운로드 버튼을 누르면 출처 표기와 상업적 이용에 대한 주의사항이 나온다. 해당 창은 첫 프로젝트 다운로드 시에만 뜨는 창으로, 교사는 학생들에게 관련 내용을 정확하게 읽고 인지할 수 있도록 안내한다. 이후 다운로드 창에서 다음과 같이 파일 저장 방식을 선택할 수 있는데, 이때 '전체 음원 파일' 버튼을 클릭한다.

'개별 문단 파일'은 더빙을 여러 개로 나누어 제작한 경우 하나의 음원으로 저장할 것인지, 여러 개의 더빙을 문단 별로 나누어 저장할 것인지를 선택할 수 있는 기능이고 필요에 따라 사용할 수 있다. 이 활동에서는 문단을 나누지 않았으므로 1개의 파일로 저장하여 진행한다. 마지막으로 음원 파일 형식을 선택한다. MP3와 WAV 중 선택할 수 있으며 듣기 문제를 재생할 기기에 따라 저장할 형식을 선택하고 다운로드를 완료한다.

그림 7-11 • CLOVA Dubbing 다운로드 형식 선택

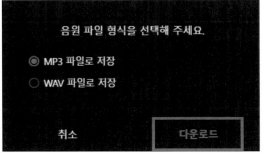

2 AI가 학급 회의록을 작성한다고?

정기적으로 찾아오는 학급 회의! 돌아가면서, 혹은 1인 1역할을 맡아 학급 회의록을 작성해 본 경험이 있는가? 어떤 방식이든 공통점은 여태까지는 사람이 직접 회의록을 작성했다는 것이다. 학급 자치의 핵심 활동들 중 하나를 꼽자면 단연 학급 회의라고 할 수 있다. 학급 교훈과 규칙을 정하는 것부터 학급 청결, 디지털 기기의 사용 방법, 수학여행과 같은 이벤트까지 학급에서 일어나는 모든 일에 학생이 자발적으로 참여하는 중요한 활동이다. 그만큼 매 학급 회의의 논의 과정과 의결 사항을 기록하는 것 역시 중요한데, 수기로 작성하다보면 놓치는 내용이 생기기도 하고, 시간이 흘러 다시 읽었을 때 어떤 맥락에서 나온 의견인지 이해하기 어려운 경우가 생길 수도 있다. 음성을 분석하여 텍스트로 기록해주고 더 나아가

회의 내용 정리, 이후 할 일 추천까지 해주는 AI 플랫폼인 CLOVA Note를 활용해서 시간이 흘러도 변함없는 구체성을 지니는 학급 회의록을 작성해보자.

차례	(1) 학급 회의록 작성하기_CLOVA Note
	(2) AI 기능으로 학급 회의록 정리하기

[1] 학급 회의록 작성하기_CLOVA Note

1) 가입 및 접속 방법

CLOVA Note(클로바노트)는 웹사이트[3]와 애플리케이션으로 모두 접근 가능하여 활용도가 높은 AI 플랫폼이다. 월 300분의 녹음, 15회의 AI 요약 서비스를 제공한다(클로바노트 정식 오픈 프로모션 기간 기준). 네이버에서 제공하는 서비스이기 때문에 네이버 계정과 연동하여 로그인이 가능하다. 따라서 학급 회의록 작성을 포함하여 학급 운영이나 수업에 클로바노트를 활용하고자 한다면, 사용자 학생들이 네이버 계정을 미리 준비하고 정상 로그인 여부를 확인해 올 수 있도록 안내한다.

그림 7-12 • CLOVA Note 첫 화면

CLOVA Note   서비스 소개   앱 다운로드 ∨   무료로 시작하기   로그인

클로바노트
음성 그 이상의 기록

모바일 앱 다운로드하고
어디서나 편하게
클로바노트를 사용하세요

---

3 https://clovanote.naver.com

2) 사용 방법

클로바노트는 실시간 녹음과 기존 녹음파일 업로드 기능을 모두 지원한다. 화면 왼쪽 상단의 마이크 아이콘인 '녹음' 버튼을 클릭하면 즉시 실시간 녹음이 시작되며, 그 옆의 노트 아이콘인 '새 노트' 버튼을 클릭하면 실시간 녹음과 기존 녹음 파일 업로드 중 사용하고자 하는 기능을 선택할 수 있다.

그림 7-13 • CLOVA Note '녹음', '새 노트'

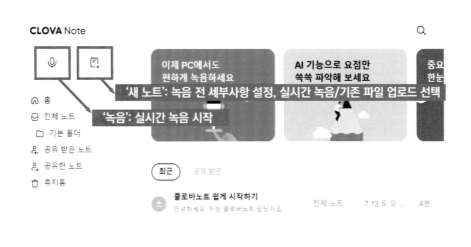

'새 노트' 버튼을 클릭하면 아래와 같은 화면이 뜬다. 똑같이 실시간 녹음 기능을 사용하더라도 '새 노트' 탭을 통해 들어가면, 화면처럼 새로운 노트의 이름, 노트가 저장될 폴더 위치, 참석자, 관련 메모를 설정 혹은 작성한 후에 녹음 시작이 가능하므로 상황에 따라 필요한 탭을 사용하면 된다.

그림 7-14 • CLOVA Note 세부사항 설정

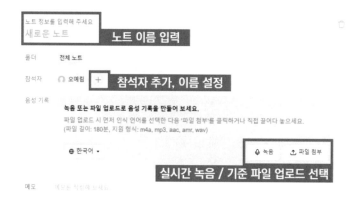

3) 유의점

클로바노트는 매달 녹음 가능한 시간과 AI를 활용한 요약 가능 횟수가 정해져 있다. 따라서 학급 회의를 진행할 때 시간이나 횟수가 부족하지 않도록 남은 시간과 요약 횟수를 체크하는 것이 좋다. 녹음을 중지하지 않아 남은 시간을 모두 소진하는 경우가 때때로 있으므로, 회의록 작성 담당자로 하여금 내용을 정리한 후 녹음이 완전히 중지되었는지 재차 확인하도록 안내해야 한다.

(2) AI 기능으로 학급 회의록 정리하기

1) 학급 회의 녹음하기

학급 회의 녹음에 앞서 먼저 학급 회의 녹음을 실시할 폴더를 생성한다. '전체 노트'의 하위 폴더인 기본 폴더의 이름을 학급 회의록으로 변경한다. 점 3개 버튼 클릭 후 '이름 바꾸기'를 클릭하면 다음과 같이 폴더 이름을 변경할 수 있다. 다음으로 노트 모양의 아이콘인 '새 노트' 버튼을 클릭한다. 교사는 학급 회의 시작 전에, 학급 회의록 작성 담당 학생으로 하여금 미리 '새 노트' 화면에 들어가 노트의 이름, 참석자의 학번과 이름, 필요에 따라 사전 메모를 작성하도록 지도한다. 사전에 입력해야 하는 사항이 모두 작성되었다면 '녹음' 버튼을 클릭하여 실시간 녹음을 시작한다.

그림 7-15 • CLOVA Note 노트 이름 및 참석자 설정

클로바 노트는 PC와 애플리케이션 간의 실시간 연동이 이루어져 애플리케이션에서 녹음을 실시하면 PC에서 녹음 상황을 즉각적으로 확인할 수 있다. 녹음 도중에 북마크와 메모 추가 역시 가능하다. 스마트폰이나 태블릿의 애플리케이션으로 학급 회의 모바일 녹음을 진행하되, 여러 개의 메모를 빠르게 해야 할 때 PC를 포함하여 여러 기기를 함께 활용할 수 있다는 장점이 있다. 다만 애플리케이션으로 녹음을 시작할 경우 녹음 종료 역시 모바일에서만 가능하므로, 앞서 언급한 것처럼 회의가 끝나면 녹음이 완전히 중지되었는지 확인하여야 한다.

그림 7-16 • CLOVA Note 앱 및 데스크탑 실시간 연동

학급 회의가 끝나고 녹음을 종료하년 나음과 같은 화면이 뜬다. 음성을 분석하여 회의의 전체 내용이 텍스트로 표시된 것을 확인할 수 있다. 놓친 부분이 있다면 텍스트를 참고하여 해당 내용이나 관련된 의결 사항을 재확인할 수 있다. 하이라이트 기능을 활용하여 핵심 내용을 색깔로 칠해 강조하거나 중요한 내용으로 표시해 놓을 수 있고, 북마크 기능을 활용하여 녹음 파일의 중요 시간대를 표시해 놓을 수도 있다.

그림 7-17 • CLOVA Note 하이라이트 및 북마크 기능

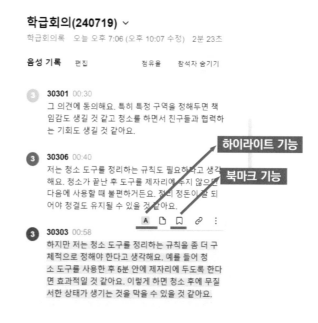

2) AI 요약 기능 활용하기

학급 회의 녹음이 종료된 이후 필요에 따라 'AI 요약' 기능을 활용할 수 있다. 이 기능은 크게 '주요 주제 정리', '다음 할 일 추천', '회의내용 요약'의 3가지 세부 기능을 제공한다. 녹음 활동 종료 후 음성 기록이 텍스트로 정리되어 표시된 화면에서 '음성 기록' 탭의 오른쪽을 보면 '메모' 탭과 'AI가 요약한 핵심 내용을 확인

해 보세요' 버튼을 찾아볼 수 있다.

그림 7-18 • CLOVA Note AI 요약 기능

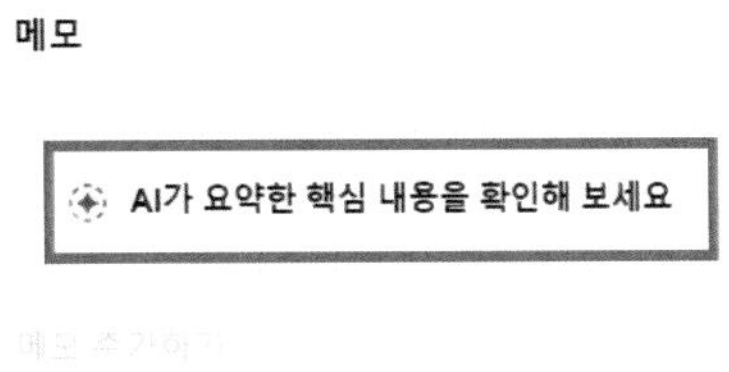

메모

> ✴ **AI가 요약한 핵심 내용을 확인해 보세요**

버튼을 클릭하고 약간의 시간이 소요된 후 AI가 위에서 언급한 3가지 부분에 대해 정리한 내용을 볼 수 있다. 회의 내용이 그대로 녹음된 왼쪽 화면의 '음성 기록'에 대해 AI 기능이 적용되어, 오른쪽 화면의 '메모'가 작성 완료된 것이다.

그림 7-19 • CLOVA Note AI 요약으로 작성된 메모

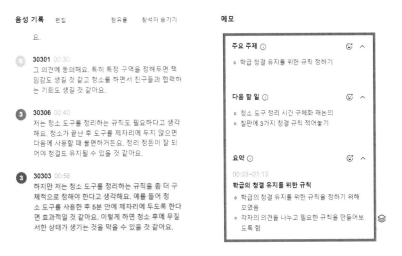

3) 교과수업 적용 TIP

클로바 노트는 교과 수업에서 실시하는 학생 활동, 수행평가의 성격이나 진행 방식에 따라 적절하게 활용할 수 있다. 예를 들어 개인별·조별 학생 발표가 진행될 때 교사의 포트폴리오 평가, 학생들의 동료 평가 과정에 편리한 도구로 사용 가능하다. 여러 명의 발표가 연속적으로 진행될 때 수기로 발표 내용을 작성하게 된다면, 피드백 내용을 구성하고 평가 점수를 내는 과정에서 발표 내용을 중간에 놓칠 가능성이 있다. 이때 클로바 노트의 실시간 녹음 기능을 활용해 발표 내용을 텍스트화하여 살펴보고, 더 나아가 AI 요약 기능을 활용한다면 전체적인 발표 내용을 놓치지 않으면서 보다 피드백 및 평가에 집중할 수 있는 여유가 생기게 된다. 발표 활동을 시작하기 전 미리 모든 학생들의 동의를 구하고 클로바 노트를 활용한다면 교사와 학생 모두 발표 등 학생 활동의 내용을 보다 심도 있게 이해하고 학습할 수 있는 기회를 가질 수 있을 것이다.

2. 창의적 체험활동 수업

① 세계 ○○의 날, 과거 인물 소환하기

'얘들아, 오늘 ㅇㅇ의 날이래!' 학생들이 교실에 달려있는 달력을 넘기다 보면 종종 소리치는 말이다. 법정 공휴일의 경우 일자와 공휴일의 이름, 그리고 그 내용까지 잘 알고 있는 학생들이 대부분이지만, 법정 공휴일로 지정되지 않은 국내·세계 기념일의 경우 학생들에게 낯선 날들을 많이 찾아볼 수 있다. 학교의 교과 수업이나 창의적 체험활동과 연계할 수 있는 기념을 선정하여 학급이나 학교 단위의 이벤트를 열어 보는 것은 어떨까? AI의 힘을 빌려 기념일과 관련된 과거의 인물을 현재로 소환해보자.

본 활동에서는 학교 교육에서 수업에 활용하거나 기념할 수 있는 국내·세계적인 기념일을 맞이하여, 학급 및 학교 단위로 실시할 수 있는 창의적 체험활동을 진행한다. 학교 수업이나 학급 운영 활동에서 활용할 수 있는 기념일의 종류는 다양하다. 공휴일로 정해진 날들은 물론, 학생의 날이나 세계 간호사의 날, 법의 날, 소비자의 날 등이 있다. 문화체육관광부에서 주관하는 충무공 이순신 탄신일의 경우 역사 등의 교과 수업에서도 학생 활동과 연계하여 교수학습계획을 만들어 볼 수 있는 주제이다.

해당 기념일에 텍스트나 영상 등 관련 자료를 전달받는 것도 좋지만, 기념일과 관련된 과거의 인물들을 현재로 소환해 보는 것은 어떨까? 낯설고 어색하게 느껴졌던 텍스트와 이미지 속 인물의 초상화를 AI를 활용하여 직접 그려 보고, 인물의 업적을 참고하여 MBTI까지 추측해 본다면? AI 플랫폼 활용 능력과 해당 기념일에 대한 상식, 그리고 학생들이 함께 참여하고 서로의 결과물에 피드백을 해주는 경험까지, 일석삼조가 될 수 있는 창의적 체험활동이 될 수 있을 것이다.

[1] 인물 초상화 그리기_Lasco

1) 가입 및 접속 방법

Lasco(라스코)는 웹사이트[4]로 접속 가능한 AI 이미지 생성 플랫폼이다. 한글 프롬프트 입력이 가능하기에 별다른 번역 프로그램을 사용할 필요가 없으며 학생들이 활용하기에 좋은 AI 툴이다. 사이트에 접속하면 다음과 같은 홈 화면이 뜨는데, 화면 오른쪽 위의 '로그인' 버튼을 클릭하면 회원가입과 로그인을 진행할 수 있다. 라스코는 프롬프트를 입력하여 이미지를 생성하는 기능과, 기존 이미지

---

4 https://lasco.ai/

를 업로드하여 세부적인 사항을 변경하는 기능을 지원한다. 하루에 계정당 300개의 토큰이 제공되며, 이미지를 1회 생성할 때마다 4개의 토큰 차감, 4개의 이미지 생성 결과물을 확인할 수 있다. 회원가입과 로그인이 완료되었다면 화면 하단의 'Generate' 버튼을 클릭하여 이미지 생성 화면으로 들어간다.

그림 7-20 • Lasco 첫 화면

라스코는 기본적으로 다른 검색엔진 혹은 소셜플랫폼의 계정과 연동하는 방식으로 회원가입이 가능하다. 따라서 활동을 시작하기 전 교사는 학생들이 화면 상의 플랫폼들에 가입된 계정이 있는지 확인하고, 계정상의 생년월일 정보가 학생의 정보와 일치하게 입력되어 있는지 체크하도록 안내한다. 라스코는 만 14세가 되지 않았을 경우 보호자의 동의가 필요한데, 고등학생의 경우 자신의 생년월일을 정확하게 입력한 계정을 사용한다면 자율적으로 회원가입 및 플랫폼의 원활한 사용이 가능하다.

그림 7-21 • Lasco 로그인 화면

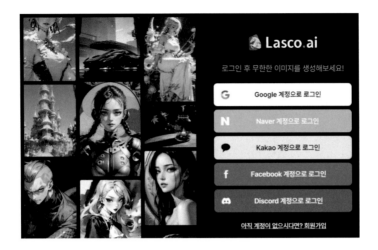

2) 사용 방법

홈 화면에서 'Generate' 버튼을 클릭하면 다음과 같이 프롬프트 입력 및 스타일 선택 창이 뜬다. 왼쪽의 '이미지 설명'은 프롬프트를 입력하여 제작하고자 하는 이미지를 생성할 수 있는 탭이다. '이미지 설명' 탭에 프롬프트를 입력하고 화면 아래의 'Generate' 버튼을 클릭한 후 스크롤을 내려 화면을 아래로 내리면 라스코가 생성한 이미지 4장을 확인할 수 있는 방식이다.

오른쪽의 '이미지 업로드'는 기존 이미지의 세부 사항을 변경하고자 할 때 활용 가능한 탭이다. 이미지 속 인물의 전체적인 틀은 유지하되 표정이나 동작 등을 수정하고 싶다면, '이미지 업로드' 탭에서 기존 이미지를 업로드한 후 '이미지 설명' 탭에 수정하고자 하는 세부 사항을 프롬프트로 입력한다. 이미지 업로드 후 원본 유지 비율을 0~0.9 사이에서 설정할 수 있으므로 원본의 느낌을 강하게 유지하고 싶으면 비율을 높게, 프롬프트의 내용을 반영하여 많이 수정하고 싶으면 비율을 낮게 설정하면 된다.

그림 7-22 • Lasco '이미지 설명' 및 '이미지 업로드' 기능

라스코는 사용자가 생성할 이미지의 모델 특징과 스타일을 보다 쉽게 선택할 수 있도록 다양한 선택지를 제공한다. 다음 화면과 같이, 실제 사람에 가까운 모습부터 메타버스 플랫폼인 제페토의 캐릭터 스타일, 애니메이션 스타일, 풍경이 강조되는 스타일까지 폭넓은 선택이 가능하기 때문에, 여러 모델과 스타일 선택지를 조합해 보며 생성하고자 하는 이미지에 맞는 조합 설정을 결정한다면 상대적으로 더 잘 구현된 결과물을 얻을 수 있다.

그림 7-23 • Lasco '모델' 및 '스타일' 선택

3) 유의점

이미지 생성 AI 플랫폼을 사용할 때 전반적으로 유의해야 할 점은 학생들이 만들고자 하는 이미지 생성에 집중하도록 지도하는 것이다. 다양한 스타일 선택지가 존재할 뿐만 아니라 자신이 입력한 프롬프트에 따라 완성도가 높은 이미지 결과물을 얻을 수 있기 때문에, 활동 도중 계획한 이미지 생성 방향과 상관없이 흥미를 좇아 활동 주제와 거리가 먼 이미지를 생성하는 경우를 종종 찾아볼 수 있다. 따라서 플랫폼 사용방법을 설명할 때, 충분히 여러 예제 프롬프트를 입력해 보며 사용방법을 익히는 것은 물론 호기심을 충족할 수 있는 시간을 주는 것도 교사가 자율적으로 선택할 수 있는 지도 전략이다. 본 활동을 시작한 이후에는 순회 지도를 통해 학생들이 계획에 따라 이미지 생성을 잘 하고 있는지 확인하고, 즉각적인 피드백을 준다면 활동에 집중할 수 있는 분위기를 형성할 수 있을 것이다.

4) 인물 초상화 그리기

① 기념일·관련 인물 선정하기: 윗글에서 소개한 것처럼 학생의 날, 법의 날, 경찰의 날 등 기념일의 종류는 다양하다. 이 중 본 활동에서는 국제간호협의회(ICN)가 제정한 '국제 간호사의 날'을 주제로 삼아 창의적 체험활동을 진행한다. 플로렌스 나이팅게일의 탄생일인 5월 12일을 기념하는 날이기에 이 인물을 관련 인물로 선정한다.

선정한 기념일	기념일과 관련된 인물
• 선정일(일자): 세계 간호의 날(5월 12일) • 선정 이유: 우리 학급의 급훈은 '사랑과 배려'이다. 배려의 시작은 서로 양보하고 봉사하고자 하는 마음이라고 생각하는데, 플로렌스 나이팅게일은 아픈 사람들을 사랑으로 돌보고 봉사한 인물로 잘 알려져 있기 때문에 해당 인물과 세계 간호의 날이라는 기념일에 대해 자세히 알아보고 싶다.	나이팅게일

② AI로 관련 인물의 모습 생성하기: 나이팅게일의 모습을 생성하기 위해서는 인물 조사가 필요하다. 교사는 필요에 따라 학습지를 제공하여 학생들이 인물의

이미지를 구현하기 위해 필요한 정보를 수집할 수 있도록 시도한다. 나이팅게일의 경우 다음과 같이 정보를 수집할 수 있다.

인물 키워드(시각적인 이미지, 분위기 중심)
① 나이팅게일은 크림 전쟁이 일어났을 때 활약한 간호사이다.
② '등불을 든 여인'이라는 별명으로 불렸다.
③ 머리에 흰색 두건을 쓰고 간호복을 입었다.

정보 수집을 완료하고 프롬프트로 입력할 주요 정보를 결정하였다면 라스코를 활용한 이미지 생성 단계에 들어간다. 나이팅게일이 30대일 때 발발한 크림 전쟁 때 야전 병원에서 활약하였다는 점, 등불을 든 여인이라는 표현이 언론에 많이 보도되었던 간호사라는 점 등의 정보를 활용하면 다음과 같은 프롬프트를 입력할 수 있다.

입력 프롬프트
30대 서양인 여성, 간호사, 머리에 흰색 두건, 등불을 들고 있는 모습, 인자함, 너그러움

그림 7-24 • Lasco '이미지 설명'에 프롬프트 입력 및 이미지 생성

프롬프트 입력 후 'Lasco-real' 모델과 'More detail' 스타일을 선택하고 'Generate' 버튼을 클릭하여 만든 결과물은 다음과 같다. 앞서 언급한 것처럼 프롬프트를 한 번 입력하면 4개의 이미지가 만들어지므로, 이 중 자신이 생각한 인물의 모습과 가장 유사한 이미지를 선정하여 다운로드한다. 다시 생성하고 싶을 시 프롬프트 수정 및 재입력이 가능하며, 인물의 표정을 세부적으로 조정하고 싶다면 해당 사진을 다운로드 한 후 '이미지 업로드' 기능을 활용하여 수정할 수 있다.

그림 7-25 • Lasco로 생성된 나이팅게일 이미지

스타일을 변경하여 이미지를 생성해보자. 'Dream-shaper' 모델을 선택하고 스타일은 'No style'로 설정한 이미지 생성이다. 먼저 생성한 이미지와 인물의 이목구비 그림체와 사실적인 정도 등에서 차이가 있음을 살펴볼 수 있다.

그림 7-26 • 변경된 스타일로 생성된 나이팅게일 이미지

이처럼 생성한 인물의 이미지가 구현을 위해 상상한 모습과 유사해질 수 있도록 여러 가지 모델과 스타일 조합을 시도해 보는 것이 좋다. 이미지 생성을 마무리한 후 최종 이미지를 결정할 때는 인물의 모습에 역사적 사실과 어긋나는 점이 없는지, 손가락의 개수 등 생성된 이미지의 모습에 어색한 점은 없는지 점검한 후 최종적인 선정이 이루어지도록 지도한다.

(2) 인물 MBTI 추측하기_Wrtn

1) 사용 AI 툴 소개

MBTI 추측 활동에서는 AI 플랫폼인 뤼튼을 활용한다. 뤼튼 관련 소개와 사용 방법, 유의점은 CHAPTER 07의 1. [1] '똑똑한 조회시간'에서 언급하였으므로 해당 페이지를 참고한다. 이 단계에서는 뤼튼의 3가지 탭 중 세부적인 정보 분석이 가능한 'AI와 과제 업무' 탭을 활용한다.

2) 인물 MBTI 결정하기

① 인물의 업적 조사하기: 최근 몇 년간 일상 속에서 유행한 MBTI 검사의 경우 여러 질문에 답한 정보를 토대로 이루어진다. 과거의 인물에게 직접 질문할 수는 없으므로 인물이 남긴 행적을 조사하여 인물의 성향을 추측하는 활동을 수행한다. (1)-4)-②에서 라스코 프롬프트를 위한 정보 수집이 이루어졌지만, MBTI의 경우 네 가지 부분에서 인물의 성격과 스타일을 추측해야 하기에 보다 세부적인 내용 조사가 필요하다. MBTI 추측에 필요한 단서로 사용할 예정임을 안내하고, 네 가지 지표를 추측할 수 있는 인물의 행적을 조사한 후 학생이 자신의 생각에 따라 지표별로 분류하여 작성하도록 지도한다. 업적이 4가지 지표에 따라 분류하기 어려울 경우, 별도의 분류 없이 업적만 조사하는 방향으로 진행하는 것도 가능하다.

지표 (4가지)		지표와 관련된 인물의 행적
E / I	에너지 방향 E(외향형) I(내향형)	크림 전쟁 당시 물자 보급이 잘 이루어지지 않자 직접 찾아가 담판을 짓고 물자를 가져간 사례가 있다.

S / N	인식 기능 S(감각형) N(직관형)	보건 관련 통계자료를 만드는 과정에서 통계 자료의 시각화에 기여하였다.
T / F	판단 기능 T(사고형) F(감정형)	• 간호사가 되기 전 여러 혼담이 있었고 9년 이상 구애를 한 상대도 있었으나 거절하였다. • 풍토병을 앓고 있는 와중에도 세인트 토마스 병원을 설립하였다.
J / P	생활 양식 J(판단형) P(인식형)	• 군 간호사 시절, 보건위생 지원 요청을 영국 정부에 끊임없이 보냈다. • 크림전쟁 종결 이후에도 구빈원의 의료 복지 체계 확립을 위해 노력하였다.

② AI로 관련 인물의 MBTI 추측하기: 인물의 업적(행적) 조사가 완료되었다면 뤼튼에 로그인한 후 프롬프트를 입력한다. 'AI와 과제 업무' 탭에 들어가 프롬프트를 입력한다.

프롬프트

간호사인 플로렌스 나이팅게일의 MBTI를 추측해 줘. 나이팅게일의 행적으로 잘 알려진 아래 내용을 참고하여 MBTI를 추측해 주고 그 근거도 함께 설명해 줘.
• 크림 전쟁 당시 물자 보급이 잘 이루어지지 않자 직접 찾아가 담판을 짓고 물자를 가져간 사례가 있다.
• 보건 관련 통계자료를 만드는 과정에서 통계 자료의 시각화에 기여하였다.
• 간호사가 되기 전 여러 혼담이 있었고 9년 이상 구애를 한 상대도 있었으나 거절하였다.
• 풍토병을 앓고 있는 와중에도 세인트 토마스 병원을 설립하였다.
• 군 간호사 시절, 보건위생 지원 요청을 영국 정부에 끊임없이 보냈다.
• 크림전쟁 종결 이후에도 구빈원의 의료 복지 체계 확립을 위해 노력하였다.

뤼튼 결과물

플로렌스 나이팅게일의 MBTI를 추측해보면, INFJ 유형일 가능성이 높습니다. 그 근거는 다음과 같습니다.
• 직접적인 행동과 리더십: 크림 전쟁 당시 물자 보급 문제를 해결하기 위해 직접 담판을 지으러 간 것은 그녀가 문제를 인식하고 해결하기 위해 적극적으로 나선다는 점에서 INFJ의 조력자적 특성을 보여줍니다. INFJ는 다른 사람들을 도와주고 그들의 필요를 이해하는 능력이 뛰어납니다.
• 통계와 시각화에 대한 기여: 보건 관련 통계자료를 만드는 과정에서 통계 시각화에 기여한 것은 그녀가 분석적이고 체계적인 사고를 할 수 있는 능력을 보여줍니다. INFJ는 직관과 감정을 바탕으로 한 사고방식이 강하지만, 동시에 세밀한 분석을 통해 현실을 이해하고 문제를 해결하려는 경향이 있습니다.

- 사적인 관계에서의 선택: 여러 혼담이 있었음에도 불구하고 9년간의 구애를 거절한 점은 그녀가 자신의 가치와 목표에 충실한 사람이라는 것을 나타냅니다. INFJ는 종종 깊은 개인적 가치관을 가지고 있으며, 이를 중시합니다.
- 사회적 책임감과 헌신: 세인트 토마스 병원을 설립하고, 군 간호사로서 보건위생 지원 요청을 영국 정부에 끊임없이 보낸 것은 그녀의 사회적 책임감과 헌신을 보여줍니다. INFJ는 더 나은 세상을 만들기 위해 끊임없이 노력하는 경향이 있습니다.
- 지속적인 노력과 변화를 위한 투쟁: 구빈원의 의료 복지 체계 확립을 위해 노력한 사실은 그녀의 지속적인 헌신과 변화를 위한 투쟁을 보여줍니다. INFJ는 자신의 신념을 위해 끊임없이 노력하는 경향이 있습니다.

이러한 요소들은 플로렌스 나이팅게일이 INFJ 유형으로 분류될 가능성을 높여줍니다. 그녀는 타인을 돌보고 사회에 긍정적인 영향을 미치기 위해 노력한 인물로, INFJ가 지닌 특성과 잘 맞아떨어집니다.

뤼튼의 결과물을 살펴보고 해당 MBTI 유형과 자신이 조사한 나이팅게일 행적 및 업적의 성격이 유사한지 점검한다. 조별로 활동을 진행하였을 경우에는 조별 점검 및 토론 시간을 가질 수 있다. 만약 근거를 보충하는 것이 필요하다는 판단이 들면 자료 조사를 한 번 더 진행하여 자료를 보완하고 다시 프롬프트를 입력할 수 있다.

(3) 결과물 공유하기_ThinkerBell

본 활동은 활동 계획과 적용 범위에 따라 학급 단위의 이벤트로 진행될 수도 있고, 경연대회와 연계하는 경우 학교 단위의 창의적 체험활동으로 진행될 수도 있다. 어떤 방식으로 진행해도 개인별, 조별 결과물을 공유할 수 있는 플랫폼 활용이 필요한데, 대표적인 플랫폼으로는 띵커벨보드와 패들렛이 있다. 띵커벨보드 활용을 예시로 들어보자. 우선 교사가 회원가입과 로그인을 마치면 다음과 같은 홈 화면이 뜬다. 오른쪽 상단의 '만들기' 버튼을 클릭한다.

그림 7-27 • 띵커벨 첫 화면

새로운 띵커벨 만들기 화면에서는 띵커벨에서 지원하는 여러 가지 기능을 찾
아볼 수 있다. 이 중 '보드'를 클릭하면 쓰임새에 따른 여러 가지 유형의 보드 종류
를 살펴볼 수 있다.

그림 7-28 • 새로운 띵커벨 생성 창

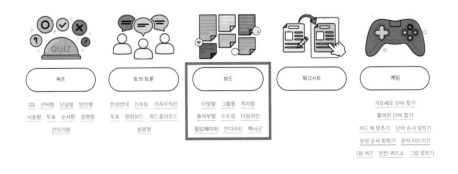

이 중 개인별, 혹은 조별로 결과물을 업로드하는 데 적합한 '출석부형' 보드를 선택하고, 제목을 다음과 같이 설정한 다음 스크롤을 내려 '완료' 버튼을 클릭한다.

그림 7-29 • 띵커벨 보드 이름 입력 및 유형 선택

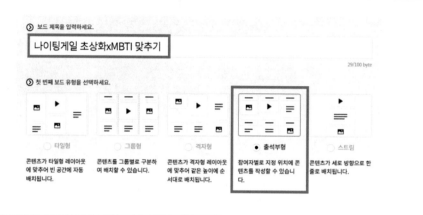

보드가 만들어졌다면 그룹의 개수와 공개 여부, 입장 방법 등의 세부사항을 설정한다. 본 활동에서는 20명을 1반으로 가정하고 4인 5조 활동 계획을 세웠으므로 그룹의 개수를 5개로 설정한다. 이는 교사의 교수학습계획에 따라 자유롭게 변경할 수 있다. 이후 '공유'를 클릭한다.

그림 7-30 • 띵커벨 보드 세부사항 설정

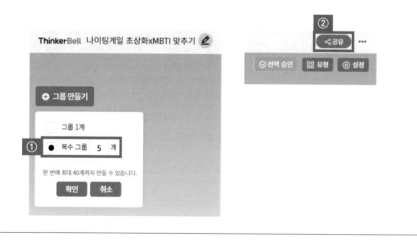

공유 탭의 '공유 설정'에서 변경하기를 클릭하면 공개 설정을 변경할 수 있다. 공개 대상은 '공개 제한', 방문자 권한은 '작성 가능'으로 설정한다. 비밀번호를 아는 사람은 방문하여 열람이 가능하고, 게시글 작성도 가능하도록 옵션을 설정한 것이다. 마지막으로 학생에게 QR 코드가 URL 등의 입장 루트를 안내한다. 공유 탭으로 되돌아가 스크롤을 내리면 다음과 같이 공유 방식을 선택할 수 있다. 띵커벨 사이트를 통해 입장하는 경우 방 번호를 입력하면 입장이 가능하므로 링크와 함께 공유하는 것이 좋다.

그림 7-31 • 띵커벨 보드 공개 설정 변경 및 링크 공유

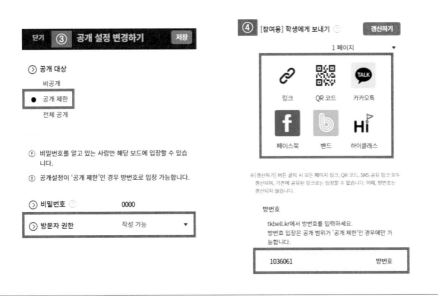

학생들이 보드에 접속한 것을 확인한 후 개인별, 조별 결과물을 올리도록 지도한다. 보드 접속 시 닉네임은 '학번/이름'으로 작성하도록 하면 학생들이 각자의 결과물을 공유하기 좋으며 교사가 보다 빠른 피드백을 제공할 수도 있다. 게시물을 올릴 때, 제목에는 MBTI 유형, 본문 내용에는 뤼튼이 작성한 MBTI 추측 근거 결과물을 작성하고, 사진은 라스코가 생성한 나이팅게일의 이미지를 업로드

한다. 학생들이 게시글 작성을 완료하면 교사는 검토 후 승인하며, 학생들이 다른 학생의 의견을 둘러보고 상호 피드백을 진행할 수 있도록 지도하며 활동을 마무리한다.

〔4〕 바로 사용하는 워크북

오늘은 기념일 'ㅇㅇ의 날'! ▷ 기념일과 관련된 과거 인물을 소환해 봅시다 ◁	창의적 체험활동
학교명 :　　　　　　학번 :　　　　　　이름 :	

▶ **기념일과 관련 인물을 선정해 봅시다.**

* 선정한 기념일	* 기념일과 관련된 인물
① 선정일(일자): ② 선정 이유:	

▶ **라스코(Lasco)로 인물 초상화를 그려봅시다.**

* 인물 키워드(시각적인 이미지, 분위기 중심)

①

②

③

* 입력 프롬프트

▶ **뤼튼(Wrtn)으로 인물 MBTI를 맞춰봅시다.**

지표(4가지)		지표와 관련된 인물의 행적
E/I	에너지 방향 E(외향형) I(내향형)	

S/N	인식 기능 S(감각형) N(직관형)	
T/F	판단 기능 T(사고형) F(감정형)	
J/P	생활 양식 J(판단형) P(인식형)	

2 학교 생태지도 제작

생태전환교육은 기후위기에 대응하여 인간과 자연의 공존과 지속 가능한 삶을 위해 개인뿐만 아니라 조직문화 및 시스템까지 총체적인 전환을 추구하는 교육을 뜻한다. 2023년부터 학교 환경교육이 의무화가 되면서 생태전환교육의 중요성은 더욱 커지고 있다.

지금부터는 AutoDraw, 네이버 스마트 렌즈, 캔바를 활용하여 학교 생태지도를 만드는 활동을 소개한다. 학생들은 학교의 생태환경을 조사하며 학교 생태계의 이해를 높이며, 생태계의 소중함을 알게 되며 환경을 보호하는 마음을 기를 수 있다.

수업의 흐름은 다음과 같다.

차례	(1) 학교 지도 요소 그리기_AutoDraw
	(2) 학교 식생 조사_네이버 스마트 렌즈
	(3) 학교 생태지도 완성_Canva

(1) 학교 지도 요소 그리기_AutoDraw

1) 활동 소개

'생태지도'를 만들기 위하여 지도의 각종 요소를 만드는 활동을 해보자. 지도의 요소는 복잡하기보다 단순하며 뜻하는 바가 명확해야 한다. AutoDraw(오토드로우)는 학생들이 손으로 그린 스케치를 자동으로 이미지로 변환해주는 AI 플랫폼이다. 학생들은 학교 내의 다양한 생태적 요소를 관찰하고, 자유롭게 스케치한 것을 오토드로우로 단순하고 깔끔한 지도 요소로 변환할 수 있다. 오토드로우는 그림에 자신이 없는 학생들도 자신의 생각을 보다 효과적으로 표현하고 공유할 수 있도록 도와준다.

2) 활동의 실제
① **가입 및 접속 방법:** 포털 사이트 검색창에 '오토드로우'라고 검색하여 사이트에 접속한다. AutoDraw는 회원가입 및 로그인을 하지 않아도 이용할 수 있다.
② **사용 방법:** 사이트에 접속한 후 [Start Drawing]을 클릭한다.

그림 7-32 • AutoDraw 첫 화면[5]

메인 페이지 왼쪽에서 디자인을 위한 기능들을 확인할 수 있다. AutoDraw의 기본 기능은 다음과 같다.

---

5 https://www.autodraw.com/

그림 7-33 • AutoDraw 기본 기능

① 용지 크기 설정
② 완성한 이미지 다운로드
③ 선택
④ 그리기 후 비슷한 이미지로 변환
⑤ 그리기
⑥ 텍스트 삽입
⑦ 색상 채우기
⑧ 도형
⑨ 색상 선택
⑩ 확대 및 축소

　　오토드로우의 핵심 기능은 '기능 ④'이다. ④를 선택 후 그림을 그리면 AI가 자신이 그린 그림과 비슷한 그림을 상단에서 보여준다. 원하는 그림을 선택하면 자신이 그린 그림이 선택한 그림으로 변환된다.

그림 7-34 • AutoDraw로 그림 그리기

그림 7-35 • AutoDraw AI 활용으로 변환한 그림

　　다양한 기능을 활용하여 그림을 완성 후, ②를 클릭하여 이미지를 다운로드
한다.

그림 7-36 • AutoDraw로 완성한 지도 요소

다운받은 파일은 흰 종이 배경이 그대로 남아있다. 따라서 배경을 지워주는 작업이 필요하다. 배경을 지우는 방법은 '(3) 학교 생태지도 완성_Canva'에서 설명하겠다.

[2] 학교 식생 조사_네이버 스마트 렌즈

1) 활동 소개

네이버 스마트 렌즈는 모바일 네이버 앱에서 사용할 수 있는 카메라 기반 검색 서비스이다. 네이버 스마트 렌즈는 사진을 찍으면 그 이미지에 대한 정보를 제공한다. 이번 활동에서 학생들은 학교 내의 다양한 식물이나 동물을 촬영하여, 학교 내 동식물의 생태적 특성과 생태계에서의 역할에 대한 정보를 실시간으로 얻을 수 있다. 이 과정을 통해 학생들은 생태계의 복잡성과 다양성을 이해하게 되며, 생태계에 대한 흥미와 관심을 키울 수 있다.

2) 활동의 실제

① 가입이나 접속 방법: 태블릿 PC, 스마트폰 등 모바일 환경에서 네이버 앱을 설치 후 실행한다. 네이버 스마트 렌즈는 회원가입 및 로그인을 하지 않아도 사용할 수 있다.

② 사용 방법

ⓐ 모바일 환경에서 네이버 앱을 실행 후 첫 페이지 검색창 오른쪽에 있는
녹색 동그라미 버튼을 터치한다. 그 후 [렌즈]를 선택한다.

그림 7-37 • 네이버 스마트렌즈 활용

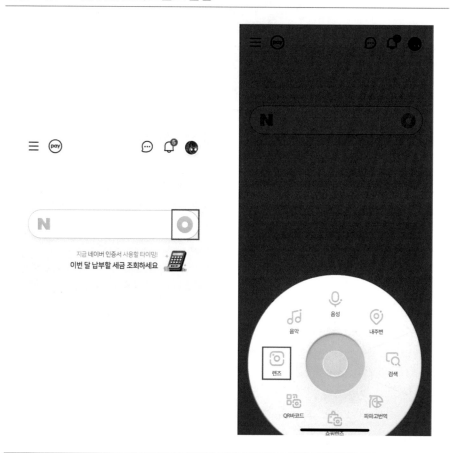

ⓑ 카메라 촬영 또는 저장된 이미지 선택하여 검색을 할 수 있다. 정확한 검
색을 위해서는 명확하고 밝은 사진을 사용해야 한다. 식물을 촬영하니
'주목'이라는 검색 결과를 얻을 수 있었다.

그림 7-38 • 스마트렌즈 사진으로 검색

ⓒ 네이버 스마트 렌즈를 활용하여 학교에서 관찰할 수 있는 다양한 동식물을 촬영하여 정보를 얻고 생태계에서의 역할을 탐구한다.

[3] 학교 생태지도 완성_Canva

1) 활동 소개

Canva(캔바)는 학생 협업이 가능한 콘텐츠 제작 플랫폼이다. 캔바는 교사 인증을 하면 pro 버전을 무료로 사용할 수 있기에 꼭 교사 인증을 받고 사용하도록 하자. '미리캔버스', '망고보드' 등 다른 콘텐츠 제작 플랫폼과 비슷한 방법으로 사용할 수 있다.

이번 활동에서는 캔바를 활용하여 앞서 만든 지도 요소와 조사한 학교 생태계를 바탕으로 학교 생태지도를 제작한다. 학생들은 학교 생태지도를 제작하며 학교 생태환경의 이해와 환경 보호 의식을 기르게 된다. 이 과정에서 얻은 지식과 경험은 학생들이 환경을 보호하고 지속 가능한 발전을 추구하는 인재로 성장하는 데 도움을 줄 것이다.

2) 활동의 실제

① **가입이나 접속 방법**: 포털사이트 검색창에 '캔바'라고 검색한 후 사이트에 접속한다. 캔바는 회원가입 및 로그인을 해야 이용할 수 있다. 구글 계정, 메일 등 다양한 방법으로 회원가입 및 로그인이 가능하다. 회원가입을 완료한 후 로그인하여 캔바를 시작한다.

② **캔바 시작하기**

  ㉠ 먼저, 우측 상단의 디자인 만들기를 클릭 후 원하는 페이지 크기를 선택한다.

그림 7-39 • 캔바 시작하기

  ㉡ 화면 우측 상단의 [공유] 버튼을 누른 후, 협업할 학생들의 메일을 입력한다. [협업 링크]의 설정을 '링크가 있는 모든 사용자', '편집 가능'으로 변경해야 공유받은 학생들이 프로젝트를 수정 및 편집할 수 있다. 모둠 활동으로 진행할 경우 프로젝트를 모둠 수만큼 만든 후, 프로젝트별로 모둠을 분배하면 된다.

그림 7-40 • 캔바 협업 링크 설정

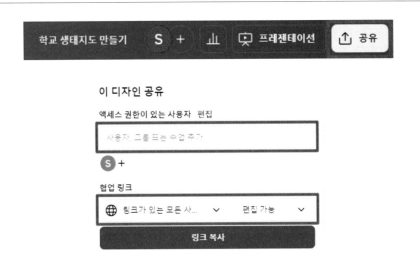

③ 캔바 디자인 기능을 활용하여 생태지도 완성

    ㉠ [업로드 항목] 탭에서 [파일 업로드]를 클릭하여 앞서 오토드로우로 제
작한 지도 요소를 업로드한다.

그림 7-41 • 캔바에 파일 업로드

ⓛ 오토드로우에서 작입한 지도요소는 흰 배경이 있다. 따라서 지도를 만들기 위해서는 배경을 지워야 한다. 이미지를 선택 후 왼쪽 상단의 [이미지 편집]을 클릭한다. 왼쪽 창에서 [효과] → [배경 제거]를 클릭하면 배경이 깔끔하게 지워진다.

그림 7-42 • 캔바 이미지 배경 제거

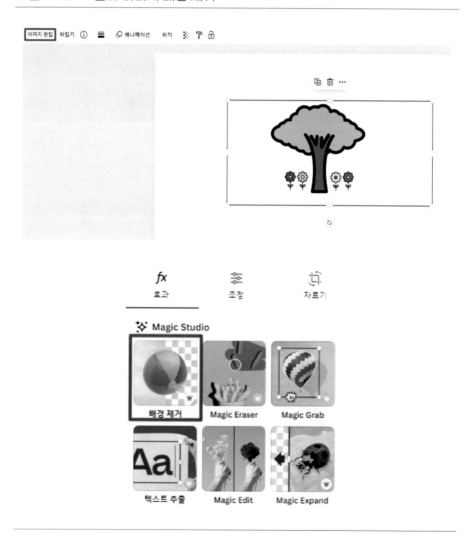

ⓒ [요소] 탭의 그래픽, 이미지, AI 이미지 생성기, 도형 등을 활용하여 [오토드로우]에서 구현하기 어려운 지도 요소 및 이미지를 얻을 수 있다. 작업 공간 왼쪽에서 요소를 클릭하자. 요소 검색을 통해 원하는 이미지, 그래픽을 얻을 수 있다. 마음에 드는 요소를 찾지 못했다면 하단의 [AI 이미지 생성기]를 활용하여 이미지를 직접 생성할 수 있다. 이를 활용하여 생태지도의 완성도를 높일 수 있다.

그림 7-43 • 캔바 요소 탭 활용하여 디자인

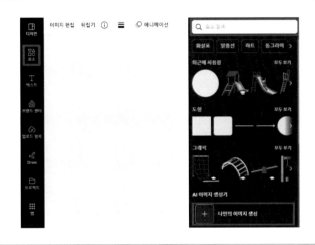

④ 생태지도에 설명 링크 만들기
   ㉠ 캔바의 링크 기능을 이용하여 생태지도의 동식물 이미지를 클릭하면 해당 동식물의 설명으로 이동하는 기능을 구현해보자.
   ㉡ 먼저 작업 공간 아래의 [+] 버튼을 눌러 페이지를 추가한다.

그림 7-44 • 캔바 페이지 추가

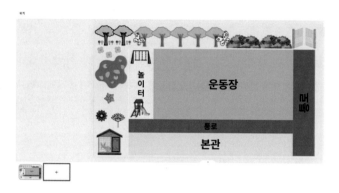

ⓒ 추가한 페이지에 동식물에 관한 설명을 적는다.

그림 7-45 • 캔바 페이지에 설명 작성

 **장미**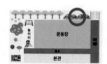

위치 : 학교 정문 옆
특징 : 햇빛을 좋아하는 식물이다.
적정생육온도는 구간 24~27°C이다.
1차 곁가지가 자라 꽃봉오리가 맺힐 무렵에 꽃봉오
리 아래에서 순지르기를 해주면 좋다.

ⓔ 동식물에 관한 설명이 적힌 페이지가 모두 완성되었으면, 다시 생태지도
페이지로 돌아온다. 생태지도에서 설명과 링크로 연결될 이미지를 우클
릭 후 [링크]를 클릭하거나 이미지 선택 후 단축키 [Ctrl + k]를 누른다.
그 후, 현재 문서 내 페이지에서 연결될 페이지를 선택한다.

그림 7-46 • 캔바 페이지 링크 설정

⑤ 마무리 및 공유하기

　㉠ 작업 공간 상단의 [프레젠테이션]을 클릭하여 링크가 잘 작동되는지 확
　　인한다.

그림 7-47 • 캔바 링크 작동 확인

ⓒ 작업이 완료되었으면 오른쪽 상단의 [공유]를 클릭하여 공유한다. 링크,
다운로드 등 다양한 방식으로 공유할 수 있다. 파일 형태로 다운로드할 경
우 [공유] → [다운로드]를 클릭한 후 원하는 형식을 선택해 다운로드한다.

그림 7-48 • 캔바 공유

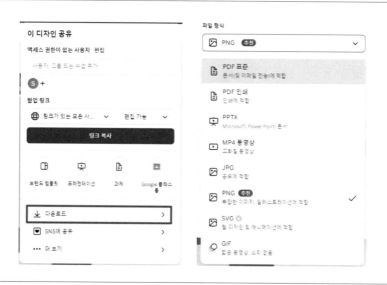

완성한 학교 생태지도를 다른 학생들과 공유하며 학교 생태계 구성 요소의 역할 및 상호작용을 분석할 수 있다. 예를 들어, 특정 생태계가 인간의 개입 없이 유지될 수 있는 이유를 분석하여, 동식물의 자연적 생존 전략 및 생태계 상호작용에 대하여 탐구할 수 있다. 이러한 분석을 통해 학생들은 자연의 복잡한 상호관계를 이해하고, 인간의 개입이 생태계에 미치는 영향을 탐구할 수 있다.

❸ AI 원리 학습 및 AI 윤리에 관한 토론

앞서 학교 교육현장에서 이용 가능한 다양한 AI 플랫폼 활용 수업을 소개했다면, ❸에서는 AI 자체에 관해 깊게 다루고자 한다. AI는 우리 삶의 많은 분야에 급속하게 침투하고 있으며, 사회 전반에 걸쳐 급격한 변화를 가져오고 있다. 이러한 변화 속에서 AI 리터러시의 중요성은 더욱 커지고 있다.

AI 리터러시란 단순히 AI를 사용하는 데 그치지 않고, AI가 생성한 산출물에 대해 비판적으로 사고할 수 있는 능력을 의미한다. 현대 사회에서 점점 더 많은 영역에서 AI를 적극적으로 활용하고 있는 만큼, 현대인에게 필수적인 소양으로 여겨진다. 따라서 AI 리터러시를 함양하기 위해, AI 원리 및 윤리적 문제, 그리고 사회적 영향에 대해 올바르게 이해하는 것은 매우 중요한 과정이다.

다음부터는 '바다환경을 위한 AI'와 '티처블 머신'을 활용하여 딥러닝, 머신러닝 등 AI의 기본 원리를 학습 후 AI를 간단하게 구현해본다. 또한, 자율주행 자동차 알고리즘의 윤리적 딜레마를 다루는 '모럴 머신'을 활용하여 AI 기술이 발전함에 따라 우리가 고민해야 할 윤리적 문제에 대해서도 깊이 있는 토론을 진행한다. 이를 과정을 통해 학생들은 AI 윤리 및 사회적 영향에 대해 깊이 학습하며 AI 리터러시를 함양할 수 있다.

차례	(1) AI 원리 학습_바다환경을 위한 AI
	(2) 가위, 바위, 보 분류 모델 제작_티처블 머신
	(3) AI 윤리 토론_모럴 머신

(1) AI 원리 학습_바다환경을 위한 AI

1) 활동 소개

'바다환경을 위한 AI'는 Code.org라는 온라인 학습 플랫폼에서 제공하는 AI 학습 프로그램이다. 바다환경을 위한 AI를 통해 AI의 기본 원리 및 특성, 사회적 영향 등 AI 전반에 대하여 쉽게 학습할 수 있다.

2) 활동의 실제

① **가입 및 접속 방법**: 포털사이트 검색창에 '바다환경을 위한 AI', 또는 'AI for Oceans'를 검색한 후 사이트에 접속한다. 바다환경을 위한 AI는 회원가입 및 로그인을 하지 않아도 학습 프로그램을 진행할 수 있다.

② **바다환경을 위한 AI 학습 방법**

㉠ 사이트에 접속하여 [지금 해보기]를 클릭한다.

그림 7-49 • 바다환경을 위한 AI 첫 화면[6]

사이트가 한국어로 번역되어 있지 않을 경우 왼쪽 하단에서 언어를 '한국어'로 변경한다. 번역의 질이 꽤 괜찮기 때문에 영문 사이트 이용이 어렵다면 언어를 '한국어'로 변경하여 진행하는 것을 추천한다.

---

6 https://studio.code.org/s/oceans/lessons/1/levels/1

그림 7-50 • 바다환경을 위한 AI 언어 변경

ⓛ 챕터 순으로 학습을 진행한다. 해당 챕터의 학습이 완료되었다면 상단
회색 상자 안의 기호를 클릭하여 다음 단계로 진행할 수 있다.

그림 7-51 • 바다환경을 위한 AI 학습

ⓒ 바다환경을 위한 AI를 통해 학생들은 AI의 정확성을 높이는 방법, AI에
게 정확한 정보를 제공해야 하는 이유, AI가 사회에 미치는 영향 등에
대해 학습하게 된다.

[2] 가위, 바위, 보 분류 모델 제작_티처블 머신

1) 활동 소개

티처블 머신은 Google에서 개발한 AI 모델 학습 도구이다. 이 도구를 사용하면 복잡한 코드 작성 없이 AI 모델을 쉽게 만들 수 있다. 이번 활동에서는 앞서 학습한 AI 원리를 바탕으로 가위, 바위, 보를 분류하는 AI를 직접 만들어 본다.

2) 활동의 실제

① **가입 및 접속 방법**: 포털사이트 검색창에 '티처블 머신'을 검색한 후 사이트에 접속한다. 티처블 머신은 별도의 회원가입이나 로그인 없이 사이트를 이용할 수 있다.

② **티처블 머신 사용 방법**

　㉠ 사이트에 접속한 후 [시작하기]를 클릭한다.

그림 7-52 • 티처블 머신 첫 화면[7]

　㉡ 가위, 바위, 보를 분류하는 AI를 만들 것이기 때문에 [이미지 프로젝트]
　　→ [표준 이미지 모델]을 선택한다.

7　https://teachablemachine.withgoogle.com/

그림 7-53 • 티처블 머신 새 프로젝트[8]

ⓒ 각 Class의 이름을 '가위', '바위', '보'로 정한다. 그 후 각 Class에 맞는
이미지를 저장되어 있는 파일, 혹은 웹캠을 이용하여 촬영해 업로드한
다. 모두 업로드하였으면 우측의 [모델 학습시키기]를 클릭한다.

그림 7-54 • 티처블 머신 머신러닝 체험

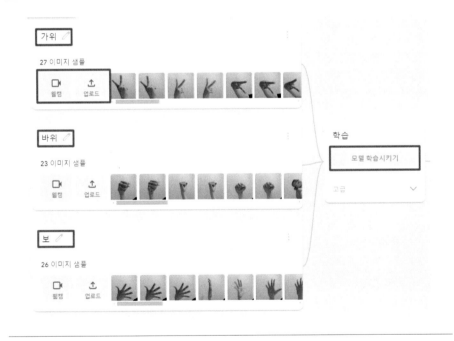

ⓔ 학습이 완료되면 오른쪽 미리보기를 통해 모델을 실행시켜볼 수 있다. 웹캠에 바위 모양의 손을 인식시키니 '바위'라고 제대로 분류하는 것을 확인할 수 있다. 오른쪽 상단의 [모델 내보내기]를 누르면 완성한 AI 모델을 다른 사람들과 공유할 수 있다.

그림 7-55 • 티처블 머신 모델 공유 1

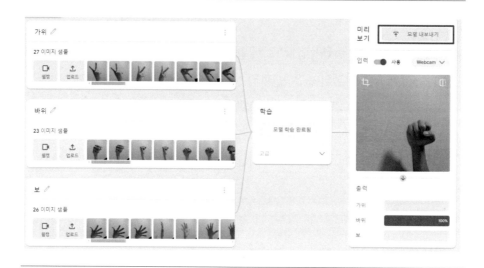

ⓕ [모델 내보내기]를 클릭 후, [업로드(공유 가능한 링크)]를 클릭하면 공유할 수 있는 링크가 생성되며, 링크를 통해 다른 사람에게 공유할 수 있다.

그림 7-56 • 티처블 머신 모델 공유 2

③ 티처블 머신 정확성 높이기: 완성된 모델을 실행해본 결과, 제대로 가위, 바위, 보를 제대로 분류하는 경우도 있지만, 일부 경우에는 잘못 분류하는 것을 확인할 수 있었다. 이러한 결과를 바탕으로 학생들은 티처블 머신의 정확도를 높이는 심화 활동을 진행할 수 있다.

그림 7-57 • 티처블 머신 심화학습

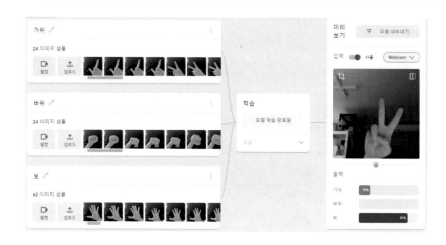

티처블 머신으로 제작한 AI 분류 모델의 정확도를 높이는 심화 활동은 학생들에게 AI 모델의 성능을 개선하는 데 필요한 기초적인 이해를 제공한다. 먼저, 학생들은 모델이 잘못 분류하는 이유를 분석하고, 이러한 오류를 줄이기 위해 어떤 방법을 사용할 수 있을지 고민한다. 이를 통해 학생들은 AI의 학습 과정과 그 한계에 대한지식을 스스로 구성하며 더욱 깊게 이해하게 된다.

티처블 머신으로 만든 가위, 바위, 보 분류 모델의 정확도를 높이는 방법으로는 '가위', '바위', '보'라는 결정적 속성을 고정시키고, 다양한 비결정적 속성을 포함한 이미지를 학습시키는 것이다. 배경, 손의 색상, 각도 및 방향 등이 다양하게 조정된 여러 이미지를 학습시키면 모델의 성능이 향상된다.

이 과정에서 학생들은 데이터 편향성의 개념도 함께 학습할 수 있다. 데이터 편향성이란, 학습에 사용되는 데이터가 특정한 특성이나 범주에 치우쳐져 있을 때 발생하는 문제로, 이는 AI의 성능에 부정적인 영향을 미친다. 티처블 머신으로 제작한 분류 모델이 특정한 각도나 배경의 가위, 바위, 보 이미지만 학습하게 되면, 모델은 다양한 상황에서의 손 모양을 제대로 인식하지 못하게 되며, 엉뚱하게 분류할 수 있다. 따라서 학생들은 다양한 비결정적 속성을 포함한 이미지를 학습시키는 과정에서 데이터의 다양성이 얼마나 중요한지를 깨닫게 된다.

이러한 심화 활동은 학생들이 데이터 수집의 중요성과 다양한 데이터가 모델의 성능에 미치는 영향을 직접 경험하게 하며, 데이터 편향성을 인식하고 이를 해결하기 위한 방법을 고민하게 된다. 또한, 학생들의 문제 해결 능력을 기르고, 창의적인 접근 방식을 통해 AI 모델을 개선하는 데 필요한 기술적 역량을 발전시키는 데에도 큰 도움이 될 것이다.

[3] AI 윤리 토론_모럴 머신

1) 활동 소개

이번 활동에서는 AI 윤리에 관하여 다루어보고자 한다. 모럴 머신은 자율주행 자동차 윤리적 결정에 관한 사람들의 인식을 조사하는 온라인 플랫폼이다. 자율주행 자동차는 인간이 운전을 하지 않기에, 사고가 날 경우 자율주행 자동차의 AI 알고리즘에 따라 피해자가 결정된다. 모럴 머신은 사용자가 자율주행 자동차의 AI 알고리즘이 특정 상황에서 어떤 판단을 내려야 하는지 선택하게 한다. 보행자가 다칠 것인지, 운전자가 다칠 것인지, 노약자가 다칠 것인지, 남성이 다칠 것인지, 여성이 다칠 것인지 등의 다양한 상황을 제시하며, AI 윤리에 대한 자신의 관점을 정립할 수 있다.

이번 활동에서는 모럴 머신에서 자율주행 자동차의 AI 알고리즘을 선택하고, 그 결과를 다른 사람들과 비교해보는 활동을 진행한다. 이를 통해 학생들은 AI 윤리에 관하여 다양한 시각을 학습하며, AI 기술이 사회에 미치는 영향을 이해하게 될 것이다.

2) 활동의 실제

① **가입 및 접속 방법**: 포털사이트 검색창에 '모럴 머신'을 검색해 사이트에 접속한다. 모럴 머신은 별도의 회원가입이나 로그인 없이 사이트를 이용할 수 있다.

② **자율주행 자동차의 알고리즘 선택하기**

　㉠ 사이트에 접속하면 아래와 같은 화면이 나온다. 사이트가 영어로 되어 있어 번역이 필요하다면, 우측 상단 지구 모양의 아이콘을 클릭하여 언

어를 한글로 바꾸면 된다. 사이트에 접속하여 [시작하기]를 클릭하여 검
사를 시작하자.

그림 7-58 • 모럴 머신 첫 화면[9]

그림 7-59 • 모럴 머신 선택, 결과 요약

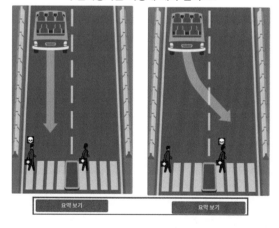

무인자동차는 어떻게 해야 할까요?

_____

9 https://www.moralmachine.net/

ⓒ 화면에 보이는 두 가지 선택지 중 자신이 생각하는 합당한 자율주행 자동차의 알고리즘을 선택한다. 선택의 어려움이 있다면 아래의 [요약하기]를 클릭하자. [요약하기]를 클릭하면 해당 선택지에 따른 결과를 자세히 설명해준다.

그림 7-60 • 모럴 머신 테스트1

무인자동차는 어떻게 해야 할까요?

이 경우, 갑작스런 브레이크 고장이 발생한 무인자동차는 방향을 틀고 다른 차선의 보행자에 충돌합니다. 결과는 …
- 남성의사 1명 사망
- 여성의사 1명 생존

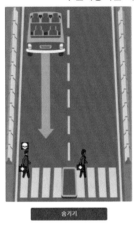

이 경우, 갑직스런 브레이크 고장이 발생한 무인자동차는 방향을 틀고 다른 차선의 보행자에 충돌합니다. 결과는 …
- 여성의사 1명 사망
- 남성의사 1명 생존

ⓓ 모럴 머신은 사회적 인식, 종, 성별, 연령 등 다양한 상황에서 자율주행 자동차 알고리즘의 선택에 대해 질문한다.

그림 7-61 · 모럴 머신 테스트 2

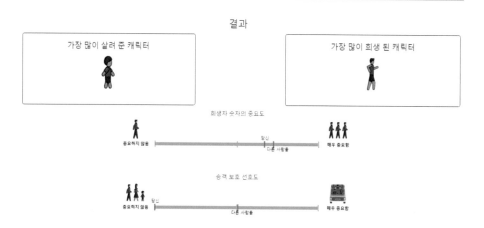

③ 결과 확인 및 AI 윤리에 관해 토론하기

　ⓐ 모든 질문에 대한 답을 마치면 결과를 보여준다. 가장 많이 살려준 캐릭
터, 가장 많이 희생된 캐릭터, 희생자 숫자의 중요도 등 다양한 상황에서
자신의 선택을 확인할 수 있다. 또한, 자신의 선택과 다른 사람들의 선택
을 함께 보여준다. 이를 통해 자신의 AI 윤리 기준과 타인의 AI 윤리 기
준을 비교할 수 있다.

그림 7-62 · 모럴 머신 결과 확인

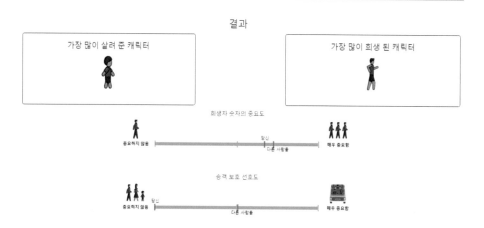

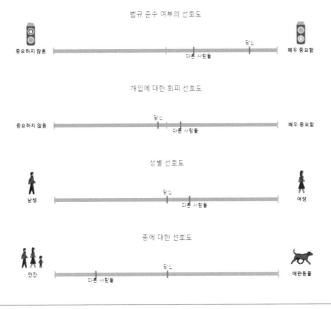

ⓒ 다른 학생의 검사 결과와 비교하며 자율주행 자동차의 AI 윤리에 관해
토론을 진행한다. 다음 자율주행 자동차의 AI 윤리에 관한 토론 주제를
참고하여 추가 토론을 진행할 수 있다.

1. 자율주행 자동차의 알고리즘에서 특정 그룹(노약자, 어린이 등)을 우선시하는 것이 윤리적으로 적절한가?
2. 기술 발전과 윤리적 결정 사이의 균형을 어떻게 유지할 수 있을까?
3. 자율주행 자동차가 사고 상황에서 내리는 윤리적 결정의 기준은 무엇인가?
4. 자율주행 자동차의 결정이 인간 생명에 미치는 영향에 대한 책임은 누구에게 있는가?
5. 자율주행 자동차의 윤리적 결정에 대한 사회적 합의는 어떻게 형성될 수 있는가?
6. 자율주행 자동차의 사고 발생 시, 피해자에 대한 보상 체계는 어떻게 설정해야 하는가?
7. 자율주행 자동차의 윤리적 결정이 법적 책임과 어떻게 연결될 수 있는가?
8. 인간 운전자의 판단과 자율주행 자동차의 알고리즘 판단 간의 차이는 무엇인가?
9. 자율주행 자동차의 알고리즘이 감정이나 도덕적 가치 판단을 어떻게 반영해야 하는가?
10. 자율주행 자동차의 기술 발전이 사회적 불평등을 초래할 가능성은 있는가?
11. 자율주행 자동차의 윤리적 결정에 대한 대중의 인식 변화는 어떻게 이루어질 수 있는가?
12. 자율주행 자동차가 사고를 예방하기 위해 어떤 윤리적 기준을 따라야 하는가?
13. 자율주행 자동차의 윤리적 결정이 다양한 문화적 배경을 어떻게 반영해야 하는가?
14. 자율주행 자동차의 도입이 교통사고 및 안전에 미치는 장기적인 영향은 무엇인가?

저자 약력

김효민
- 서울 성신여자중학교 교사, 영어교과
- 서울특별시교육청 AI 에듀테크 선도교사
- 교육부 교실혁명 선도교사
- AIDT 현장적합성 검토단
- 에듀테크 교사 연구회 정회원
- 디지털새싹, 찾아가는 AIDT 연수 주강사

진연자
- 경기 율정중학교 수석교사, 과학교과
- 교육부 교실혁명 선도교사
- AIEDAP 마스터 교원
- 하이러닝 지원단 및 터치교사단 3기
- 에듀테크 및 AI 활용 수업 강의(한국교육학술정보원)
- 경기 LEAD 교사단 및 과학교육 정책실행연구회 회장
- 전) 2022 개정 교육과정 과학과 교육과정 및 성취기준 개발 연구진
- 수상) 올해의 과학교사상

정지윤
- 중앙대학교 예술공학부 조교수
- 전) 성균관대학교 문화예술미디어융합원 선임연구원
  성균관대학교 컬처앤테크놀로지융합전공 강사
  성균관대학교 인공지능혁신융합대학사업단 선임연구원
  세종대학교 메타버스융합학부 조교수

조두연

- 경기 원흥중학교 수석교사, 진로교과
- 건국대학교 일반대학원 교육과정전공 박사과정 중
- 교육부 교실혁명 선도교사
- AIEDAP 마스터 교원
- 경기도 에듀테크 실증교육 지원단
- 경기도 에듀테크 미래교육 연구회 정회원
- 의정부 AI 기반 진로진학교육 교사지원단

오예림

- 서울 한양대학교사범대학부속중학교 교사, 역사교과
- 서울특별시교육청 AI 에듀테크 선도교사
- 서울특별시교육청 수업평가나눔교사단 AI 에듀테크 분임
- AI 멘토스 전문연구원
- AI 멘토스 활용지도사 2급 과정 강사
- AI 융합교육연구회 정회원
- 가르치는 사람들 AI 활용 슈퍼스타 시즌9 연수 강사
- 한국교육신문 〈월간새교육〉 메타버스 활용 수업나눔 기고

이재웅

- 서울 봉래초등학교 교사
- 서울특별시교육청 AI 에듀테크 선도교사
- 교육부 교실혁명 선도교사
- 에듀테크 교사 연구회 정회원
- 네이버 AI 엔지니어 양성 과정 수료

문현주

- 경기 은행중학교 교사, 영어교과
- 미국 오하이오대학교 교육공학 박사과정 중
- 미국 오하이오대학교 에듀테크 학부강좌 강의
- 미국, 한국 교사 대상 AI 활용 연수 진행
- 프롬프트 엔지니어링 연수 진행
- 미국 중고등학생 대상 AI 기초 온라인 강좌 개발

김진규

- 서울 신일고등학교 교사, 수학교과
- 성균관대학교 교육대학원 인공지능융합교육 석사과정 중
- 서울특별시교육청 AI 에듀테크 선도교사
- 서울특별시교육청 AI-E랩 연구회 소속
- AIDT 현장적합성 검토단
- 찾아가는 AIDT 연수 주강사

정동완(기획)

- 교육전문가 봉사단체 '오늘과 내일의 학교' 회장
- 특강 및 캠프 운영 2,000회 이상 진행 전국구 강사
- 'AI 기반 진로진학 My Best 컨설팅 프로그램', 'AI 동화작가', 'AI 과제탐구왕' 등 빅데이터 디지털 콘텐츠 개발 기획과 자문
- 전) EBS 진로진학 대표강사
    EBS 영어 파견교사

나만 알고 싶은 AI 활용 교과서: 고등편

초판발행	2025년 2월 25일
지은이	김효민·진연자·정지윤·조두연·오예림·이재웅·문현주·김진규·정동완
펴낸이	노 현
편 집	이혜미
기획/마케팅	이선경
표지디자인	권아린
제 작	고철민·김원표
펴낸곳	㈜피와이메이트
	서울특별시 금천구 가산디지털2로 53, 210호(가산동, 한라시그마밸리)
	등록 2014.2.12. 제2018-000080호
전 화	02)733-6771
f a x	02)736-4818
e-mail	pys@pybook.co.kr
homepage	www.pybook.co.kr
ISBN	979-11-7279-038-7 93370

copyright©김효민 외, 2025, Printed in Korea

정 가	30,000원

박영스토리는 박영사와 함께하는 브랜드입니다.